グローバル・
ニッチトップ
企業論

GLOBAL NICHE TOP ENTERPRISES

日本の明日を拓くものづくり中小企業

細谷祐二 [著]

東京 白桃書房 神田

はじめに

　本書は，日本全国に存在し，各地域を代表する企業として活躍する「ニッチトップ型」と呼ばれるものづくり中小企業について，体系的調査に基づき，主に経営戦略の観点から論じたものである。

　筆者は，経済産業省で地域政策研究官を務めている。この官職は，専門スタッフ職という一般行政職とは異なる職制であり，専門性を生かして研究を行い，政策の企画立案に必要とされる知見を提供することが本務である。発令された6年前から一貫して取り組んできたのが，このニッチトップ型企業の実態把握と，それに基づく政策課題の抽出である。

　2013年の3月に，独立行政法人経済産業研究所（RIETI）のクレジットで前年に行った「日本のものづくりニッチトップ企業に関するアンケート調査」の解析結果と政策的含意をとりまとめ，RIETIのディスカッションペーパー（論文）として公表した。3月8日にRIETIのホームページにダウンロード可能な形で掲載したが，4月末までに約2,900件と同時期に掲載された中でもトップクラスのアクセスがあった。社会一般の関心が高いことがみてとれる。

　一方，韓国と台湾の政府関係機関の方からは，日本のニッチトップ型企業についてレクチャーの申し入れがあり対応させていただいた。いずれも，自国内で日本の優れたものづくり中小企業への関心が高く，日本におけるこうした企業への支援施策を参考にしたいという政策的動機によるものであった。

　全国各地でアンケート調査の分析結果等を紹介する講演を行っているが，「ニッチトップ型の中小企業については昔からよく知っているようで知らなかった。新鮮だった」という感想をもらす方が多く，興味深い。

　2013年6月14日に閣議決定された「日本再興戦略」にもグローバルニッ

チトップ（GNT）という用語が明示的に取り上げられ，GNTを目指す企業の海外展開支援が盛り込まれた。これを受け，予算の拡充や政府系金融機関による政策金融制度の創設等が予定されている。経済産業省製造産業局では2013年度「グローバルニッチトップ企業100選」という公募に基づく新たな顕彰制度をスタートさせた。こうした動きには，筆者の研究成果が一部反映されていると自負している。

　このように内外から関心の高い研究成果を今回書籍の形で，より広い読者に向けて公表できることは，望外の喜びである。本書は，基本的に研究書であり，研究者や本書が取り上げる分野に詳しい専門家を念頭に置いて執筆している。しかし，ニッチトップ型企業について，経済社会の関心が急速に高まり，政策的対象としてクローズアップされていることから，内容を平易に紹介することに努め，一般読者にも通読していただけるものとした。そうした意味で，特に，次の方々には是非手にとってお読みいただきたいと考えている。

　まず，特定分野で独自の製品を開発し，グローバル市場に打って出ることを目指しているものづくり中小企業の経営者，幹部の方々である。第一部で紹介する優れたニッチトップ型企業40社の事例は，多くの役に立つ情報，ヒントを提供するものと確信している。

　次に，やる気と能力のある中小企業を，様々な形でサポートするコーディネーター等支援人材の方々である。その中には，大学の研究者で自らの専門分野の技術シーズを製品開発に生かしたいと考えている方も含まれる。また，広い意味で筆者の同僚である，国や自治体の施策立案担当者にも是非読んでもらいたい。

　もう1つの期待する読者層は，地方銀行，信用金庫，信用組合等の地域金融機関の関係者の方々である。また，政府系金融機関で，政策的な観点から中小企業への融資を企画・実行している方々である。特に，日頃取引先としてものづくり中小企業に接し，その発展を我がことのように願っている志の高い金融マンに，本書はきっと役に立つと信じている。

　支援や融資に当たる方には，自分が実際に支援している中小企業，取引先

の中小企業を具体的に想定して読んでほしい。すなわち自分のクライアントである中小企業は，本書で紹介されているどの企業によく似通っているか，あるいはどのタイプに一番近いかなどとイメージする形で御活用いただきたい。読者1人1人の方の考え方や行動に，本書が前向きな形で働きかけられることを願うばかりである。

なお，文中に述べる見解は筆者個人のものであり，経済産業省としての見解を示すものではないことをお断りしておく。

2014年2月吉日

細谷祐二

【目　次】

はじめに

序　章　競争力の高いものづくり中小企業をめぐる
これまでの政策と研究 1
序-1　優れた中小企業に関する政策はどのように展開されてきたか　1
序-2　関連するこれまでの研究　6
序-3　本書の構成と特徴　11

第一部　代表的なニッチトップ型企業の事例にみられる共通点
─インタビュー調査より

第1章　製品開発パターン 20
1-1　極めて高い製品開発能力　20
1-2　最初のNT製品の開発とその後の経緯　22
1-3　ニーズオリエンティッドな第二,第三のNT製品の開発と「評判」の役割　26
1-4　外部資源の活用による異なる要素技術獲得と新製品開発　34
1-5　製品開発を支える企業や大学との独自の「ネットワーク」と「連携」　36
1-6　製品開発の具体的な姿─エリオニクスの事例　42
1-7　まとめ─製品開発パターンにみられる共通点　46

第2章　競争優位を保持し他社の模倣等を防ぐ方法 48
2-1　市場におけるポジショニング及び差別化戦略　48
2-2　模倣困難性の確保のための取組み　58
2-3　まとめ─差別化戦略と模倣を防ぐ取組みにみられる共通点　70

第3章　輸出を中心に自然体で進む海外市場への浸透 ······· 72
- 3-1　最初は海外市場から　72
- 3-2　輸出を中心とした無理のない海外事業展開　74
- 3-3　内部資源を補う外部資源の活用　85
- 3-4　日本への留学生の活用　89
- 3-5　まとめ―海外市場への浸透にみられる共通点　91

第4章　ニッチトップ型企業ならではの課題やリスクの解決 ······· 93
- 4-1　人材の確保　93
- 4-2　日本のものづくり環境の変化　99
- 4-3　ニッチ市場が持つリスク　105

第5章　ニッチトップ型企業がハブになるスーパー新連携の動き ······· 109
- 5-1　共同受発注　110
- 5-2　加工サービス企業による新製品の共同開発　113
- 5-3　大企業に眠る技術シーズ，川上・川下企業のニーズの活用　116
- 5-4　大企業が中心となって組成した研究開発コンソーシアムへの参加　118
- 5-5　国の競争的資金を活用した自社に必要な高性能加工機械の開発　120

第二部　優れたニッチトップ型企業とその他企業の本質的な差
―アンケート調査より

第6章　アンケート調査でみるNT型企業の現状とその基本的特徴 …… 127
- 6-1　アンケート調査の対象と方法　127
- 6-2　一般中小企業とはっきり区別されるNT型企業　130
- 6-3　NT型企業内ではみられない大きな差　131

第7章　ニッチトップ型企業内の企業類型間の特徴の比較 …… 139
- 7-1　企業年齢, 規模等企業の基本的な指標　139
- 7-2　海外事業活動　141
- 7-3　企業としての独立性　142
- 7-4　基本的な市場戦略　143
- 7-5　保有するNT製品の開発時期, 特徴　144
- 7-6　NT製品開発におけるニーズの重要性　145
- 7-7　NT製品の市場展開パターン　147
- 7-8　外部資源の活用―企業間連携　148
- 7-9　外部資源の活用―産学連携　149
- 7-10　模倣困難性を高める知財戦略と他の追随を許さない差別化戦略　150
- 7-11　施策活用とその効果　152
- 7-12　今後充実してほしい施策メニュー　154

第8章　グローバル・ニッチトップ企業と揃い踏み企業等との本質的な差 ‥ 156
- 8-1　NT型企業内の異なる企業類型の相互関係　156
- 8-2　GNT企業と揃い踏み企業は同一のクラスターか―クラスター分析　158
- 8-3　GNT企業と揃い踏み企業はどのように異なっているか―主成分分析　160
- 8-4　GNT企業と揃い踏み企業等との本質的な差は何か
　　　―数量化理論Ⅲ類による分析　164

第三部　グローバル・ニッチトップ企業をめぐる政策課題に関する考察

第9章　独自の発展をとげたニッチトップ型企業——歴史的考察 …………… 173

- 9-1　明治時代から存在し，広く分布するNT型企業　174
- 9-2　高度成長期から1970年代までみられた規模拡大と中堅企業の簇生　178
- 9-3　1980年代以降の国内需要の伸びの鈍化と企業規模拡大の可能性の低下　180
- 9-4　1970年代以降の大企業リニアモデルの崩壊と外部資源としての中小企業　183
- 9-5　1980年前後に完成された半導体デバイスメーカーと装置メーカーの連携　185
- 9-6　企業間連携を仲介しNT型企業の発展を促した国の研究機関と研究員　187
- 9-7　ユーザーとNT型企業の親密な関係は20世紀の遺物となるのか　188

第10章　GNT企業，成功の秘訣——必要とされる政策 …………… 191

- 10-1　GNT企業と揃い踏み企業という企業群の存在　191
- 10-2　GNT企業と揃い踏み企業の差を生む要因　193
- 10-3　GNT企業にあって他の中小企業に足りないもの
  ——「イノベーション・コーディネート機能」　195
- 10-4　GNT企業にあって他の中小企業にないもの——「国際戦略性」　199
- 10-5　政策実践に向けての今後の課題　202

終　章　ニッチトップ型企業という日本の希望 …………… 205

- 終-1　環境変化の中で存在感を強めるNT型企業　206
- 終-2　日本の希望としてのNT型企業　208
- 終-3　NT型企業の抱えるリスク　212

おわりに …………… 215

参照文献 …………… 217

索　引 …………… 219

序章
競争力の高いものづくり中小企業をめぐるこれまでの政策と研究

　本書では，競争力の高い独自製品を有する独立性の高いものづくり中小・中堅企業を「ニッチトップ型企業」と名付け，体系的な調査・分析に基づき政策提言を行う。序章では，その前提となる，優れた中小企業に関する研究の必要性について，政策的視点を中心に論じる。また，これまでの関連する研究について紹介する。最後に，本書全体の構成について説明する。

序-1　優れた中小企業に関する政策はどのように展開されてきたか

1）基本哲学を大きく変更した中小企業政策

　中小企業政策については，当初制定された1963年の中小企業基本法では，いわゆる大企業との「二重構造」から生じる不利の補正，格差の是正を目的に「中小企業構造の高度化（企業規模の適正化，事業の共同化，工場等の集団化）」を図ること，いわばスケール・メリットの追求が政策目標の大きな柱の1つであった。しかし，1990年代以降，産業の成熟化に応じた製品差別化へのニーズの高まり，グローバル化・IT化に伴う経営環境の変化，分業関係の流動化・アウトソーシングの進展等を受け，中小企業を画一的に「弱者」として捉えることは困難となりつつあるとの認識が高まった。そこで，中小企業を，より積極的に「創造性に富んだイノベーションの担い手」として期待し，規模の小ささを逆に強みとして機動性・柔軟性を発揮できるよう周辺環境を整備していくことが課題となった。このため，国は1999年に中小企業基本法を抜本的に改正し，中小企業政策の理念，基本哲学を「多様で活力

ある中小企業の育成・発展」を図ることとし，大きく変更した。

2) 優れた中小企業を個別に支援する政策の展開

これと相前後して，1999年には「新事業創出促進法」が創設され，「地域の産業資源を活用して地域産業の自律的発展を促す」ことを目的に，全国の都道府県，政令市に中核的支援機関を設け中小企業の研究開発から販路開拓までを一貫して支援する地域プラットフォーム事業がスタートした。この際，「各地の産業集積から高い国際市場シェアを誇る小さなグローバル企業が多数生まれている」[1]という点に着目し，こうした企業を増やしていくことが目指された。

また，同年に制定された「中小企業経営革新支援法」では，シュンペーターの「新結合」に相当する各種イノベーションに取り組むことを内容とする経営革新計画を中小企業が作成し，国または都道府県に承認された場合，各種支援を行うこととした。これは，中小企業が自ら行う前向きな取組みを事業計画の形で国や自治体に提出し，承認・認定を受けた場合に，法律に基づく特別の支援を政府が提供するという，いわば公的なお墨付きを与える効果を持った政策の代表である。

一方，2001年から経済産業省地域経済産業グループが各地域の経済産業局とともにスタートさせる「産業クラスター計画」には2つの政策目標が設定された。1つは，世界に通用する国際競争力を有する産業・企業を創出することであり，もう1つは新商品，新技術が継続的に生み出される環境の整備を図ることであった。当初は，新事業創出促進法と同じく国際的に通用する優れた中小企業を育てることを目指す第一の目標が色濃く出ていた。その後，第二の目標，すなわち「産学官のネットワークを通じイノベーションを継続的に生み出していく仕組みとしての産業クラスター形成」が重視されるようになる。しかし，10年ほどにわたる政策の実施期間中，一貫してやる

---

1) 新事業創出促進法の法案策定に当たった通産省環境立地局立地政策課長等当時の担当者が，法律制定に至る政策立案者の意図等背景をまとめた島田晴雄（1999）にこの記述がみられる。

気のある製造業中小企業を主なターゲットにしていわゆる第二創業や新製品開発を促進する，ものづくり支援を目的とする各種プロジェクトが全国で展開された[2]。

さらに2005年，中小企業庁は「中小企業新事業活動促進法」を制定し，複数の中小企業が限られた内部資源を有効に活用しつつ有機的に連携して新しい製品開発等を行ういわゆる「新連携」を支援することとなった。これもやる気と能力のある中小企業が単独では難しい新たな創造的活動を，企業間連携を通じて実現することを目的としている。

このように，1990年代末からのこの15年程の期間，中小企業関連政策は，中小企業の中でも独自の機動性・創造性を発揮して新たな価値を生み出す企業を支援する方向に大きく舵を切ってきた。

3）優れた中小企業を顕彰する政策的取組みや関連文献の増加

一方，こうした優れた中小企業やその製品を広く社会に紹介し，その事業の発展を側面から支援するとともに，後に続く企業の参考とする顕彰活動も活発に行われてきた。1990年代から，浜松，東大阪といった日本を代表するものづくり集積に所在する商工会議所が優れた会員中小企業の名鑑等を独自に編纂し，冊子やホームページを通じ周知に力を入れるようになった。都道府県等地方自治体，その傘下にある支援機関，産業クラスター計画の推進機関等も同様の取組みを活発化させた。こうした動きを踏まえ，国自らが全国を対象に実施したのが，中小企業庁の「元気なモノ作り中小企業300社」である。2006年から4年間続けられ，計1,200社が選定された。

これらの公的機関の顕彰事業以外にも，日頃から中小企業の支援に携わる実務家や中小企業論の研究者から関連著作も数多く出版されている。しかし，残念なことに，こうした活動や文献は，優れた企業や製品を紹介することに

2）産業クラスター計画では，各地域ブロックの経済産業局が中心となってプロジェクトを選定し，2001〜05年の第1期19プロジェクト，2006〜10年の第2期は一部再編して18プロジェクトが実施された。このうち，ものづくり中小企業を支援対象とするものは，およそ半数を占めていた。

主眼が置かれ[3]，その内容は現状のいわばスナップショットに終わっているものが多い。優れた中小企業に共通する，あるいは特徴的な成功のパターンを経営戦略の観点から体系的に分析する試みは，最近までほとんど行われてこなかった。

4）支援施策の行詰まりと見直しの機運の高まり

ところで，上述の優れた中小企業を支援する政策は，多くが現在見直しの時期を迎えている。各省や政府関係機関が産学の共同研究プロジェクトを公募し競争的に資金を提供する施策の多くで，研究の成果を具体的な製品開発につなげ実際に市場化する「イノベーション・サイクルの完結」が，政策本来の目的を実現するという意味で，社会的に要請されている。しかし，そこまで至るケースは期待に比べ十分多いとはいえない状況が続いている。分かりやすく言えば，製品開発はしたものの売れないという販路開拓で行き詰まる事例が少なくないのが現状である。

また，大学や国の研究機関等の技術シーズを中小企業に移転するマッチング会，中小企業の製品の販路開拓を目的とする公的支援を受けた展示会といったイベントも，こうした取組みが本格化した90年代末から2000年代初めにみられた盛り上がりが次第に薄れ，集客数，成約確率を確保するための対応が必要となっている。

別の言い方をすれば支援する支援機関側に「支援疲れ」，支援される中小企業側には「支援され疲れ」が生じているとみることもできる。これまでのように単に予算を確保し機会を増やすだけでは十分ではなく，実効性が上がる施策運用上の工夫や新たな制度設計が求められている。

3）筆者は，本書で紹介する一連の調査に先立って，経済産業省内に優れた独立性の高い中小企業に関する情報が既にどの程度蓄積されているかを確認するため，関東経済産業局に保管されている「元気なモノ作り中小企業300社」関連の膨大なファイルを実見した。300社事業は，各経済産業局が候補企業を実際に訪問しヒアリングを行ってまとめた資料を基に有識者で構成する選定委員会が審査を行って決定している。残念ながら，局のヒアリングでは選定と紹介という目的に必要な最低限の事項のみを調査しており，資料には企業の来歴や個々の製品の開発経緯等の詳しい情報は含まれていなかった。

5）不十分な成功企業のイメージの共有と成功理由の究明

　こうした状況は，発生のメカニズムや患者側の素因にまで遡った病理・病態的研究を踏まえた治療が行われていない臨床医療に例えられる。すなわち，出口のイメージとしての成功企業について中小企業，支援者の双方が必ずしも明確な認識を共有しておらず，しかも成功の理由について十分な分析が行われていないため，他の中小企業の参考とする具体的で建設的な処方箋を提示するまでに至っていない。また，支援の仕組みについても，実践に注力することに多くの時間が割かれ，市場成果に十分に結びつきにくい原因の究明が十分とはいえない状況にある。

6）経営戦略論等の観点からの専門研究の重要性

　他方，以上の政策的観点とは異なり，優れた中小企業が誕生し成長するメカニズムに関連して，本書で紹介する一連の調査，研究の過程で明らかになった極めて重要なもう1つの視点が存在する。それは，優れた中小企業は単独で成り立つのではなく，自ら保有するコア技術を磨き，自社に有用な外部のプレーヤーとの関係を深化させるなど日夜努力を重ねている結果，高いパフォーマンスを達成しているという事実である。したがって，こうした優れた中小企業を中心としてみた相互作用のメカニズムをシステムとして捉え，その究明と移転可能性を検討する学術的研究が必要とされているのである。

　また，我が国の経営戦略論の研究者は，1980年代，90年代に日本の大企業を研究することによって世界の学界に大きな貢献を果たした。しかし，世界的にみても中小企業が広範かつ高度に発達し国の高い経済パフォーマンスを支えている数少ない国の1つであるにもかかわらず，中小企業の経営戦略という観点からの研究は，日本において引き続きニッチな研究分野である。逆に言えば，研究材料に事欠かない未踏に近いフロンティアであると筆者は考えている。

7）体系的調査研究から経営者，支援者に有用情報を提供する必要性

　以上の政策的，学術的観点から，経営学をはじめとする社会科学的手法を用いて，我が国の優れた中小企業の成功の背景，秘訣を分析することは極め

て重要な課題であるといえる。本書は，特に優れたパフォーマンスを示す，独立性の高い，ものづくり中小企業に焦点を当て，まず体系的な調査・分析を行う。そして，客観的事実に基づき，そうした優れた中小企業とそれに続くやる気と能力のある中小企業の比較を行い，相互の違いを明らかにする。そこから有用情報を抽出し，さらに飛躍しようとしている中小企業の経営者，支援に当たるコーディネーター等の支援人材，資金面から中小企業を支える地域金融機関の担当者等にヒントとなる事例，取組みとともに提供し，新たな成功企業を数多く生み出すことを目指していく。

序-2 関連するこれまでの研究

1） 事例紹介を中心とする研究

次に本書における検討に関係の深い他の研究者による先行研究について紹介する。高い競争力のある製品や高度な加工サービスを保有する独立性の高い中小企業に焦点を当て，その企業や製品を紹介する公表物はマスメディアや国及び公的な関係機関によるものを含めて少なくない。その中で，中小企業研究の専門家，経営学の研究者等による代表的な著作としては，まず黒崎（2003）が挙げられる。元時事通信社の記者で現在大学に籍を置く著者が，「小さな世界一企業」と呼ぶべき中小企業が国内に予想以上に多数存在することを発見し，企業の訪問調査を通じて得られた情報をいくつかの経営戦略上の特徴から分類して提供している。興味深い事例が数多く具体的に紹介されている。

次に，伊吹，坂本（2001）は，ニッチ・トップシェア企業と名付けた中小・中堅企業を対象に成長戦略を論じるという視点から，関連する経営戦略論の論点を幅広く紹介している。その上で，事例研究として全国から20の代表的企業を選び，インタビュー調査から得られた情報を詳しく報告している。ただし後者においては，成長戦略に主要な関心を置いているものの，理論的な知見による解析等は必ずしも中心的目的ではなく，企業毎の事例紹介が主要な内容となっている。

2）ケーススタディによる経営研究

　経営学の研究者による，競争力のある製品等を保有する独立性の高い中小・中堅企業のケーススタディとしては，角田（1998），磯辺（1998）が注目される。角田（1998）は「日本企業の経営行動を具体的な事例研究を通じて検討し，日本の経営発展の諸側面を描き出す」という考え方に基づき編纂されたケースブック『日本企業の経営行動』第三巻「イノベーションと技術蓄積」の中で，地場産業発祥の中小企業が優れた製品開発能力により発展した珍しい[4]ケースとして㈱ディスコの事例を紹介している。ディスコは広島県呉市に明治時代以降発展した砥石産業にゆかりのある切削用の薄型砥石専業メーカーだったが，最先端のシリコン・ウェハーを薄くスライスするカッティングマシーンの開発に成功し半導体製造装置メーカーとなった企業である。角田（1998）が先行研究として特に注目されるのは製品開発の過程を克明に記述している点である。きっかけとしてのユーザーニーズの持ち込みとそれに対するソリューションとしての製品開発という図式に焦点を当て，本書が特に注目するニッチトップ型企業の特徴を活写している。

　磯辺（1998）は，経営学の研究者によるニッチトップ型の中小・中堅企業の本格的な研究として稀少なものの1つである。磯辺は「優れた経営者によって激動する環境に果敢に挑戦し，独自の製品や技術，あるいは優れた経営理念によって成長を続ける中堅・中小企業」を「中核企業」と名付け，この名称は「大企業と中小企業のように経営資源の量的な区分ではなく，中小企業の中には，質的に卓越した経営資源をもつ企業が数多く存在するという事実に基づいている」という問題意識を述べている。手法としては東大阪に所在する18社に対するインタビュー調査に基づく事例研究である。著者は，アンゾフの成長マトリクスを参考にした「中核企業のマトリクス」という形で，

---

[4]「珍しい」とここで表現したのは必ずしも世の中一般に稀なケースということではなく，大企業によらないイノベーションのケースとして一連のシリーズの編者が注目して取り上げているという意味である。第3巻「イノベーションと技術蓄積」において他に取り上げられている企業研究は全て大企業を対象としたものである。ここにも日本の研究者の関心がつい最近まで日本の大企業に主に注がれてきたことが窺われる。

技術の競争優位性と市場の方向性という2つの軸の組合せから，4つの中核企業のタイプ（ビジネス・アーキテクト，コンセプト・クリエーター，テクノロジー・ディベロッパー，アプリケーション・エンジニア）に分類し検討している。個別企業の分析に当たっては，現在の経営理念や戦略とともに，企業の発祥から製品開発の過程に至る経緯に必ず言及がなされている。しかし，後者の製品開発の部分の掘り下げが十分とはいえず，製品開発能力の高いイノベーティブな企業という側面に焦点を絞った分析では必ずしもない。

　最近の研究では，難波・福谷・鈴木編（2013）がある。立命館アジア太平洋大学国際経営学部に籍を置く研究者が中心となって，著者らが独自に定義したグローバル・ニッチトップ企業（GNT企業）について，九州に所在する9社のケーススタディ[5]を中心に，経営戦略上の特徴を論じたものである。また，部品等の汎用商品を扱い国内市場中心に展開してきた企業が，独自商品を国際市場で展開するGNT企業になる経路を示すなど実践的有用情報の提供を目指している点も注目される。なお，GNT企業の特徴については，筆者の著作（細谷（2011a，b））の主要な結論を引用しており，問題意識が重なる部分が多い。

3）アンケート調査に基づく調査・研究

　ニッチトップ戦略という経営戦略の視点から中小企業を対象として行われたアンケート調査研究ということで注目されるのが，（財）中小企業総合研究機構（2009）である。市場規模の小さいニッチ市場に着目し自ら市場設定を行う「ニッチトップ戦略」が「中小企業の特性を活かすことのできる事業システムの一つ」であるという基本的問題関心に基づくものである。調査対象は，民間企業データベースから一定の条件下でランダムに選んだ製造業に属する中小企業約4,000社と，中小企業庁の「元気なモノ作り中小企業300社」等から選んだ調査者の定義によるニッチトップ企業約2,000社であり，この

---

[5] 本書で後述するインタビュー調査対象40社のうち2社は，難波・福谷・鈴木編（2013）の対象企業9社に含まれている。同書におけるこの2社の事例の紹介は詳細にわたっており，分析の観点も幅広い。

2つの企業群の間で比較を行っている。調査項目は多岐にわたっており，製品について尋ねた項目も少なくない。

本書第二部で詳しく紹介するアンケート調査では，過去へと遡って製品開発の経緯や企業を取り巻く関係するプレーヤーとの相互作用等に特に注目し詳しく尋ねている。しかし，(財) 中小企業総合研究機構 (2009) は，市場戦略に主な関心があることもあって一般中小企業との比較におけるニッチトップ戦略を採る企業の実態把握という側面が強く，総花的でやや踏み込みに欠けている。また，先進企業事例調査としてアンケート調査と前後して10社の代表的企業を対象に，「アンケート調査になじまない質的な内容を中心にする」という考え方で，インタビュー調査を実施している。こちらでは，主力製品の研究開発経緯，市場特化の決定や販売ルート確立の経緯等本書と重なる問題意識で調査が行われている。

4) 国際的に活躍する中堅企業に焦点を当てた研究

企業としての優れたパフォーマンスに注目した研究で，インタビュー調査やアンケート調査によらないものとして特色があるのが，溝田・宮崎 (2008) である。これは，東洋経済「会社四季報　未上場会社版」を用い，輸出比率10％以上の企業を選び，「『小さな』世界企業」という，筆者らの定めた企業属性（資本金10億円前後，従業員1,000名前後，売上高500億円前後）を有し世界市場で10％前後のシェア等を保有している企業等184社を選び，それらの特徴を分析している。したがって，本書第二部で紹介するアンケート調査の対象であるニッチトップ型企業よりも規模の大きいいわゆる「中堅企業」に焦点を当てた研究であるといえる。記述内容からみて，中村秀一郎の「中堅企業論」(中村 (1976)) の系譜に属す，ユニークな研究である[6]。

---

6) 中村秀一郎の中堅企業論との関係については，本書第9章で紹介する。

5) 中小企業のイノベーション能力と外部資源の活用に関する研究

　先行研究としてもう1つの重要なのは，製品開発を中心とするイノベーション能力と活用する外部資源との関係，あるいは中小企業の製品開発におけるニーズとシーズの関係に注目する研究である。ここでは，本書で紹介する筆者の研究と特に関連の深い児玉（2005）をはじめとする同氏の製品開発型中小企業の技術連携に関する研究を紹介する。

　児玉によれば，製品開発型中小企業とは，市場化できる製品を開発できる中小企業を抽出するために設けられた企業類型であり，調査に際しては，設計能力と自社製品の売上実績があることで定義されている。これらは，①市場ニーズ把握力と研究開発力を併せ持っていること，②先端技術分野に属する多様な要素技術を保有していること，③近隣を中心に数多くの基盤技術型中小企業[7]を外注先として活用しており，その意味で地域経済の中核的存在であるといった特徴を有する企業群である。こうした製品開発型中小企業という特徴的なものづくり中小企業が存在すること，しかも埼玉県南部，東京都西部，神奈川県北部にまたがるいわゆる広域多摩地域に高密度に分布することを明らかにしたのが，関東通商産業局の委託調査報告書（関東通商産業局（1997））である。児玉は，関東通商産業局の担当部長としてこの調査を指揮した。

　また，児玉（2005）では広域多摩地域に所在する製品開発型中小企業を含むサンプルに対するアンケート調査，さらに，児玉・斎藤・川本（2007）では京都府，滋賀県における同様のアンケート調査に基づき，計量分析を行っている。その結果，製品開発型中小企業が非製品開発型中小企業よりも特許出願件数，新製品件数でみた研究開発力が高いこと，産学連携が基礎的な研究開発に有効であり企業間連携が新製品の開発・市場化に効果的であること等の示唆に富む結果を得ている。なお，本書第二部で紹介するアンケート調査における用語の定義等について，児玉のアンケート調査票を参考にさせていただいた。

---

7) 基盤技術型中小企業の定義は，「切削・研削・研磨，鋳造・鍛造，プレス，メッキ・表面処理，部品組立，金型製作等，製造業全般に投入される各種部品等の加工工程を担う中小企業」である。

序章　競争力の高いものづくり中小企業をめぐるこれまでの政策と研究

序-3　本書の構成と特徴

　本書は大きく三部から構成されている。第一部は，事例研究である。すなわち，日本を代表するニッチトップ型企業40社のインタビュー調査に基づき，こうした優れた企業に共通する特徴を抽出する。40社の事例は，特徴毎にその例証として紹介される。主に経営戦略という観点から，第1章から第5章に分けて，体系的に詳述していく。

　第二部では，インタビュー調査で得られた優れたニッチトップ型企業の共通点を踏まえて，全国から選定したニッチトップ型企業2,000社を対象とするアンケート調査の分析結果を紹介する。ニッチトップ型企業と一般のものづくり中小企業の比較，特に優れたニッチトップ型企業とそれ以外のニッチトップ型企業の比較を様々な解析手法を用いて行う。第6章から第8章の分析により，ニッチトップ型企業の中で成功企業といえるグローバル・ニッチトップ企業の実態とそれに続くニッチトップ型企業との差異が明らかにされる。

　第三部では，まず，日本独自の発展をとげたニッチトップ型企業の特殊性を明らかにするため，歴史的観点から考察を加える。その上で，これまでの分析や考察を踏まえ，成功企業であるグローバル・ニッチトップ企業の特筆すべき優れた特徴に注目し，他のニッチトップ型企業を成功企業に脱皮させるために必要な支援策等政策的含意について検討する。

　本書の第6章から第8章のアンケート調査の分析及び第10章の必要とされる政策的対応に関する部分は，2013年3月に公表した独立行政法人経済産業研究所のディスカッションペーパー（細谷（2001a））の内容に基づいている。しかし，今回全面的に見直しを行い，重要な部分を中心に分かりやすく大幅に書き直した。

　一方，第1章から第5章でケーススタディとして詳しく紹介する代表的ニッチトップ型企業40社の事例は，今回はじめての公表となる。また，事例をイメージしやすいよう，インタビュー先の企業の御協力を得て，関係する多数の写真や概念図を掲載している。文章については，第9章の歴史的考察及び終章とともに，全て書き下ろしである。

　このように本書は，ニッチトップ型企業の実態把握，その特徴の分析を通

じて，政策的対応までを体系的に論じるものである。また，ニッチトップ型企業の基礎的なデータは，今回紹介するアンケート調査により，はじめて定量的に把握された。類書はこれまで存在しておらず，我が国初の試みと自負している。

第一部

代表的なニッチトップ型企業の事例にみられる共通点
─インタビュー調査より

競争力の高い独自製品や，オンリーワンと称すべき高度な加工サービスを提供する独立性の高い中小・中堅企業は，特定の狭い市場（ニッチ市場）で高いシェアを有することから「ニッチトップ企業」あるいは「ニッチトップ型企業」（以下，「NT型企業」という）と呼ばれる。日本全国に広く存在し，自治体や商工会議所が名鑑の作成等を通じて公表し，研究者が文献で企業や製品の優れた特徴を紹介している。

　筆者は，NT型企業に1990年代末から注目し，全国各地の代表的企業を訪問し知見を蓄積してきた。そして，特に優れたNT型企業が存在することに気付いた。グローバル市場で活躍するNT型企業，グローバル・ニッチトップ企業（以下，「GNT企業」という）である。本書では，GNT企業をニッチトップ製品（以下，「NT製品」という）を複数保有し，そのうちの少なくとも1つは海外市場でもシェアを確保している企業と定義する。複数のNT製品を保有するという意味で優れた製品開発能力を有し，しかも海外市場でもシェアを確保しているという意味で高い非価格競争力のある製品を保有する企業である。

　GNT企業等優れたNT型企業に共通する特徴を抽出し，他のNT型企業や自社製品を持つことを目指す一般のものづくり中小企業のモデルとして活用することが，本書の目的である。このため，まず取り組んだのが，日本を代表する優れたNT型企業の体系的なインタビュー調査である。各地域の経済産業局や支援機関の関係者の推薦・紹介を受け，2011年1月から8月にかけて計31社を訪問し調査を行った。それまでの予備的調査から，優れたNT型企業には，新製品の開発，あるいは模倣を防ぐ様々な取組み等に共通点が多いことが予想された。このため，全て経営者本人から，それぞれ1時間半から2時間程度の時間をかけ，創業経緯を手始めに，保有するNT製品の開発のプロセスについて，古いものから順に製品毎に詳細を尋ねるという形で筆者本人がインタビューを行った。この結果，創業年，創業の経緯，業種・業態，企業規模等がそれぞれ異なっているにもかかわらず，驚くほど似通った特徴を有していることが判明した。この第一部では，その後，地域や業種を拡大して行った追加調査の9社を含め40社のインタビュー調査から得られた具体

的事例を紹介しつつ，GNT企業等優れたNT型企業の特徴を明らかにする。

　40社の一覧は表1のとおりである。1）比較的，社歴が長く，2）複数の異なるNT製品，あるいは加工サービスを保有し，それぞれについて市場での地位を一定期間維持しており，3）輸出，海外生産の十分な実績を有し，4）中小企業，中堅企業（一部上場企業を含む）であって，5）BtoCでなくBtoB，すなわち販売先が消費者でなく企業，を基本的に選定した。この中には，児玉（2005）のいう製品開発型企業だけでなく，受託加工サービスや金型を主に提供する基盤技術型企業8社も含めている。それは，新しい加工サービスの獲得のパターンが新製品開発のパターンと類似し，それ以外にもNT型企業として共通点が多いことが予想されたためである。調査の結果，「製品」を「加工サービス」と，「製品の開発」を「新しい加工サービスの獲得」と読み替えても問題がないほど似通っていることが確認できた。したがって，以下，この第一部では，製品を中心に記述し，必要に応じ加工サービスにも明示的に言及することとする。

　まず，日本の地域や社会との関係で，包括的に，
1）GNT企業に代表される優れたNT型企業は，全国に広く存在している。
2）こうした企業は，高い製品競争力や製造技術等により，相対的な高賃金・円高の環境下にあっても，国内に一定の拠点を残しつつ海外市場を開拓し浸透している。
3）また，国内における技術の継承者，自らイノベーション・サイクルを完遂できる「イノベーター企業」として日本経済に貢献している。
4）企業単体としての従業者数は30人弱から500人と決して多くないが，周辺の金属加工等を行う中小企業を協力企業とし，これを合わせると地域の雇用に一定のプレゼンスが認められる。
5）相対的に利益率が高く，雇用者に対する処遇で大企業事業所に遜色ない企業も少なくない。
といった特徴を有していることを指摘しておく。

第一部　代表的なニッチトップ型企業の事例にみられる共通点

表1　優れたNT型企業（40社）のインタビュー調査一覧表

No.	ヒアリング実施日	地域	企業名	所在地	創業年
1	2011/01/05	関東	（株）メトロール	東京都立川市	1976
2	2011/01/06	関東	（株）電子制御国際	東京都羽村市	1968
3	2011/01/12	関東	（株）リガルジョイント	神奈川県相模原市	1974
4	2011/01/13	関東	（株）鬼塚硝子	東京都青梅市	1967
5	2011/01/17	関東	日本分析工業（株）	東京都瑞穂町	1965
6	2011/01/18	関東	スタック電子（株）	東京都昭島市	1971
7	2011/01/26	関東	（株）東洋ボデー	東京都武蔵村山市	1952
8	2011/01/27	近畿	利昌工業（株）	大阪府大阪市北区	1921
9	2011/01/28	近畿	オプテックス（株）	滋賀県大津市	1979
10	2011/01/28	近畿	（株）タカコ	京都府精華町	1973
11	2011/01/31	関東	（株）相馬光学	東京都日の出町	1976
12	2011/01/31	関東	日本ミクロコーティング（株）	東京都昭島市	1925
13	2011/02/21	関東	トックベアリング（株）	東京都板橋区	1938
14	2011/03/02	中国	ローツェ（株）	広島県福山市	1985
15	2011/03/02	中国	（株）キャステム	広島県福山市	1970
16	2011/03/03	中国	（株）シギヤ精機製作所	広島県福山市	1911
17	2011/03/08	近畿	サムコ（株）	京都府京都市伏見区	1979
18	2011/03/08	近畿	（株）三橋製作所	京都府京都市右京区	1944
19	2011/03/09	近畿	（株）片岡製作所	京都府京都市南区	1968
20	2011/03/09	近畿	尾池工業（株）	京都府京都市下京区	1876
21	2011/03/31	九州	本多機工（株）	福岡県嘉麻市	1949
22	2011/03/31	九州	（株）西部技研	福岡県古賀市	1962
23	2011/04/18	関東	昭和精工（株）	神奈川県横浜市金沢区	1954
24	2011/04/21	関東	東成エレクトロビーム（株）	東京都瑞穂町	1977
25	2011/04/27	関東	（株）インテリジェントセンサーテクノロジー	神奈川県厚木市	2002
26	2011/06/08	甲信越	大月精工（株）	山梨県大月市	1969
27	2011/06/09	関東	（株）エリオニクス	東京都八王子市	1975
28	2011/06/16	関東	（株）スズキプレシオン	栃木県鹿沼市	1961

主要製品，NT製品等	「元気なモノ作り中小企業300社」選定の有無（年）
メカニカルな精密位置決めスイッチ	無
インパルスコイル試験機	2006
流体制御機器・継手類	無
生化学分析用ガラスセル，CO_2レーザー	2008
ガスクロマトグラフィー用キューリーポイント熱分解装置，分取型高性能液体クロマトグラフィー	無
オシロスコープ用プローブ，地上デジタル放送の国内中継基地局用フィルター	2006
トラック用リヤーボディー	無
ICカードチップ用高耐熱性ガラスエポキシテープ，アルミ電解コンデンサー封口用ゴム張積層板	無
遠赤外線利用の自動ドア用センサ	無
アキシアルピストンポンプによる油圧ポンプ，油圧モーター	2006
分光器，モノクロメータ，HPLC(液体クロマトグラフィー)	2009
超微粒液体研磨剤，研磨用テープ	無
プラスチック製ミニチュアベアリング，高速カラーコピー機用のワンウェイクラッチ	2006
デュアルアームロボット等半導体ウェハー搬送機	2006
メタルインジェクション及びロストワックスによる精密鋳造部品	無
円筒研削盤	無
半導体等製造装置（CVD装置，ドライエッチング装置等)	無
パウチディスペンサー，蛇行制御修正装置	無
レーザー加工機、電池検査装置，液晶製造装置	2006
真空蒸着によるプラスチックフィルム等の表面加工	2007
ラテックスポンプ等特殊産業用ポンプ	無
回転式ハニカム構造体を用いた空調用全熱交換機，デシカント除湿機	2006
飲料用アルミ缶金型，自動車部品金型	2006
電子ビーム及びレーザーによる精密加工	2006
味覚センサー	2009
精密金属切削加工及び樹脂成形による各種歯車とそれを用いた減速機	2007
電子ビーム描画装置，電子線ディスクマスタリング装置，走査電子顕微鏡，電子線三次元粗さ解析装置	2006
超精密・超複合切削加工，チタン合金精密加工及びインプラント等その応用製品	2007

第一部　代表的なニッチトップ型企業の事例にみられる共通点

No.	ヒアリング実施日	地域	企業名	所在地	創業年
29	2011/06/23	関東	秩父電子（株）	埼玉県秩父市	1967
30	2011/07/13	関東	根本特殊化学（株）	東京都杉並区	1941
31	2011/08/09	近畿	（株）中村超硬	大阪府堺市西区	1954
32	2012/02/22	四国	日プラ（株）	香川県三木町	1969
33	2012/02/23	四国	三木特種製紙（株）	愛媛県四国中央市	1947
34	2012/02/23	四国	泉鋼業（株）	香川県高松市	1961
35	2012/05/09	近畿	（株）新日本テック	大阪府大阪市鶴見区	1953
36	2012/05/09	近畿	サンユレック（株）	大阪府高槻市	1963
37	2012/09/11	東北	東北電子産業（株）	宮城県仙台市太白区	1968
38	2012/09/11	東北	（株）ティ・ディ・シー	宮城県利府町	1989
39	2013/07/23	中部	野呂英作（株）	愛知県一宮市	1973
40	2013/07/23	中部	大垣精工（株）	岐阜県大垣市	1968

　以下，この第一部では，NT型企業を特徴づける製品開発パターン等のいくつかの側面毎に章を設け，日本を代表する優れたNT型企業40社の共通点を詳しく紹介する。抽出された共通する特徴は，必要に応じ章末にまとめの項を設け整理する。

主要製品，NT製品等	「元気なモノ作り中小企業300社」選定の有無（年）
フォトマスク研磨，化合物半導体研磨，シリコンウェハー研磨，シリコンウェハーエピタキシャル成長	2006
蓄光性夜光塗料及び機能顔料，高輝度蓄光材，特殊蛍光体，各種センサ，特殊表面加工電子部材	2006
チップマウンター用ダイアモンドノズル，ダイアモンドソーワイヤー，太陽電池ウェハーのスライス加工（受託加工）	2006
水族館水槽用アクリルパネル	2006
和紙に化学繊維等を混ぜ合わせた各種機能性素材（障子紙，マスキングテープ，電柱トランス絶縁紙，携帯電話用絶縁紙等）	無
LPガス等輸送用の中小型船に特殊タンクを据え付けて出荷	無
金型製造（ダイヤモンド金型部品，かす上がり防止レーザー加工，冷却スプループッシュ）	2009
エポキシ樹脂・ウレタン樹脂を主原料とする電気・電子絶縁材料，半導体封止材料及びシステム	2006
目に見えない劣化を測定するレーザーによる極微弱発光測定装置	2006
セラミクス，各種金属のラップ機研磨による超精密鏡面加工	2007
自然の風合いを維持した30色の多色混合毛糸，毛に綿・絹・紙等を混ぜた独自の素材感の糸	2007
金型製造，プレス加工によるハードディスク磁気ヘッドのサスペンション部品（ベースプレート）や自動車の重要機能部品の製造	2006

注1：インタビュー実施順に掲載。
注2：網掛けの8社（No.15, 20, 23, 24, 28, 29, 35, 38）は，金型製造又は受託加工サービスを主とする企業。
注3：「元気なモノ作り中小企業300社」掲載の有無については，第6章（p.127）の注14で本表を参照している。

第1章
製品開発パターン

　優れたNT型企業の際立った特徴は，そのイノベーター企業としての真骨頂を示す製品開発のパターンに表われる。それは，製品開発に不可欠なニーズを獲得するパターンとニーズを踏まえソリューションを導き出すパターンの大きく2つの局面に分けることができる。また，こうしたパターンは，製品開発だけではなく，加工サービス企業が新たに供給する加工技術を獲得するプロセスにも類似のものが認められる。以下，本章では特徴的な製品開発パターンを具体的事例により紹介する。

1-1 極めて高い製品開発能力

1）製品開発型企業の事例

　優れたNT型企業は，独自のコア技術を保有しそれを生かしながら，次々と既存製品とは差別化された製品を生み出すという形で，極めて高い製品開発能力を発揮する。

　例えば，1941年12月8日の太平洋戦争開戦の日に，今後夜光塗料の需要が拡大するとして創業した**根本特殊化学㈱**（東京都杉並区）の場合，夜光塗料に加え，その発光のエネルギー源として用いられた放射性物質応用製品として，1978年に放射性物質の電離作用を利用し煙粒子を検出する煙センサーを開発した。また，1990年代に入り，時計メーカーが放射性物質を入れた夜光塗料は使わないという方針を発表すると，蛍光灯メーカーがその残光を消すことに注力していた緑色蛍光体に注目し，この蓄光能力を最大限に引き

出す形で放射性物質フリーで明るい場所で蓄光して暗い場所で長時間光り続ける夜光塗料「N夜光」を1993年に独自に開発した。画期的な新製品で物質特許を取得することで完全な独占事業を確立した。これ以外にも数多くの関連する，あるいは派生する製品を次々と開発してきている。

また，やはり戦前の1921年に創業した**利昌工業㈱**（大阪市北区）は，①薄いシート形状物の積層・圧着，②液状の樹脂を型に流し込みポリマーに重合する注型，という2つの基本的技術コンセプトを組み合わせ，形状，材質，用途等がまったく異なる製品の開発に成功している。すなわち，1967年の電解コンデンサーの封止用のゴム張り積層板を手始めに，1978年には半導体チップを載せICカードに接着するガラスエポキシテープを開発する。この他，プリント配線板ドリル穴開け加工用治具板等国内シェアが40％～80％以上の6つの製品を次々に生み出している。

2）基盤技術型企業の事例

一方，加工サービス等を提供する基盤技術型企業の場合は，用途において密接に関連する代替技術に基づく別の加工サービスを新たに追加提供することによって，企業の幅を拡大している。

世界最先端の加工サービス水準の提供を国際機関にも認証されている**東成エレクトロビーム㈱**（東京都瑞穂町）を紹介する。1977年創業以来6年間電子ビーム加工専業で来たのち，競合技術であるレーザー加工技術を獲得した。電子ビームはエレクトロンで，真空中のチャンバー内で，バッチで溶接加工する。溶接ビード（溶接痕の盛り上がり）の幅が狭く，深い溶け込みが得られ，深く微小な穴を開けられ，酸化，窒化，水素脆性がないというメリットがあるが，1個流し加工ができない。これに対し，レーザーは光子（フォトン）で，大気中で作業が可能で，切断，穴あけ，溶接，表面改質の4つの様々な加工をレーザーの種類と波長を変えることで実現可能という特徴がある。上野保会長は，「この2つの補完的加工サービスを提供することで需要先が広がり，企業としての価値は大きく高まった」としている。

1-2 最初のNT製品の開発とその後の経緯

インタビュー調査対象の40社の創業の経緯は，各社各様である。最初のNT製品の開発に多くの企業は苦労を重ね成功している。それぞれにドラマが存在している。

1）技術シーズから発想されることも少なくない最初のNT製品

最先端の技術に基づき，これまで世の中に存在していなかった新製品を生み出した，いわゆるものづくりベンチャー企業の事例を2つ紹介する。

40社中最も若い2002年創業のインテリジェントセンサーテクノロジー㈱（神奈川県厚木市）は，電子計測器メーカーであるアンリツ㈱の研究員であった池崎秀和社長が九州大学の都甲潔教授[8]の味覚センサーという画期的な技術に惚れ込み，共同研究を開始し，12年目に製品化の目途が立った段階でそれまでの企業内ベンチャーから独立創業している。

サムコ㈱（京都市伏見区）は，半導体製造装置メーカーである。辻理社長は，創業に先立ち，大手分析機器メーカーに技術者として10年間勤務し，その後アメリカ航空宇宙局（NASA）での研究経験も有する。サムコの出発点は，研究用の化学気相蒸着（CVD）装置を，世界初となる実用機として開発したことである。

一方，ベンチャー企業と異なり，伝統的なものづくり技術を極限まで駆使し画期的な新製品を生み出した事例もある。それは，㈱タカコ（京都府精華町）である。創業者である石崎義公氏は，夜間高校に通いながら東大阪市の金属加工会社に勤務し，東大阪の加工職人に鍛えられ，ものづくりの基礎を身につけた。その後，様々な経験を積み，米国で知り合った油圧工学の世界的権威であるオランダのアイント・ホーヘン大学のシュレッサー教授が来日した際，100年以上前に原理が発明されていたものの金属加工技術の限界から実用化されていなかった夢の油圧ポンプといわれる斜板式アキシャルピストンポンプの図面を手渡され，「これを量産できれば世の中が変わる」という教授の一言で全てを投げ出して開発に没頭した。東大阪の腕自慢の職人が音を上げるほど難しい試作を繰り返した末，1974年に開発に成功した。現在，

建設機械，搬送車等に幅広く用いられ，民生用では世界シェア75％である。

この3つの事例にみられるとおり，最初のNT製品の開発のきっかけは様々で，技術的なシーズから発想した新製品の場合も少なくない。

2）最初のNT製品がニーズを踏まえて生み出される事例

　創業者が大企業の技術者出身で，勤務先の経営方針の変更等により退職し起業するスピンアウト型の場合，それまでの経験を通じユーザーニーズを把握し，市場の存在に一定程度確信を持って最初のNT製品を開発することがむしろ一般的といえる。

　例えば，電子顕微鏡等を扱う大手メーカーからスピンアウトした㈱エリオニクス（東京都八王子市）は，在籍した企業のリストラで透過型と走査型の2つの電子顕微鏡のうちの前者に重点化が図られる中，後者に属していた5人が創業した企業で，同様の立場であった本目精吾現会長も2か月後に合流している。1975年創業から間もなく，電子ビーム応用装置である電子線レジスト評価装置の開発に成功した。化学メーカーから，マスク製造装置に用いられるマスク材料であるレジストを開発したいが，「マスク製造装置は1台3～5億円と高く購入するのは難しく，レジストの評価用途だけの装置を1/10の価格で作れないか」と相談され，技術供与を受け開発したものである。要求の仕様は描画図形の精度は問わないなど限定されたものであり，出身大手企業の製品と競合しない，素材メーカーの開発用途で単価の安い製品から参入している。

　また，半導体ウェハーの搬送装置メーカーのローツェ㈱（広島県福山市）の崎谷文雄社長は，創業前に10年間勤務していた企業で，今世界中の半導体工場でウェハー搬送に使用されているスカラロボット[9]を開発していた。

8）都甲教授は，味覚センサーの研究が電気電子工学研究の功績として認められ，平成25年春に紫綬褒章を受章された。

9）水平多関節ロボット（SCARA robot）のことで，水平方向にアームが動作する産業用ロボットである。

米国の半導体製造装置の見本市に行った際，それを模倣して3社が出展していたのを見て，「どうせまねるならもっと良くすればいいのに。自分だったらこうする」という構想を暖めていた。しかし，開発資金に目途が立たないでいた。そこに潜在的ユーザーから開発依頼が舞い込み，1987年シングルアームの半導体ウェハー搬送ロボットの開発に成功している。

3）最初のNT製品の製品ラインナップの拡大
　　―「松竹梅戦略」のメリット

　最初のNT製品を開発した後に多くの企業に共通しているのは，最初の製品の上位あるいは下位スペックのものを開発し，自社が提供する製品ラインナップの拡大を図っていることである。この品揃えの充実という「松竹梅戦略」と呼べる対応には，いくつかの効果が期待できる。第一は，様々なスペックとそれに対応する価格を揃えることで，ユーザーの数，幅といった量的拡大が進展することである。

　㈱エリオニクス（東京都八王子市）の場合，最初のNT製品である電子線レジスト評価装置に対する精度要求の高まりや図形描画可能な機種が欲しいというニーズを受け，半導体研究用電子描画装置2種を新たに開発した。いずれも電子線レジスト評価装置の基本機種からのスペックアップという形のラインナップの拡大であり，技術的な展開は楽であったと本目精吾会長は述べている。その後，高位機種に展開するにしたがい1981～83年頃から元在籍した大手企業と競争が開始され，1989～90年頃には性能的にも遜色が無くなり本格的に競合するようになったとしている。

　「松竹梅戦略」の2つ目のメリットは，カスタマイズを含むユーザーニーズへのきめ細かい対応により製品の使い勝手が向上し，ユーザーとの関係が緊密化し「評判」の確立という質的深化がもたらされることである。これは後述する第二，第三のNT製品の開発につながる，極めて重要なポイントということができる。

　本多機工㈱（福岡県嘉麻市）は，1949年創業のポンプ専業メーカーである。ポンプは電動機でシャフトを回し，羽根（インペラー）で対象物を吸い込み

引き上げる構造をしており，同社はこの中でも特に粘性の高い物質を扱うラテックスポンプを1970年に開発する。他社が容易に真似のできない最初のNT製品といえる。この製品は，顧客のニーズをまず聞き，設置スペース，扱う物や量に応じて開発し，泥や石が混じる場合にもうまく通るように羽根の形状を改良するなど一品物という性格が強い。ユーザーが化学メーカーの場合，扱う対象物は新製品開発に関わるため全て秘密扱いとされ発注時には詳細不明であることが多く，見込みで試作品を作り，製造現場で羽根やポンプに手を加え，ユーザーが納得する生産効率を実現するまで改良・調整を行う。他社が面倒がって手を出さないものを得意とし，あきらめないでやる社風が創業以来存在するという。例えば，焼酎工場向けでは麦，米，芋等原料の違いで仕様は異なる。本多機工の社員が幹部用セミナーで芋の繊維がポンプに絡んで困っているというメーカーの悩みを聞き試作品を多数作り，現地工場まで出向き，羽根にバフ研磨を施すなど工夫を重ねて繊維の絡みを防ぎ，焼酎製造用の特殊ポンプの開発に成功している。

「松竹梅戦略」の第三の優れた点は，売上げが量的に拡大し，経営基盤の安定に寄与することである。事業継続を支えるベースの事業（「日銭」が稼げる事業）となり，次の製品開発に向かう余裕が生じる。また，第四のメリットとして，売上げが拡大安定し，加工等を外注する取引先が協力企業として定着し，これら企業との長期的関係が確立することが指摘できる。

　　トックベアリング㈱（東京都板橋区）は，戦後米軍と共に入ってきたスチール製事務機の修理を通じ，ベアリングの製造・販売に展開した。「材質は金属でなく樹脂で構わない」と考え，試行錯誤の末，1964年に樹脂製ベアリングを開発する。金属切削加工から樹脂射出成形に切り替えることで，コストダウンに成功する。これが，最初のNT製品となる。その後，金属製ベアリングだと腐食する青焼複写機のロール部分，重量物を扱わない自動販売機の回転部分，コンパクト性と静音性を求められるシステムキッチンや冷蔵庫の引き出しと用途が拡大し，キャッシュレジスターの引き出し部にも採用される。現在では，耐腐食性等が評価され，半導体製造装置，液晶パネル製造装置も特殊素材の樹脂ベアリングが使用されている。現在の国内シェアは

50％弱と推定される。

　このように最初のNT製品を軸に提供する製品の幅を広げていく「松竹梅戦略」は，NT型企業の基盤を固める上で重要な役割を果たす。

1-3　ニーズオリエンティッドな第二，第三のNT製品の開発と「評判」の役割

　最初のNT製品と対照的に，第二，第三のNT製品は，大企業等のユーザーから「こんなことで困っているがどうにかならないか」，「こんな製品が欲しいが，開発できないか」という形で持ち込まれるニーズへのソリューションとして生み出されるケースが極めて多い。その意味で，製品開発は基本的にニーズオリエンティッドということになり，開発された製品の販路の確保も比較的容易である。ただし，ニーズは極めて先鋭化されているため，生み出される製品の市場は少なくとも当初は限られた狭いもの（ニッチ）になるという必然性を有している。

　ニーズを持ち込まれる前提として，潜在的ユーザーを含めた関連企業の間や日頃接触のある大学等の研究者の間で，「評判」（能力が高い，優れた企業であるという情報）が何らかの形で流布し確立していることが極めて重要な要素となる。

　ここでは，ユーザーニーズが製品開発につながるプロセスが具体的に分かる7つの事例を紹介する。

1）口コミで評判を聞きつけた潜在的ユーザーからニーズがもたらされる事例

　日本分析工業㈱（東京都瑞穂町）は，ガスクロマトグラフィー（GC）成分分析装置の前処理として，誘導加熱という原理で溶媒に溶けない試料も直接分析可能にするGC用キューリーポイント熱分解装置を1966年に最初のNT製品として開発した。これにより微量高分子の分析という分野で地歩を築い

た。すると，昭和電工㈱の研究員から，分取型高性能液体クロマトグラフィー（分取HPLC）の開発依頼が舞い込む。当時米国製はあったが極めて高価なため内製を目指していた昭和電工は，自社単独では難しいと判断し，日本分析工業の評判を聞き，共同開発を持ちかけてきた。依頼主から開発資金を仰ぎ，共同開発の末，1972年に製品化に成功する。これが第二のNT製品である。当時，既存のHPLCは試料の量が多いと分離性能が低下するため，多くの試料から微量成分をあらかじめ分離する分取という前処理機能が求められていた。その後，有機合成の大学研究者からの「研究費が乏しいため，少ない試料を有効に使いたい。分離の時間を短縮したい」というニーズに応え，カラム長を短縮して溶媒を循環させるリサイクル分取HPLCの開発に発展する。口コミで販路が広がり，現在年間120台を販売し，国内シェア90％，海外シェア80％に及ぶ。

　トックベアリング㈱（東京都板橋区）は，1964年に樹脂製ベアリングを最初のNT製品として開発する。その後，この製品で以前から取引きのある商社から話が持ち込まれ，ニードルを用いて一方向にしか回らない特徴を持ち，コピー機の排紙部分に使われるワンウェイクラッチを開発し，1983年に販売開始した。コア部分が焼結金属による針状をし，高い回転スピードに対応でき耐熱性があることから，高速カラーコピー機の需要拡大とともに生産を拡大した。これが第二のNT製品である。1989年に製造販売を開始した第三のNT製品はトックダンパーである。ダンパーは容器等の蓋をゆっくり閉じる成形部品で，参入は後発であったが，当時洋式トイレの蓋を閉める時の音がうるさいことが業界の課題となっており，既存自社製品の顧客から依頼を受けて開発した。軸のセンターを正確に出してスムーズに開閉する製品に仕上げる加工技術で，トイレの蓋の他，ピアノの蓋，自動販売機の取り出し口，システムキッチンの扉と販路を拡大している。

　この2つの事例にみられるとおり，いわゆる口コミで評判を聞きつけた潜在的ユーザーから新製品の開発依頼やニーズがもたらされる事例は，極めて一般的であり，非常に多い。優れたNT型企業の製品開発パターンにおける顕著な共通点ということができる。

2）既存製品に不満足なユーザーからの依頼

　こうした開発依頼の中には，技術的な観点から企業として飛躍を求められる案件も少なくない。それは既存製品に不満足なユーザーの高度な要求に応える必要があるなどの理由による。

　例えば，工作機械の一種で円筒状，ロール状のものを真円に近く研削する円筒研削盤の世界トップメーカーの1社である㈱シギヤ精機製作所（広島県福山市）は，1960年頃から円筒研削盤の専業メーカーとなった。大型から小型まで，ユーザーのニーズに応じ他の追随を許さず，海外市場向けは売上げの約7割に達する。1980年頃に自動車関連に同社の円筒研削盤が普及する。自動車産業は，トランスミッション，エンジン，足回り等回転部分に丸いシャフトを多用しており，しかも構成部品への要求精度が高い。ユーザーは用途により研削盤を使い分けるため，様々な要望に応じるうちに，2002年には四輪自動車の無段変速機（CVT）の部品加工用の専用機を開発する。これが第二のNT製品に相当する。国内シェアは70％で，CVT生産トップのメーカー等に累計300台弱採用されている。ある工作機械メーカーの製品に不満足であったユーザーからの相談が，開発のきっかけとなった。

　本多機工㈱（福岡県嘉麻市）もこのケースである。すなわち，ラテックスポンプ後に近年開発されたNT製品は，世界初の大容量マイクロナノバブル発生装置で，2003年から05年にかけて開発し成功した。ポンプで微細なオゾンを含む泡を発生させ，水質浄化，殺菌，脱臭，脱色機能を有し，排水処理や水槽内の掃除，船底に泡を流す摩擦低減による低燃費化，油水分離の加速化等の目的に使われる。泡発生装置に使うポンプは気体を10％吸い込んでも振動で壊れず，しかもポンプの羽で泡を細かく砕くことが可能である。開発の経緯は，既存メーカーの装置が高額かつ大規模すぎるというユーザーの声を，本多機工の社員が聞きつけ，「うちのポンプで全部やったらどうか」と発案したことである。その後，産学連携の補助金を受け，テスト装置を開発し，製品化に成功している。

3）基本的機構を同じくする新製品の開発依頼

一方，機構的に共通する製品に異なる性能をもたらす技術を付加した製品の開発を求められる場合もある。

写真1
㈱西部技研の回転式全熱交換器。
写真は最大級のもの。

　㈱**西部技研**（福岡県古賀市）は，1975年にハニカム構造の回転式全熱交換器の国産化にはじめて成功し，最大直径4m，重量3t，価格2,500万円の大物を含め工場等に用いられ，国内シェアは70％に達している。この最初のNT製品に続き，ハニカム技術を生かし，1984年にデシカント除湿機の心臓部のローターを開発した。医薬品・食品の除湿，発電所の防錆，リチウムイオン電池のドライルーム等工業用を中心に用途が広がっている。第三のNT製品は，揮発性有機化合物（VOC）濃縮装置で，除湿機の応用で吸着対象を水分からVOCに転換したものである。これは除湿機メーカーでデシカント除湿機のローター部分を納入していたドイツのハイデルベルクの企業から，水でなくVOCを吸着できないかとの相談を受け，2年程共同開発し，1988年に開発に成功している。

4）サプライヤーからの開発依頼

　ユーザーからのニーズの持ち込みだけでなく，原料や素材のサプライヤーが自社製品の用途拡大を期待して開発案件を持ち込む事例もある。

　三木特種製紙㈱（愛媛県四国中央市）の創業者は，戦前に大蔵省印刷局とも紙幣の材料供給や廃棄紙幣の融解で取引きのあった製紙企業の工場長として和紙の機械すきに取り組み，戦後独立した。異なる繊維（種）と混ぜ合わせても均一分散し多くの種と相性がよいという和紙の特性を生かし，ビニロンバインダーとの混合による化繊紙の開発に成功する。1958年に製品化した破れにくい障子紙「ミキロン」は大ヒット商品となり，化繊紙のパイオニアという評判を確立する。その後，化繊紙は，合成繊維メーカーから需要先として注目され，化学繊維の新製品ができるたびにシート化の依頼が来るようになる。さらに，化繊だけでなく金属やセラミックパウダー等も種とし，どんな素材も紙にする企業としての評判を確立することになる。特種を用いることで，紙の形状をした薄くて軽い機能性材料として様々な用途に用いられる。例を挙げれば，電柱に据え付けるトランスの絶縁紙，電子部品搬送用テープ，バッテリー用不織紙，車両用マスキングテープ，コーヒーフィルター，花束等を包装するクレープ紙，化粧用あぶらとり紙，携帯電話の絶縁紙等である。

5）自社製品を持ちたいと念願し日頃からの営業努力が新製品につながった事例

　もう1つ，自社製品を持ちたいという強い内発的要請を追求する過程で，新しいユーザーニーズを獲得し成功した事例を紹介する。

　㈱三橋製作所（京都市右京区）は，長年，㈱島津製作所の協力企業として様々な製造技術に磨きをかけていた。しかし，先代経営者は「このままではいずれは行き詰まる。下請で稼いだ儲けで自社製品を立ち上げよう」と発案し，繊維等の産業機械メーカーである京都機械㈱の依頼で，最初のNT製品として生地の加工時に必要な蛇行制御修正装置を1953年に開発する。こうした自社製品の販売は必ずしも順調でなく苦労を重ねている最中，1971年にスープ袋を即席ラーメンに乗せる機械（パウチディスペンサー）の開発に成功する。当時日清食品㈱は，高槻工場で袋麺を製造していた。女子工員が

小袋のスープを麺の上に乗せる作業を手で行い，速さは70～100個/分であったが，連続作業は10分間が限度であった。このため，「何とかならないか」という日清食品の話を，営業担当が聞いてきたのが，開発のきっかけである。2010年の実績で海外向けは43％に達し，即席麺の世界最大市場中国をはじめ，タイ，韓国，米国，イギリス，ロシア，インド（ネスレの工場），南米，ナイジェリア，サウジアラビアまで輸出している。

6）日頃培ったユーザーのネットワークを活用する事例

　以上見てきたように，ユーザーニーズの持ち込みや探索が製品開発成功の端緒となることが多いのが優れたNT企業に共通する特徴である。その中で，経営者が数多くのユーザーとネットワークを形成し，それを最大限に活用している事例もある。

　㈱リガルジョイント（神奈川県相模原市）である。創業者の稲場久二男会長は，当初，高圧ガス販売会社に勤務し，工業ガスのボンベを大企業，中小企業の工場・研究所，大学研究室等に納入し，様々な現場に精通するとともに，ユーザーと人的ネットワークを構築した。納入先企業のニーズに応じ，ガスと無関係な業務（ガラスビーズ製造販売，逆浸透膜による超純水製造装置の開発等）を外部企業に依頼して納品する仕事を手がけた後，半導体製造装置メーカーの日電バリアンから勧められ資機材を供給する下請として1974年に独立創業した。親会社に配管や特殊材料ガスの知識を提供するのと交換条件に超高真空の技術を獲得した。半導体製造装置の受託製造事業を経て，最初のNT製品として1990年に開発したのが商品名カンタッチという半導体製造に使われる配管継手で，耐圧性に優れ，ホースが破裂する前に抜け，漏れやはずれがない製品である。その後も独創的製品を次々開発するが，成長の原動力は稲場会長がガス販売会社時代等に培った人的ネットワークと本人の発想・構想力である。

7）ニーズとシーズを持つ人材を採用した事例

　既に紹介したとおり，大企業に勤務経験を有するNT型企業の創業者が，会社勤務中に既に得ていたニーズとシーズを持ってスピンアウトし，それが

最初のNT製品の開発につながる事例は少なくない。しかし，経営を続ける中で一定の評判を確立したNT型企業が，新たに獲得した人材を通じてニーズとシーズを同時に取り入れる事例もある。

㈱相馬光学（東京都日の出町）は，可変波長の分光器等各種計測・分析機器を開発している。大手電子顕微鏡メーカーの希望退職の募集に応じ，実質上スピンアウトの形で浦 信夫会長が1976年に創業した。第三のNT製品は，小型でトレーサブルな絶対分光放射計である。開発の経緯は，太陽電池の評価器メーカーに30年勤務した現在の技術部長が2006年に入社したのを機に，この社員が市場を念頭に置いて太陽電池評価用の小型測定装置の開発を発案する。同年，この人物のつながりで独立行政法人産業技術総合研究所の研究プロジェクトに相馬光学も参加する。この研究成果が生かされ，製品化に成功することになる。

8）ユーザーニーズの掘り起こしに戦略的に取り組んでいる事例

ユーザーニーズの取り込みが製品開発の要諦であるとすれば，ユーザーニーズの掘り起こしを積極的に行う価値は十分にある。戦略的，意図的に取り組んでいる事例を2つ紹介しよう。

電子ビームとレーザーの加工サービスを提供する**東成エレクトロビーム㈱**（東京都瑞穂町）は，自社の設備機械増設の際に，設備メーカーと共同でオープンハウスを仕掛け，加工技術の実演，技術相談，設備メーカーの担当者や大学教授による技術講演を実施してきている。これらを通じ，電子ビーム溶接，レーザー加工で，①新規設備導入をためらっている大手ユーザーに設備投資を促し設備メーカーに協力する，②設備投資をせず試作品等の加工を外注するユーザーには，この機会を利用し相談にきめ細かく対応する，といった方法で，受託加工業（ジョブショップ）としての業界でのポジションや評判を確立して，新規顧客開拓に成果を上げている。また，東成エレクトロビームの加工技術を用い，新製品を開発しようとしている有望な技術者がいる場合，上司を連れて来てもらい，その開発の成功の可能性を示して説明し，成功した場合に技術者の昇進等を認めるよう確約をお願いするなど，ユーザーの担当者と一緒にニーズの掘り起こし，開発プロジェクトの具体化を図って

写真2
東成エレクトローム㈱が設備メーカーと共同で開催するオープンハウスの様子。左奥，パネル前にこちらを向いているのが上野保会長。

いる。上野保会長は，「その後，若い担当者が出世すれば，予算が使えるようになり，当社に仕事として戻ってくる」と長期的メリットもあるとしている。一方，溶接学会，精密機械工学会，レーザー加工学会，レーザー協会に入り，メーカー，大学，研究機関の人々とのネットワークを通じ電子ビーム，レーザー加工の普及拡大を目指し，PRしながら最新・最先端のニーズを獲得することに努めている。

㈱ティ・ディ・シー（宮城県利府町）は，1998年に「鏡面加工のオンリーワンで第二創業を目指す」という目標を明確化し，物性により理論的に加工限界といわれていた10ナノメートル以下の超精密鏡面加工を短期間に実現した。この企業の大きな特徴は，コストをかけ，自社を売り込むことに極めて積極的な点である。「評判」の形成，確立に能動的なNT型企業の新しいタイプとして注目される。具体的には，1999年にいち早く自社ホームページを立ち上げている。また，2002年から03年にかけて，自社の技術力をアピールし新規顧客開拓を図るため，こうした規模の企業に異例といえる広告費1,000万円を投入している。能動的働きかけもあって，多くの問合せ，相談が全国の潜在的ユーザーから寄せられるようになっている。また，2003年に東北大学の名誉教授で金属のひずみ，ストレス研究の権威の訪問を受けた。この教授は，これまで学生に10ナノ以下の加工は不可能だと教えてきたが，本当にティ・ディ・シーがそれを実現しているか確かめたいというのが，来訪

の目的であった。その後，社員へのレクチャーをお願いし，教授の専門外の質問も東北大学の学内ネットを通じ専門家につないでいただくなど関係を深めている。

この2つは，ともに製品ではなく，加工サービスを提供する企業の事例であることは，注目に値する。加工サービス企業の場合，製品に比べ，自社の提供するサービスの他社との違いをユーザーに認識させることは容易でなく，そのために一段踏み込んだ工夫や対応が必要とされていると考えられる。

1-4 外部資源の活用による異なる要素技術獲得と新製品開発

ニーズに対応しソリューションを出す局面においては，当然のこととしてNT型企業は自社内に蓄積されたコア技術等の「内部資源」を最大限に活用することになる。しかし，優れたNT型企業の場合でも，ソリューションを出せなければ自社の評判を落とすこととなり，逆にソリューションを出すことに成功すれば新製品の獲得につながる可能性が高い。このため，何よりもソリューションを出すことに重きがおかれ，必死な取組みが展開される。したがって，自社技術等の内部資源に拘泥してそれで可能なことだけをしようとするのではなく，足りない「外部資源」の活用にオープンかつ積極的なことが40社全てに共通する特徴である。

加えて，ソリューションの結果として実現された第二，第三のNT製品は，既存製品の技術を最大限に生かしているものの単純な延長線上にあるのではなく，新たな価値が加えられたプロダクトイノベーションとなっていることも重要な特徴である。すなわち，複数のNT製品は，製品を構成する基本的技術コンセプトという最も基層的なレベルでは製品に共通するものが存在している。しかし，一方で，新製品には既存のNT製品になかった新たな要素技術が必ず付加されていると考えて間違いはない。

例えば，**利昌工業㈱**（大阪市北区）の製品は積層・圧着と注型という基本となる技術コンセプトは同じであるが，製品の材料・大きさ（厚み）はまっ

写真3
アルミ電解コンデンサー（奥）と利昌工業㈱の封止用積層板（手前）

写真4
利昌工業㈱のガラスエポキシテープ。
手前2つが製品。奥がその加工品。

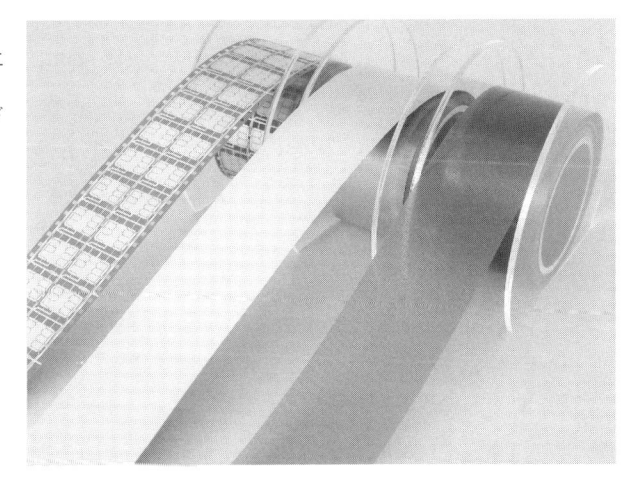

たく異なる。最初のNT製品である電解コンデンサーの封止用の積層板は硬質絶縁板とゴムシートの複合積層品である。これに対して，第二のNT製品であるガラスエポキシテープは，ガラス布に耐熱性と絶縁性に優れたエポキシ樹脂を含浸させテープ状にしたプリント配線材料で，ICチップを連続自動実装（Tape Automated Bonding）するのに用いられる。当然のことながら，それぞれ要素技術や技術的課題の内容も大きく異なる。

また，㈱**西部技研**（福岡県古賀市）の場合，最初のNT製品である回転式

全熱交換器と第二のデシカント除湿機の心臓部のローターはともにハニカム技術を生かした製品であるが，後者には吸湿剤と熱風を利用する除湿技術が加わっている。第三のNT製品である揮発性有機化合物（VOC）濃縮装置は，除湿機の応用で吸着対象を水分からVOCに転換したものであるが，決め手となる吸着剤技術は当初保有しておらず，共同開発先とは別のドイツ企業の吸着剤をヒントに開発したものである。

1-5 製品開発を支える企業や大学との独自の「ネットワーク」と「連携」

　優れたNT型企業は，ユーザーから持ち込まれたニーズに対してソリューションを出す上で，足りない内部資源を補う外部資源の活用に熱心である。しかし，外部資源の保有者と常日頃から緊密な関係を築いていなければ，いざという時に助けにならない。このため，自社製品等の直接のユーザーだけでなく，汎用部品や基礎素材を供給する大手サプライヤー企業，加工等の外注先の中小企業，他のNT型企業，大学の研究者等との間に，独自のネットワークを長年にわたり形成していることが，優れたNT型企業に共通するもう1つの重要な特徴である。イノベーター企業として次々に新製品開発ができるのは，このネットワークのおかげということができる。

　加えて，特に製品開発に大きな役割を果たすのは，「企業間連携」あるいは「産産連携」であるということも重要な特徴である。したがって，その分，「産学連携」の果たす役割は，やや劣後することとなる。別の言い方をすれば，優れたNT型企業の場合は，「産学連携」は目的，必要に応じ，戦略的に活用しており，自社の開発ニーズにピンポイントではまった場合に大きな効果を発揮する。

　必要に応じ戦略的に連携先を取捨選択できる優れたNT型企業の場合，企業間連携の相手先や共同研究を行う大学は，広く日本国内に分布している。たまたま隣に利用できる外部資源の保有者がいる可能性が低いことを考えれば，当然のことといえる。別の観点からみれば，国の産業クラスター計画等の政策の実施現場で，一般的な中小企業には実施が難しく施策支援が必要とされる「広域連携」は，優れたNT型企業では日常的な企業活動の範囲内に

位置づけられる。

1）ユーザー企業との連携

　既にみてきたとおり，ユーザー企業との共同開発がNT製品開発につながった事例は，㈱エリオニクス（東京都八王子市）の電子線レジスト評価装置，**日本分析工業㈱**（東京都瑞穂町）の分取液体クロマトグラフィー，㈱西部技研（福岡県古賀市）の揮発性有機化合物濃縮装置等が挙げられる。㈱三橋製作所（京都市右京区）のスープ袋を即席ラーメンに乗せるパウチディスペンサーは，当初試作機はうまく作動しなかったが，日清食品やサンヨー食品の現場で使ってもらいながら改良を続け，製品化に成功している。また，**本多機工㈱**（福岡県嘉麻市）の特殊ポンプは，ユーザーの現場において試運転と改良・調整を繰り返し，ユーザーのニーズを満足させる製品を共に開発している。

2）サプライヤー企業との連携

　一方，サプライヤー企業等との連携の事例については，既に紹介したように，**三木特種製紙㈱**（愛媛県四国中央市）の化繊紙の場合は，材料のサプライヤーである合成繊維メーカーが新規需要先として期待し，新製品ができるたびにシート化の依頼を持ち込む。一方，機能性素材として化繊紙開発及びその用途の新規開拓については，三木特種製紙は常にユーザーニーズを探索・予想して行っている。

　また，同じ四国に所在する**泉鋼業㈱**（香川県高松市）の場合は，液化石油ガス等を輸送する特殊用途の中小型船に自社で設計・製造したタンクプラントを据え付けて世界に向け出荷している。中小型船は現在も日本が世界一の造船量を誇っており，瀬戸内海等近くの造船所から直接，自社の保有する岸壁に船舶を着岸してもらい，タンクを据え付けられるという地の利も生かしている。当初は，発注に応じ船舶用タンクのみを出荷していたが，付加価値を高めるため，船主やオペレーターに直接アプローチし，船主のニーズを聞いて一緒に開発するというビジネススタイルを追求し，設計が決まると船主から造船業者にその仕様で発注してもらい，タンクプラントを受注している。

写真5
泉鋼業㈱の岸壁に専用船を着岸し完全加圧式液化ガスタンクを据え付けているところ。

一方,タンクの容量の拡大に向けた技術開発に一貫して注力しているが,容器の厚みを抑え容量を増やすのは鋼材や溶材の品質に依存するところが大きい。このため,材料は韓国,中国製は用いず,日本を代表するメーカーの製品を指定している。優れた鉄鋼材料を用い新しいタンクを共同で開発することは日本の鉄鋼メーカーにとっても挑戦的な課題であり,サプライヤー企業の技術者の奮起を促しながら開発を進めているという。

自社の研究部門を,研究開発や製品開発に必要な部材の供給元に近く,本社から離れた場所に立地させているレーザー装置等の**㈱片岡製作所（京都市南区）**の事例も注目される。片岡宏二社長は,製品開発のコンセプトとしてNT製品を目指すことを掲げ,そのためには開発期間の短縮が必要という強い問題意識を持っている。1986年にレーザー装置関係事業への取組みが本格化するとともに,大学や他企業と提携を積極化し,「持つ技術」（自社技術）と「できる技術」（外部を活用し早くできるもの）を使い分けている。「持つ技術」とは,自社内の「先端レーザ研究所（レーザ研）」で開発する要素技術であり,レーザー発振器の開発,光学系の加工技術を担当している。レーザ研は,2001年に横浜に開設され,早速,同年11月にハイブリッドLDYAGレーザーの開発に成功した。立地場所の選定理由としては,レー

ザー周りの部品は海外調達が難しく，横浜周辺に東芝，NECと取引きのある光学系部品メーカーが多いことを挙げている．

3）広域連携の重要性

　大手のユーザーあるいはサプライヤー企業との連携だけでなく，部品製造や加工を依頼する長期取引先企業等他の中小企業との連携にも積極的なのが優れたNT型企業の特徴である．こうした中，特に製品開発のパートナーとしてみた場合に，広域連携が重要であるとする興味深い経営者の発言が期せずして複数得られたので紹介する．

　超精密金型メーカーの㈱新日本テック（大阪市鶴見区）の和泉康夫社長は，「企業間連携は，遠いところの同業者，近いところの異業種との連携がうまくいく．展示会に出ている中小企業はテンションが高い．大企業には取られるばかりだが，中小企業とは『おたくと何かやろう』といって前向きな成果につながることがある．展示会で情報を出している企業とはそうした関係を築ける可能性が高い」と述べている．その実例として，展示会で知り合った同業の遠隔地の中小企業と開発した「冷却スプルーブッシュ」がある．射出成形機の射出口と金型を結ぶ筒状の樹脂流路であるスプルーブッシュに冷却水を行き渡らせる流路をつけ，スプルー部の固化時間の大幅な削減，型締め時の樹脂の挟み込みによる金型破損のリスクの低減を実現した製品である．2011年に特許を取得した．2013年現在，国の施策の活用等を通じ，製品の改良，販路開拓を進めている．

　㈱片岡製作所（京都市南区）は，コア技術としてレーザー，機械，制御，コンピュータ，計測，電源の各要素技術を保有し，トータルシステムとして供給することで24時間稼働でも安定動作できるレーザー装置，電池検査装置，液晶製造装置，太陽電池製造装置を製造している．創業者の片岡宏二社長は，「装置メーカーであるため，ユーザーとのパートナーシップがないといい製品はできない．モノ自体95％までできても，顧客は残り5％にこだわりそこを評価するので，ユーザーの国籍を問わず，一緒に作り上げることが不可欠である．行政が主導する異業種交流ははっきり申し上げて無駄である．集まる企

業の中でしか技術の選択肢はない。むしろ，企業主導で勝手に相手を選ぶ方がよい。相手先は国内に限らない」と指摘する。現に，最近ユーザーとして存在感を増している韓国大手エレクトロニクスメーカーからは，担当者が頻繁に片岡製作所を訪れ打合せが行われているという。

　電子線描画装置等を製造する㈱エリオニクス（東京都八王子市）の本目精吾会長は，NT型企業が極めて多く集積する，埼玉県南部，東京都西部，神奈川県北部にまたがるいわゆる広域多摩地域の企業間連携，産学連携等を進める（一社）首都圏産業活性化協会，通称「TAMA協会」の副会長を長年務めた経験を有する。産業クラスター計画等の地域産業政策について意見交換をさせていただいた時に，「クラスターあるいはクラスター政策といって，全国各地の支援機関等の方から意見を求められる機会が多いが，近隣の地域で何かやろうという発想が強く，違和感を覚える。その発想を捨て，目をもっと地域外に向けるべきだというのが私の持論だ。日本列島はそれ自体が1つの集積のようなものであり，日本全体を視野に入れることは当然だ。広域と考えることがむしろ間違いである」と述べられていたのが極めて印象的であった。

4）大学等研究機関との高い親和性

　特定の製品開発等の個々のアクティビティーにおいては，「企業間連携」を重視し「産学連携」が相対的に後背に退く傾向は，優れたNT型企業が目的に合わせて戦略的に振る舞うことの表われである。しかし，大学等研究機関との日頃の関係が希薄であると考えるのは間違いである。むしろ，特定の目的を持った産学連携のスタイルではないが，大学や国立研究所の研究室と日頃から交流するなど研究機関との親和性が高いことも，優れたNT型企業に共通するもう1つの特徴である。

　㈱鬼塚硝子（東京都青梅市）の創業者である鬼塚好弘社長は，友人の叔父が経営するガラス加工工場にガラス職人として9年間勤務し，25歳目前に独立，中古の工作機械を購入し1人親方で創業した。創業地は東京の田無市（当時）で，会社の周辺には大学だけでなく，国や企業の研究所が多く，研究機関の

城下町といった環境であった。地の利を生かし，国立研究所，大学等の研究開発用のガラス製品や各種機器の特注品の製造に従事する。親しくなった研究者から教えてもらい，これまで実験装置の作り方や真空技術等を習得してきた。今でも国や民間企業の研究所，大学に社員を出入りさせ，共同研究・論文発表等を通じて技術シーズと開発ニーズの入手に努めている。また，社内に鬼塚社長をヘッドとする製品開発センターを設置している。社員である副センター長，シニアフェロー以下複数の学位取得者をメンバーに擁し，市場，大学，国や企業の研究機関からのニーズに迅速かつ効率的に対応し，いつでもプロジェクトチームを編成できる体制を整えている。大学では特に静岡大学と関係が深く，博士課程に社員1人を派遣し共同研究を行っている。一方，ガラス加工には職人技を発揮する熟練工が不可欠であるため，創業以来の一品物の実験器具の受注生産も継続している。鬼塚社長も一職人として毎日一定時間作業に従事している。

　半導体製造装置の**サムコ㈱**（京都市伏見区）の場合，通商産業省（以下，「通産省」という。）の特殊法人新エネルギー総合開発機構（NEDO）のアモルファスシリコンの太陽電池開発プロジェクトに参加していた関西の大手電機メーカーから，創業者の辻 理社長が試作品の開発に白羽の矢を立てられる。これが創業のきっかけで，要素技術の研究については当時既に親交のあった京都大学の研究室にお願いし，毎日通い測定機器等を無償で使用させてもらった。一方，試作場としては京都市伏見区の大手筋という商店街近くの雑居ビルのガレージを借上げて，知人の息子でバイオで農学修士を取った者と2人で取り組んだ。また，第二のNT製品である化合物半導体の製造装置開発に当たっては，京都大学の分子工学，電気工学の研究室に学生として社員を送り込み共同研究をしている。

　ハニカム構造の回転式全熱交換器やデシカント除湿機の**㈱西部技研**（福岡県古賀市）の隈 扶三郎社長は，父である創業者について，「九州大学工学部に勤務する空気や水等流体の研究者であった。器用な人物で自ら考案した発明で特許を取得し，それを聞きつけた企業からの委託研究に10件程取り組み，うち3件は事業化に成功している。その後，自分で会社を作りたいと考え，大学の近くに倉庫を借り，妻を社長として1961年，37歳の時に勤務時間を

夕方5時から夜11時とし大学の許しを得て創業した」と大学との関係の深さを説明している。創業者は，60年代末に大学を辞め事業に専念するようになり，九州大学時代の研究を生かし，スウェーデンで実用化されていた全熱交換器の国産化を企図し，75年にハニカム構造体から自前で作り日本で最初に製品化している。

1-6 製品開発の具体的な姿—エリオニクスの事例

これまで，製品開発パターンに共通する特徴を抽出するため，主な局面に応じて40社の事例を横断的に紹介してきた。しかし，こうした共通点がなぜ生まれるのかという理由を理解するためには，経営者，製品開発に当たる技術者がそれぞれの局面でどのような立場からどのような意思決定を行い行動しているのかというレベルにまで降りてみていくことが必要である。このため，製品開発パターンに係る具体的な態様を詳細に把握するため，半導体関係の加工・製造装置等を開発する**エリオニクス㈱**（東京都八王子市）の本目精吾会長に，2012年1月に二度目の詳しいインタビューをお願いした。以下，その内容を紹介する。

1）創業者の創業前の経歴と最初のNT製品の開発

まず製品開発を主導する創業者のバックグラウンドが，創業後の最初のNT製品の開発にどのように影響しているかという点を伺った。すると，「スピンアウトする前に在籍していた大手企業における経験が，新事業のスムーズな立上げに大いに役に立った。1つは大手既存顧客とのつながりであり，新製品開発のニーズの獲得に既存ユーザーとの様々なコミュニケーションは重要である。もう1つは，新製品の試作や部品製造の依頼先として元在籍した大手企業の協力企業を知っていたことである。経営者に直接，交渉や頼み事ができるという直接的なメリットに加え，どこに加工させればどの程度のことができるかという，より普遍的な目安について一定の知見を保有できた」と指摘している。40社を含めこれまで筆者が聞取りしてきた範囲では，創業者が大企業技術者で一定期間経験を積みスピンアウトの形で独立した場合，

最初の製品開発やその後の製品ラインナップの拡大が相対的にスムーズであるという印象を強く持っている。その背景には，以上のようなしかるべき理由があることがこの事例から理解できる。

2）ニーズが持ち込まれるルート

次に，潜在的な企業ユーザーからニーズを持ち込んでもらう場合，具体的にどのようなルートを通じて行われるのであろうか。本目会長は，「主なルートは2つあり，まず展示会のブースを訪れた企業をフォローアップしていく方法である。もう1つは，新製品が専門紙で記事として紹介され，それをみた企業から来訪の依頼が来るルートである。その後のやりとりで，こんなことはできないか，こんな装置を作ってくれないかという具体的な話に展開する。大学や国の研究機関の研究者の場合は，研究者同士の情報交換，口コミで伝わることが多い。大学等の研究者が，日頃付合いのある企業に，同社に相談してみてはどうかと紹介するケースも存在する。また，企業の中央研究所の既に知己を得た研究員から他のセクションの研究員が紹介を受けて問合せしてくることも少なくない」としている。

3）ニーズを持ち込むユーザー企業の担当者

一方，ニーズを持ち込むユーザー企業の当事者はどのような立場の人間なのであろうか。この点については，「自社と同じサプライヤー側である製造装置や計測機器のメーカーの場合，中央研究所の研究員が多い。共同で新製品の試作に成功すると，量産のためその研究員が事業部に移って担当になることもしばしばあった。ユーザーである人手デバイスメーカーの場合，当初，自社内で使う製造装置や計測機器の内製を試みた後，できないものを外注するという形で当社に相談に来ることが多い。この場合，事業部内の内製を担当する技術者や事業部から相談を受けた中央研究所の研究員がニーズを持ち込んでくる。またユーザーが国の研究機関の場合にも，研究所内に装置・計測器の試作や部材の加工を行う内製部隊があり，企業と同じような技術者同士のやりとりが結構存在していた」と述懐している。ユーザー企業が内製を試み，その上で難しいと判断した場合に，実際に内製を途中まで進めた当事

者など課題の所在に詳しい人間が，直接問合せや依頼を持ち込んできていることが分かる。こうした場合，当然のこととして，ニーズは具体的で先鋭化していると考えられる。

4）ユーザーニーズの探索（御用聞き）の具体的態様

　もちろん，ユーザー企業からのニーズの持ち込みを待つだけではなく，NT型企業側も日頃からニーズの積極的な探索・発掘の取組みを行っている。具体的方法について尋ねたところ，「自社製品の既存顧客のフォローアップあるいは新規顧客への営業のための訪問が最も一般的で，訪問先は事業部の他，中央研究所の場合も多い。旧知の研究員等に1年に1回位の頻度でアポイントを取り訪問する。その際は，新製品の情報だけでなく相手が関心を持ちそうな情報を事前に手みやげとして準備する。また，相手側研究者も訪問時にこちらが関心を持ちそうな情報をこっそり教えてくれ，それがヒントになり共同研究に発展することもあった。1970から90年代まで研究所はオープンな雰囲気があり，折角来たのだからと関係のない部署も含めて研究所全体を案内してくれることもあった。こうした交流を通じ，技術者同士という意識から持ちつ持たれつの気心の知れた個人的関係に発展することも多い。ただし，こうした関係が構築できるのは，お互いが技術者としてサブスタンスを具体的にやりとりできる一定の年齢（例えば45歳くらい）までであった」と述べている。

5）ニーズを持ち込むだけではなく面倒見のよかった日本の大手ユーザー企業

　ニーズの持ち込み・獲得の段階から次は製品開発段階に進む。半導体関連産業では，第三部第9章で詳しく紹介するとおり，1970年代半ばから，デバイスメーカーというユーザー側と製造装置・計測機器等のサプライヤー側の連携関係は緊密化し，80年代の前半には蜜月状態といえるような，サプライヤーからみて極めて有利な形でユーザーからの働きかけ，協力があったとされる（佐久間（1998））。言い換えると，半導体デバイスメーカー等日本の大企業ユーザーには，20世紀の最後の四半世紀において，かなりのゆとりと見識があり，

自ら欲しいと思う装置等を金と時間をかけて開発するという姿勢が存在し，装置メーカーの発展を促す役割を果たした。

　エリオニクスの本目会長は，実際，90年代の一定時期まではユーザーの面倒見は極めてよかったと証言している。優れたNT型企業の新製品開発には，こうした大企業ユーザーの旺盛な自社ニーズとその解決への強い意欲が貢献してきたといえる。また旧電電公社の電気通信研究所の場合，研究開発資金が潤沢で，産業政策の観点から積極的に企業を育てるという発想もあり，共同開発を持ちかけたり，料金値上げが国会で承認されればという条件付きで事前に発注を確約したりと，好条件のサポートがあったと本目会長は述べている。

　しかし，半導体製造技術の変化の加速化，生産拠点の海外移転，中央研究所の機能の低下，ユーザー側の情報管理の厳格化等の環境の変化により，近年企業ユーザーとの緊密な関係は急速に希薄化が進んでいるといわれる。

6）ソリューションを出すための外部資源活用の手順

　最後に，ユーザーから持ち込まれたニーズに対応しソリューションを出すために自社の内部資源が足りない場合の対応について，本目会長は，以下のような二段階を経ることが一般的であるとしている。すなわち，

①ニーズを持ち込む相手先企業，すなわちどこの企業に頼んだらソリューションを出すために有効な協力が得られるかをまず考え，既存の関係のある企業，あるいはツテを頼り探索した新たな関係先企業に持ち込む。

②そうした企業，産産連携先が見出せない時には，大学や研究機関の研究者の誰に相談すればよいかを考え，同様に既存の関係先あるいは探索した新たな研究者に相談する。

　①は，いわば「ニーズ持ち込み→ソリューション提示」の企業間関係の連鎖，あるいは「ユーザー→発注先」の関係が入れ子状に存在しうることを示している。

　こうしたことから，新製品開発には，ユーザーからのニーズ持ち込みに始まるユーザーと自社との企業間連携（受発注に必ずしも結びついていない）も重要であるが，原材料や部品のサプライヤー，加工を外注する中小の加工

事業者等日頃の発注先へのニーズの持ち込みに始まる自社と発注先企業との企業間連携も重要であることが分かる。ただし，本目会長は，中小の加工事業者は連携先として確かに重要ではあるが，彼らにソリューションそのものを期待するのではなく，技術的限界等について意見を聞きながら製品開発を進めるというのが実態であると指摘している。

1-7　まとめ─製品開発パターンにみられる共通点

　これまで，この第1章で紹介した事例から明らかとなった製品開発のパターンに共通する特徴については，以下のように整理することができる。

1）優れたNT型企業は，独自のコア技術を生かし次々差別化された製品を生み出すという形で，極めて高いイノベーション能力，新製品開発能力を発揮する。

　　最初のNT製品の開発の経緯は，企業によって様々である。しかし，第二，第三のNT製品は，持ち込まれる大企業等のユーザーニーズへのソリューションとして生み出されるケースが極めて多い。

2）その意味で，製品開発は基本的にニーズオリエンティッドであり，製品の販路確保も比較的容易である。ただし，ニーズは極めて先鋭化されており，当初の市場はまさにニッチ市場ということができる。

3）ニーズを持ち込まれる前提として，潜在的ユーザーを含めた関連企業，大学等の関係者の間で，「評判」（能力が高い，優れた企業であるという情報）が何らかの形で流布し確立している。

4）製品化に際し，「内部資源」（コア技術等）を最大限に活用する。しかし，足りない「外部資源」の活用にオープンかつ積極的である。その結果，新たな要素技術が付加された形で新たなNT製品が誕生することになる。

5）ユーザーだけでなく，大手サプライヤー企業，加工外注先の中小企業，大学の研究者等との間に，独自のネットワークを長年にわたり形成している。このネットワークが次々に新製品開発を行うイノベーター企業としての能力を支えている。

6）特に製品開発に大きな役割を果たすのは，「企業間連携」あるいは「産

産連携」である。「産学連携」はやや劣後し，NT型企業の開発ニーズにピンポイントではまった時に好結果をもたらす。連携先企業や共同研究を行う大学は，広く日本国内に分布する。「広域連携」は，優れたNT型企業ではごく当たり前の日常的活動であるといえる。

第2章
競争優位を保持し他社の模倣等を防ぐ方法

　本書では「競争力」と「競争優位」を次のように区別して用いる。すなわち，市場における特定の供給者の「ある時点での高い市場シェアで表わされる『競争力』」は，性能，デザインの他，単に先行者であったことをはじめ様々な要因によりもたらされる。しかし，「高い市場シェアの長期にわたる維持で表わされる『競争優位』」は，製品が獲得した「競争力」の源泉（性能，デザイン等）に加え，1）市場が小さくて他の潜在的供給者が参入を躊躇する市場を敢えて選択するなどの市場における地位のとりかた（「ポジショニング」）等の市場戦略，2）ノウハウを企業秘密の形で保持するなどの方法による「模倣困難性」の確保，という2つの要素の組合せがあってはじめて実現される。優れたNT型企業は，この両方に独自の工夫を凝らし，日々たゆまぬ努力を重ねているのが共通する特徴である。ただし，具体的な態様は，その企業の業種，製品分野，用いられる技術，競合相手等の要素により影響され，正に生き残りを賭けた戦略としての性格が強いことから，各社各様である。以下では，個別の事例を数多く紹介したい。

2-1　市場におけるポジショニング及び差別化戦略

1）経営の基本戦略としてのポジショニング

　優れたNT型企業が，最初のNT製品で高い市場シェアを確保し，さらに第二，第三のNT製品の開発を目指している場合，市場におけるポジショニングは基本的に共通している。すなわち，いずれの企業も，大企業が参入を

躊躇するなど潜在的参入者の少ないことが予め予想される市場を意図的に選んで製品を開発している。ただし，扱う製品やサービス等の直面する市場条件，あるいは経営者の基本方針等によって，どの程度ポジショニングを厳密に考慮するかには差が認められる。

　ここでは，ニッチトップ戦略と呼ぶべき市場選択やポジショニングで経営者の戦略的発想が明確な事例を3つ紹介する。

　利昌工業㈱（大阪市北区）は，ガラスエポキシテープ等積層・圧着して特殊な機能を発揮する部材で数多くのNT製品を保有している。二代目の利倉晄一会長は，①スタート時の市場は小さく，大企業にはなじまない市場規模のものをねらう，②国内に競合他社がある場合には，ラストワンを目指す，③そのため，絶えず研究と改良を加え，蓄えた資金とノウハウを注ぎ込みオンリーワンとなる，という明確な戦略を採っている。これが可能な理由として，利倉会長は，まず素材，材料という産業分野は，製品化に時間がかかる上に，常に改良を重ねることが可能で逆にその努力を怠ると脱落の危険があることを指摘している。また，オンリーワンだけを目指し，ラストワンを諦めた企業は必ず倒産したり，買収されたりするというのが持論である。大海の鯨をねらうのではなく，川ならフナ，池ならコイを目指し果敢に挑戦すること，すなわち小さいニッチ市場で思い切って投資するなど身の丈にあった冒険をすることを恐れないことが重要であると強調する。競争者が現に存在する中で，勝ち残っていくための長期的戦略という観点から極めて興味深い。

　一方，自然の風合いを保つ高品質の，30色の多色混合毛糸で，プロ，アマを問わず世界のファンを魅了し続ける**㈱野呂英作**（愛知県一宮市）の，野呂英作会長は，まず，「繊維関係は業界が古く固定観念が強い。ダメなものはダメと決めつける傾向がある。儲からない，生産性が上がらないものは敬遠され，逆にそういうものは誰も作らないから，結果として市場にない製品になる」と指摘する。最初のNT製品である多色混合毛糸については，「女の人は自分の嫌いな色が1つでも入っていると買わない」と関係者が皆口を揃えていうのをあえて聞かず製品化した。こうした経験から，野呂会長は，「大企業がやらないことは限りなくある。大企業は量産品の淡泊なものづくりを

し，枝葉はやらない。その傾向は近年ますます強まっていて，すきまはむしろ広がり，そこかしこに顔を覗かせている。手間とコストがかかるほど他の企業は手を出さず，すきまとして残る。自分も新製品の構想がまだまだある。社員にも新製品の開発を常に奨励している。高くても買う一部の顧客をターゲットに，量は少なくても利益率が高い市場，特に海外市場を目指し，日本で手間暇をかけて生産したものを輸出すべきである。日本全体，やれることはまだまだいくらでもある」と指摘している。このように，他社がやろうとしない仕事にむしろ勝機を見出している。当初からの逆張り戦略ということもできる。

　苦い経験も積みながら，ニッチトップ戦略の追求に磨きをかけていった事例としては，**日本分析工業㈱**（東京都瑞穂町）のケースが挙げられる。同社は，ガスクロマトグラフィー（GC）等微量高分子の分析装置のGNT企業である。創業者の大栗直毅社長は，1963年大学卒業とともに顕微鏡メーカーの大手企業に入社し，後発としてGC装置の参入を目指し開発に従事した。この間，試料に応じ分析装置は限りなく多種になると確信し，専用機なら中小企業でも安く作れるのではないかと考え，入社3年後の24歳で，同僚2人と起業した。1966年に製品化したGC装置は確かに売れ，当初コスト的にも余裕があったが，競争が激しく2，3年で価格引き下げが必要になった。この経験から，市場規模が小さくうまみがないため大手分析機器メーカーが手がけないニッチ市場を目指すという方針を明確に掲げ，さらに用途を絞った専用機に特化していった。ターゲットにしたのは，市場が小さいだけでなく，分析が容易でないことから大企業に限らず参入がしづらい，分子量が大きいプラスチック関連であった。誘導加熱という原理で溶媒に溶けない試料も直接熱分解し分析可能とするキュリーポイント熱分解装置は，原理は公知であったが未だ実用化されていなかった。スイスの論文でその存在を知り，これだという強い確信の下，半年で開発に成功する。この方式のGC装置は，微量な化合物や高機能プラスチックのような共重合物の組成分析に適すため，素材の品質チェックに厳しい化学，電子，自動車業界や研究機関，各地の警察の科学捜査向けに年間に70～100台を販売している。国内シェア100％，海外シェア80％である。

2）各社各様の差別化戦略

次に，他社との差別化を通じ競争優位の確立を図る差別化戦略をみていこう。差別化の方法は，製品，業態，競合他社との関係で文字通り千差万別である。しかし，開発・生産・販売の各アクティビティーにおいて考えられるあらゆる機会を逃すことなく，様々な差別化を通じて市場に最後まで残ること（ラストワン）を目指す点は，優れたNT型企業40社に共通している。ここでは，12社のバリエーションに富んだ事例を紹介する。

①指名買いの実現

関係ユーザーの間で標準的な検査機器としての地位を確立し，指名買いという状況を作り出すことに成功したのが，㈱電子制御国際（東京都羽村市）である。同社は，抵抗，増幅等様々な用途に用いられるコイル状の部品の両端にパルス電圧を加えコイルの状態を調べるコイル試験機が最初のNT製品である。アナログ式の国内の試験機市場には10社ほどの先行企業が存在していたが，デジタル融合の機種はないことに目をつけ，1985年マイコンを応用した試験機の開発に成功した。動作が安定し操作性に優れたデジタル式は，東南アジアに生産移管を進めつつあった日系企業の現地子会社にいち早く採用され，海外での評判が国内にも広がり，アナログ式の製品を市場から駆逐することになる。この製品については，特許は存在せず，技術的に模倣は可能であるとしている。しかし，これまで築いた厚い信頼と市場が小さく参入のうまみがないことが，市場での地位を維持している理由であると同社では分析している。興味深いことは，関係する国際規格がなく実施義務のない試験であるため，かえって高品質の製品作りに不可欠な標準装備として定着し，指名買いとなっていることである。このため，中国，台湾のメーカーも同社の試験機を使用している。なお，中国では1/10程度の安価な模倣品が出現している。試験機自体は耐久性があり，メンテナンスも不要である。しかし，いったん故障するとラインが止まってしまうため，同社は365日，24時間以内に急行する体制を構築し差別化している。中国でも伸びてきた「良質なものをつくる」市場に対して，模倣品では今のところ対抗できていない。

もう1つ，指名買いの例を紹介しよう。精密位置決めスイッチは，高精度

の加工や検査に不可欠な部品である。精密機械部品を使ったメカニカルなスイッチは、油や金属粉が飛び散る工作機械内の環境でも高い繰り返し精度（300万回，誤差1/2000ミリ以下）を実現でき、しかも安価である。メカ式の高精度スイッチ製造企業は，スイスに1社あるが，新製品を開発しつづけ先端を行くのは日本のメトロール㈱（東京都立川市）である。1982年，4つのスイッチを内蔵した旋盤用刃先位置決めセンサーを最初のNT製品として開発する。第二のNT製品は，マシニングセンターの主軸に取りつけ，先端の測定子を対象物に当ててその位置や寸法を測定する「工具長セッタ」である。当初オプション品だったが，メトロールの製品は安価で狂わないこと，松竹梅の品揃えが多いことから，コンピュータ数値制御（CNC）工作機械メーカーに標準採用されつつあり，現在，世界市場でトップシェアを有する。iPhoneの筐体でアルミの高精度の切削加工が必要なものについて、アップル社はその加工を一手に請け負う中国メーカーに対し，メトロールの製品の採用を仕様に含める形で指導している。アップル社との関係は，やはり指名買いという地位を確立しているとみることができる。

②徹底した多品種生産

　多品種生産を極めることで，他の追随を許さない事例が，㈱東洋ボデー（東京都武蔵村山市）である。同社は，様々な用途に用いられる中小型のベンディングカーの荷台を顧客のニーズに合わせて供給している。大きな需要先の1つは，缶やペットボトル入りの清涼飲料水を自動販売機に供給するためのベンディングカーボディである。現在，伊藤園，アサヒ，サントリーの関係はほぼ全量直接取引しているが，各社毎に仕様は細かい部分でまったく相違しており，約1,000点の部品の組合せからなることから，多品種生産の極みといえる。このため，カーメーカーが内部に抱えるのは困難で，典型的なニッチ市場が作り出されることになる。同社の強みは，ユーザーの要望に応じ設計から製造まで一貫して対応していること，メタリック塗装に用いられる防錆力が強く均一性もよく裏側も一度に塗装できるカチオン電着塗装を他社に先駆けて採用し，しかも色を含め60種類ものバリエーションを提供できること等である。

③専業メーカーとしての強みの総合的追求

考えられるあらゆる努力を総合し，専業メーカーとして強みを極めようとしているのが，円筒研削盤の㈱シギヤ精機製作所（広島県福山市）の事例である。鴫谷憲和社長は，四代目で，自社の強みとして次の7点を挙げている。イ）アフターサービス，メンテナンスが充実していること，ロ）顧客の要望に応じられる設計陣（60名）を擁し，カスタマイズに即応できること，ハ）円筒研削盤で小型から大型まで全種類を品揃えしていること，ニ）しゅう動面に不可欠な伝統的技術であるきさげ加工（工作機械等の滑り移動を行う部分の摩擦抵抗を減らす目的で微小な窪みを金属面に施す加工）を手作業で行う職人の腕前の高さ，ホ）真円度が機械の精度を決める動圧軸受は，円筒研削盤の最も重要な機構であるが，その加工を自社の円筒研削盤で行い，自社研削盤の精度向上がさらに研削盤の精度を上げるという相乗効果が得られること，ヘ）ソフトウェアで機械の動かし方を工夫し，円筒形のみならず，三角，六角等任意の断面形状の加工を可能としていること，ト）設計を全て国内で行い，重要部品は可能な限り内製し（外注比率は金額ベースで20～30％），最終加工まで一貫してできること，である。最後の点は，先代経営者が機械好きで，「この工程にはこの機械がよい」，「設備機械の精度が加工物に転写される」などと持論を展開し，高額だが性能に優れた工作機械をひとつひとつ吟味し揃えてきたことも背景としてあると指摘している。

④輸出国別の独占的販売

販売戦略で市場別に独占的地位を確立している注目すべき事例を紹介する。

多色混合毛糸の㈱野呂英作（愛知県一宮市）は，製品を現在35か国に輸出している。現地生産は要請があっても断り，国内製造にこだわっている。販売ルートは，各国とも1社に絞っている。競合があると勝手に値下げされるおそれがあるためである。取引先とは20～30年の付合いが珍しくない。特注は受けつけず，決まった数量を一国一社にだけ出荷する。米国へは年に6万キログラム販売しているが，独占ルートなので値上げも容易である。

⑤信頼というブランドの確立

信頼性，安全性を要求される製品分野で，性能で優れた製品を供給し高い市場の評価を確立し，いわゆるブランド力を発揮している事例も多い。

半導体関連の特殊な継手や高性能の流量センサーで市場の地位を確立している㈱リガルジョイント（神奈川県相模原市）の稲場久二男会長は，自社の競争優位の源泉として，長年半導体関連業界に身を置き将来動向を先取りでき先行者メリットを享受してきたこと，性能面で他社を凌駕していることを指摘している。その上で，高圧ガス利用分野は事故が起きると大事に至る危険があるが，自社の製品がブランドと信頼を確立していることが特に重要であると強調している。

スタック電子㈱（東京都昭島市）は，オシロスコープのプローブ（試料特性を測る検出器から出て試料に当てる針状をした先端部を持つケーブル）や高周波伝送技術を応用した通信機器で高い国内外シェアを有する代表的なGNT企業である。しかし，一般的なNT型企業とは一線を画すところがある。NT型企業は製品開発能力に優れることから，そうした活動に重きを置き，組立，検査等一部を除き製品製造工程のほとんどを外注しているファブ

写真6
スタック電子㈱のプローブは，オシロスコープ（写真奥）の側面のプラグに接続し，反対側の探針を測定回路に当てて，電気信号を観測する。

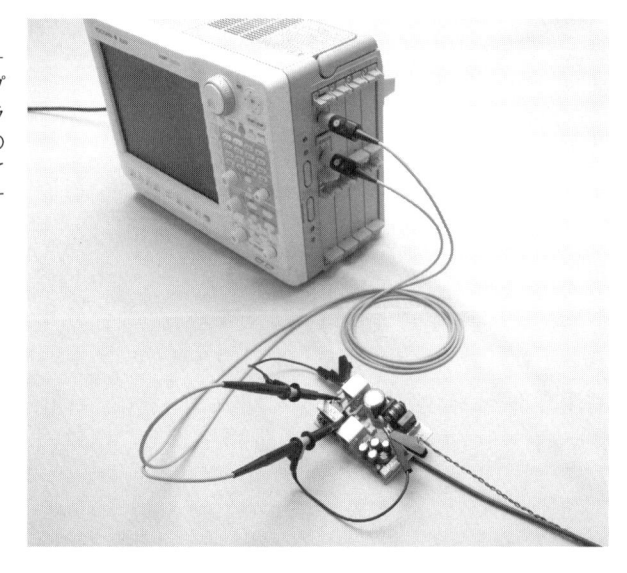

レス企業も少なくない。スタック電子はこの点をむしろ逆手に取ってユーザーの評価を得ている企業である。すなわち，プローブでかつて競合した他社は，設計のみを行い製造は外注依存であったため，製品に日本の高湿度の環境で断線や吸湿による波形の劣化が発生していた。そこで，同社は徹底的な原因の追及を行い，そうしたトラブルを解決するため，設計だけでなく，プローブ生産を専ら行う別会社を設立して対応し，市場の高い評価を得て，国内市場の独占を実現している。

⑥ユーザーニーズへのきめ細かい対応

他社に比較して，関連する市場への幅広い対応，ユーザーの要望へのきめ細かい対応により，信頼を獲得し，市場で独自の地位を築いている事例も少なくない。

加工サービスを供給する基盤技術型の企業として極めてユニークなのが，研磨技術を中心とする秩父電子㈱（埼玉県秩父市）である。その経営戦略上の強みは，関連分野への積極的な多角化である。実質上二代目の強谷隆彦社長は大学卒業後旧電電公社に就職し第一線の技術者として順調にキャリアを重ねていた。しかし，経営上の課題に直面した先代経営者の強い要請で1989年に秩父電子に入社する。強谷社長は，自社について「現在の6つの事業は，取引先も依頼される内容も様々である。技術的にも最初のオンリーワン技術である半導体製造用フォトマスクのガラス研磨の応用展開ではなく，LEDのベース等に使用される化合物半導体ガリウムリン（GaP），ガリウムヒ素（GaAs）の研磨，パワー半導体基板用の炭化ケイ素（SiC）サファイア基板研磨等の研磨事業に加え，基板にシリコン結晶を規則的に積み上げるエピタキシャル積層事業を行うなど小さい会社が6つあるようなもの。これらの事業の中には営業活動における情報収集に基づいた市場予測により技術開発・顧客開拓をゼロから始めたものもあるが，人的つながりや時々の事情が契機で進出したものも少なくない」と述べている。現社長入社当時は今の柱で2.5部門ほどしかなく，その後，実質4部門を立ち上げている。多角化に当たって，「関連は顧客でも，技術でも構わない。当社の顧客は企業（industrial marketing）であるため，顧客との信頼関係が一番重要である。そこからビ

ジネス・チャンスが生まれる。成功確率五分五分ならあえて冒険することを基本姿勢にしている」という。市場参加者や関連するプレーヤーが限られていること，それもあって顧客との信頼関係が極めて重要という2つの切り口で共通する事業分野で多角化を進めることで，企業の幅を広げているとみることができる。

　鋳造による精密部品の成形加工を行う㈱キャステム（広島県福山市）は，金属の微粉末とバインダー（熱分解性樹脂）の混合物を金型で射出成形し，真空炉で脱バインダーと高温焼結を行い，金属部品を生産する金属粉末射出成型法（MIM: Metal Injection Molding）を1986年自力で開発する。米国企業の保有する製法特許に抵触しないものであったが，米国企業の圧力で初期に開拓した大口顧客を失う。これを契機に日本中の小さな顧客を小ロットで開拓し，1993年からの3年間で50社から500社に顧客を増やした。加工対象も，当初主力だったミシン部品から，半導体装置，医療機器等に拡大していった。開発に成功したあかつきには安価に納入することを条件に開発費用の半分をユーザーに負担してもらうユニークな受注方式により，難しい加工案件を最盛期には月50件というペースで次々にクリアしていった。キャステムの強みは，米国企業の製法がMIM専用材料を中心に使用するのに対し，顧客の要望に応じJIS規格にある一般圧延材料等様々な材料にこまめに対応できることにある。また，金型代を独自の手法で1/3以下にし，成形品の後加工を徹底的に省き，顧客は従来の切削加工図面さえ持ち込めば，キャステムがMIMに置き換え，即座に提供するという形を実現した。顧客の要望に幅広く対応し，しかも加工の難しい部品を迅速・安価に手に入れられるという定評を得て，ストライクゾーンを広げる戦略とみることができる。

　ユーザーニーズに幅広く対応するという点で共通しているのが，味覚センサーの**インテリジェントセンサーテクノロジー㈱**（神奈川県厚木市）である。販売促進の観点からユーザー側の用途や利用方法について積極的提案を行っている。そのため，別会社として㈱味香り戦略研究所（東京都中央区）を設立し，インテリジェントセンサーテクノロジーの装置を使って膨大なデータを蓄積し，マーケティング・コンサルティングの他，広告デザイナーも擁し消費者に訴える広告のコンサルティングを実施している。インテリジェント

第2章　競争優位を保持し他社の模倣等を防ぐ方法

センサーテクノロジーの池崎秀和社長が研究所の社外取締役を務め，株式持合いをし，両社で顧客にフルサービスを提供する体制を目指している。味覚測定分析アドバイスの一例として，大手食品メーカーの製品群をマッピングし，抜けている商品ゾーンを指摘し，カロリーの低いライトタイプの新商品につながったことが挙げられる。一方，大手ユーザーが味覚センサーの活用の可能性を他社に示してくれる，一種のユーザーイノベーションもみられる。例えば，最初に製品の販売に弾みがついたきっかけは，大手コンビニエンスストアがプライベートブランドの食品納入業者にインテリジェントセンサーテクノロジーの味覚センサーによる計測データの提出を指示したことである。また，世界各地の現地工場で味の均質性の確保を課題としている大手グローバル食品メーカーは，アジア各地の工場の検査用に導入を検討している。インテリジェントセンサーテクノロジーは当然，こうしたユーザーの利用方法に適合する製品の開発や改良を行うことになる。エリック・フォン・ヒッペル（von Hippel（1986））のリードユーザーのイノベーションにおける重要性を想起させるような事例であり，興味深い。

　ユーザー目線で開発努力を怠らず，技術革新が頻繁に起こる市場にいち早く対応しているのが，**日本ミクロコーティング㈱**（東京都昭島市）[10]の事例である。1960年代後半に伸び始めた磁気記録ヘッドの鏡面研磨ニーズに対応した研磨テープを1970年に最初のNT製品として開発する。これ以降1990年代まで，磁気記録装置の普及とともに，オーディオ・ビデオヘッド，ハードディスク，フロッピーディスクの表面研磨に広く展開する。90年代半ば，ハードディスクの記憶容量が上がり研磨テープでは対応できず，メーカーが液体研磨剤を使い始めたことに目をつけ，ガラス基盤に直接加工を施せる液体研磨材を開発する。このように次々と，関連する技術進歩に応じてめまぐるしく変わるユーザーニーズに対応し，新製品を生み出してきた同社であるが，渡邉淳社長は，「基本的に特許で守っている訳ではなく，新規参入者は

---

[10] 日本ミクロコーティング㈱は，2013年8月1日にMipox株式会社に社名を変更し，本社も立川市に移転しているが，本書ではインタビュー調査時点の旧社名，住所で表記させていただく。

しばしば存在する。ユーザーの技術開発のスピードは速い。トップを走る当社はニーズを持つメーカーと密接に関わり，常に情報をキャッチしているので，変化にいち早く対応できる。フォロワーはいても，コンスタントに3割の打率が稼ぐことができず脱落していく」と述べている。長年にわたりリーディングヒッターとしてヒットを打ち続けることは難しく，NT型企業の中でも注目される珍しい事例といえる。

⑦真似のできない設備の保有，国際認証の取得

最後に，他社に性能や能力で差をつけ，ラストワンになる事例を紹介する。電子ビーム及びレーザー加工のオンリーワン企業である**東成エレクトロビーム㈱**（東京都瑞穂町）の上野保会長は，「電子ビーム装置は，大手メーカーといえども自前で導入するには高額の設備であり，新製品開発，研究開発目的だけでは設備投資が過大で，償却負担に耐えられない。そこに専門加工業としてノウハウの蓄積と継続的設備投資を行っている当社の強みが存在している。電子ビーム溶接加工機は11台で国内加工業20社中トップであり，レーザー加工機は35台保有で国内加工業1,000社中トップと評価されている。米国，欧州にも受託加工業（ジョブショップ）は存在するが，加工技術力には自信を持っている」と述べている。また，ジョブショップとしての評価を確実なものとするため各種国際認証の取得にも積極的である。米欧日民間航空機用の国際認証プログラムであるNadcapにもいち早く取り組み，2007年レーザーカッティングで国内3番目，2008年電子ビーム溶接工程で国内4番目，いずれも中小企業としてははじめて認証を取得している。

2-2 模倣困難性の確保のための取組み

優れたNT型の企業は模倣されることを十分予想しており，中国で自社製品の模倣品が既に出ていることを報告している企業も少なくない。また，中国のコピー製品と大きな価格差が存在するため，中国に進出している日系や韓国系の企業から値下げを求められるとする企業も複数存在する。しかし，いずれの企業も自社製品の性能に自信があることから，こうした要請を断っ

ている。

　こうした状況の中，優れたNT型企業は，模倣が容易に行われないよう「模倣困難性の確保」に細心の注意を払い文字通り各社各様のあらゆる工夫と努力を傾注している。ここでは23社の事例を紹介する。是非有用なヒントを汲み取っていただきたい。

1）日本のものづくり環境でなければできない生産の追求

　日本のものづくり環境をフルに活用し日本でしかできない製品を作ることで模倣を許していない事例を3つ紹介する。

　減速機の**大月精工㈱**（山梨県大月市）の小笠原則雄社長は，「当社の強みは，減速機用の歯車や駆動装置，オートワインダーユニット等の小型精密メカユニットの製造で培った精密機械加工の技術である。塑性加工，プレス加工，射出成型は，金型の管理，素材の管理をしっかりやっていれば，海外でも似た作業を行うことはできる。それに対し，機械加工は放っておくと精度が狂うことから，当社のデッドコピーを作るのは現状では困難といわざるを得ない。しかし，海外の人々が日本人と同じものづくりの発想を身につけて作れば，いずれ同レベルのものは可能となるだろう。そうした中，最後に残るのは，コピー機用の紙送りのギアのように，正確な精度が求められ，しかも200万個に1個の不良も許されないような製品の製造であろう。それは，最新の機械設備に加え，製造工程管理，機械の作り方のノウハウが必要となるからである。ここも当社の強みである」と指摘している。

　電子線描画装置等を製造する**㈱エリオニクス**（東京都八王子市）の本目精吾会長は，「当社の装置は，海外生産はできない。それは非常に多くの部品を必要とし，個々の部品製造に高度な加工ノウハウが不可欠なためである。今のところ中国等では再現することが不可能と考える。例えば，電子を曲げるレンズ加工は，所定の寸法精度に納まるだけでは不十分である。加工の際に対象物を持ち替えるだけで精度が狂うため，両面をそれぞれの方向から加工することが必要となる。また，離した時に歪むため材料を持つ時の力加減も重要となる。こうした配慮がないと，組み上がった時に所定の性能が出ず，トラブルの原因究明にも多大の時間を要する。現在，設計は当社で行い，加

工は全て協力企業に依頼している。新規開発品が多く加工外注先とのコミュニケーションが不可欠であるため、現状のように協力企業が近くに所在するメリットは大きい。その意味で、加工先の継続的な確保が目下一番の不安材料といえる。最近は、加工先にも利益を出してもらえるよう、まとめて発注するなど配慮をしている。協力企業の廃業対策として、将来的に当社と類似の中小企業が数社集り加工事業者を囲い込む必要が生じるかもしれない」と、優れた製品が生産可能な日本ならではのものづくり環境が製品の競争力を支えているということに加え、ものづくり環境の変化が予想される中で新たに生じる懸念についても言及している。

メカ式の精密位置決めスイッチの㈱メトロール（東京都立川市）の松橋卓司社長は、「当社のスイッチは精密機械であり、微小なオリジナル部品を多数（1製品当たり50部品内外）使い、それを組み立てる精密組立技術、すり合わせの技術が必要である。特許も取得しているが、それだけでは守りきれないため、精密組立のノウハウ、品質管理を含むものづくりの考え方で優位性を保持している。具体的には、精密組立には作業者の熟練が必要であるため、当社では、長期雇用を前提に原則女性によるセル生産を行い、技術の安定化を図っている。リーマンショック後受注が急減したが、雇用を維持し、出勤日の調整も最小限とし、その間、研修として異なる製品の製造を全ての工具に覚えさせた。その結果、受注が戻った今では、製品毎の繁閑に応じフレキシブルに労働投入を変更できる体制を構築できている。また、試作品の作製には製造・設計のパターンが既に自分の頭の中に入っていて、それを思い描きながら旧式の汎用旋盤を使いこなす男性の熟練工が不可欠である。こうした人材をきちんと社内に確保している。さらに、細かな部品の金型は小さすぎるため外注せず、内製している。治具や試験機の製作も基本的に自社内で行っている。これらも当社独自のノウハウにつながっている。とはいうものの、精密部品のかなりの部分は外注しており、仕様通りに、こなれた価格で作ることのできる協力企業が存在する日本の土壌がないと我が社の製品はできない」と指摘している。

第2章　競争優位を保持し他社の模倣等を防ぐ方法

写真7
女性が活躍する職場で知られる㈱メトロール。2013年6月に東京で開催された『第17回機械要素技術展』での一コマ。

2）生産プロセスにおけるノウハウの活用

　製品の「生産」に係るノウハウで模倣を防いでいる事例を5つ紹介する。

　㈱鬼塚硝子（東京都青梅市）の最初のNT製品であるレーザーメスに使う炭酸ガスレーザーの発信器の原理は公知のものであり、第二のNT製品である生化学分析用のガラスセルも含めて、製造工程のノウハウを社内に保持し外部に出さないことで守っている。生化学分析用のガラスセルは、中空の立方体で、上面を開口させ、サンプル（血清、尿等）に試薬群を添加し、反応容器として用いる。その反応過程で、光学測定のセルの役割も果たす。既知の複数波長を持つ可視光を照射し、その波長に対し顕著な吸光度を持つ特定物質の定量測定を行う。この分析に不可欠なのが、光路長（ガラスセル内を光が通る距離）を高い精度で一定に保つ技術である。これを求められるコスト内で量産可能にしているのが、鬼塚硝子の独自のノウハウ、技術の結晶である五面一体真空成形法である。これにより、微量な試薬で高精度の分析も可能となり、分析対象の多様化、ランニングコストの低減にもつながる。現在国内市場シェア100％である。鬼塚好弘社長は、「ガラス細工には名人芸と設備力、知力が必要であり、すぐには真似されない。だが当社が実現できたことは、いつかは真似されると考えている。今後はノウハウの流出を防ぐ

写真8
㈱鬼塚硝子の生化学分析用ガラスセルの五面一体真空成形法による製造の様子。

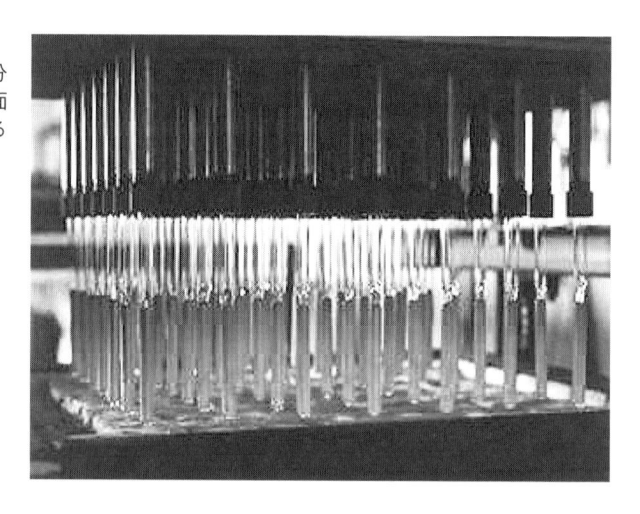

ため従事者の守秘義務管理等の知的財産（以下，「知財」という。）管理が重要と考えている。特許の重要性は認識しているが，当社のような規模の小さい企業では，売れるかどうか分からない特許を単独出願するのは難しいため，社員には大手企業との共同出願を奨励している」と指摘している。

　水族館の水槽用アクリルパネル製造で世界的に有名な**日プラ㈱**（香川県三木町）は，アクリルの分子構造が一番安定している厚さ30〜40ミリメートルのアクリル原板を何枚も貼り合わせて，大きな水圧に耐える分厚い水槽の壁を作る。例えば厚さ600ミリのアクリルパネルの場合，15枚重ねることになる。アクリルパネルと同質の接着剤を使った重合接着という方法で接着する。接着剤は接着してから高温で成形するので，耐熱接着剤を用いている。何枚重ねても一枚板のような極めて高い透明度を実現しており，これが，他に真似のできない日プラならではの技術力の高さを示す。原料にもこだわり，アクリル原板は住友化学㈱が製造したものを使用している。道具や治具も自ら開発し，材料以外は全て内製している。切断に使うのこぎりは専門メーカーに特別に製作してもらっている。

　多色や異種素材混合の毛糸を製造している**㈱野呂英作**（愛知県一宮市）の野呂英作会長は，「まず素材にこだわり，羊一頭の羊毛を刈り取って一本糸を引く。羊でも個性があるので同じ羊の毛を使うことには意味がある。また，

通常毛の長さを揃えて糸を紡ぐが，当社は長，中，短の毛を混ぜて使う。自然の風合いを失わないように丁寧にゆっくり，洗浄，染色等の工程を行う。作業を何度も繰り返すとそれだけ毛が傷んでしまうので，回数は最小限に留める。染色は専門メーカーに外注しているが，染料は通常より2，3割高いものを使用している。糸を痛めないよう，また手紡ぎではできないことを，ローテクの機械を通常では考えられないほどゆっくりとした回転数で動かして紡ぐ。イタリアの大量生産の毛糸では5万～8万回転／分でスピンドルを回すが，当社は30～50回転／分と桁違いに遅いスピードで行う。機械をゆっくり回すのは容易でなく一定の製品に仕上げるのは極めて難しい技術である。それが他社の真似のできない品質と風合いを生み出す秘訣である」と説明する。逆転の発想とそれを実現する技術力が世界で唯一の独自の製品に結実し，他の追随を許していない。

　ノウハウを基幹となる部品や検査用消耗品の生産に込め，それをブラックボックス化しているのが，日本分析工業㈱（東京都瑞穂町）の事例である。最初のNT製品であるガスクロマトグラフィー用キュリーポイント熱分解装置にはドイツに競合企業が存在する。しかし，日本市場に参入していないため，今も国内シェアは100％である。特許は20年前に切れているが，強磁性体が弱磁性体へと物性が変化する温度を示すキュリー点を制御する合金づくりのノウハウを保有し，これを非公開とすることで模倣を防いでいる。また，測定時に試料を包むフォイルは消耗品であるが，これも自社で生産しており，ノウハウの一部を形成している。

　生産上の工夫から製品の使い勝手を向上させ，他社の追随を許していないのがスタック電子㈱（東京都昭島市）の事例である。同社は，オシロスコープ用プローブが最初のNT製品である。創業3年目，松下通信工業㈱から特殊ケーブルのハンダ付けの不具合でプローブのトラブルが頻発し相談を持ちかけられたのが，開発のきっかけである。最初はクレームで戻ってくるプローブの改良を行っていたが，やがてオシロスコープ用コネクタ付きプローブそのものの開発を受託し，測定周波数帯別に20数種類を設計し直したという経緯がある。プローブを手がけて9年目に国内市場を独占し，その後海外市場の開拓に着手し，フィリップス，ヒューレット・パッカード等にも納入し，

海外市場シェアは現在70%である。基幹技術の特許を随所で取得しているがそれだけでなく，オシロスコープの操作性が機械とプローブの間の微妙な相性に依存することからその部分で他社の真似のできないノウハウを蓄積している。

3）製品の運転・運用におけるノウハウの確保

次に，自社の製品である機器を安定的かつ効率的に運転するために必要な「オペレーティング」に係るノウハウを模倣の防止に生かしている事例を3つ紹介する。

レーザー装置，電池検査装置，液晶製造装置の㈱**片岡製作所**（京都市南区）の強みは，24時間稼働でも安定動作できる，発振器，光学系部分，機械，電源等のトータルシステムとしての安定性であり，それを1968年の創業以来獲得した様々な要素技術を積み上げることで実現している。技術に伴う各種のノウハウはブラックボックス化して保持している。例えば，レーザー装置は作動中に温度が上昇することが避けられないが，経験を積まないと補正を行うことは不可能である。ハード自体は他社でも製造可能であるが，片岡製作所のノウハウはソフトウェア等に結晶しており，システムとして性能，安定性，信頼性を支える源泉となっている。

半導体製造装置の**サムコ**㈱（京都市伏見区）は，製造工程のうち最終組立だけでなく，化学気相蒸着（CVD）装置のコアとなるリアクターやそれを動作させるソフトウェア等重要なノウハウに関わる部分の製造とその最終評価は全て京都の本社で実施している。特にソフトウェアは，どのガスを，どの条件で，どのくらい注入するか制御するもので，ここにサムコのノウハウが凝縮しており，これを守るため様々に工夫している。創業者の辻 理社長は，「中国では，明らかに当社製品のリバースエンジニアリングによるコピー製品が作られているが，今のところ成功していない。製造装置のような製品の場合，1つ2つの特許を固めても技術は守ることはできない。大手企業は資金的に余裕があるため，周辺特許まで固めているが，いずれ公開されることは同じである。やはりノウハウが重要である」と指摘している。

特殊ポンプの**本多機工**㈱（福岡県嘉麻市）の龍造寺健介社長は，「当社の

コピー製品は韓国，中国で既に出回っているが，ポンプには形状や溝の深さ，材質等にノウハウがあり，みたままコピーしてモノは作れても，うまくいかない。本多機工の製品も，ポンプを設置する現場で羽根（インペラー），ポンプの形状等に工夫を重ね，ユーザーが納得する生産効率を実現するまで改良・調整している。例えば，トラブルの原因が羽根にあることが分かったとしても，羽根の形状の意味が分からないと，本当の原因はつかめない。あるいは，インペラーには表と裏から圧力がかかり，図面を見てもその微妙な加減までは理解できない。韓国の大手化学メーカーは，当社のポンプを使用していたが，半値にすることを要請し，当社が断ると他社の模倣品を採用した。その後，ポンプのトラブルからプラント全体が大きな損失を出すという経験をし，その失敗に懲り本物と偽物の違いを教えてほしいと同社の技術者2名，調達，サービス各1名で来訪した」と語っている。

4）模倣機会の極少化

　模倣される可能性を直視し，その機会を減らすために細心の注意を払っているのが，**利昌工業㈱**（大阪市北区）である。同社の数多くのNT製品は，いずれも化学的材料開発に基礎を置く素材，部材である。素材開発は，ノウハウの固まりであり，それらを節目，節目で公正証書に作成して保管し一切開示していない。第二のNT製品であるカードにICチップを接着させるガラスエポキシテープについては，重要な製造工程に当たる工場の部分には社内のごく限られた者しか入れず，自社の営業マンにも一切見せていない。使い捨てテレフォンカードにこのテープを採用し欧州市場で成功したフランスのF社は，利昌工業に独占納入を保証するからと自社工場近くへの工場新設を勧めたが，ノウハウの流出を防止するという考慮から利昌工業は辞退した経緯がある。その後携帯電話用SIMカードや，各種ICカードに採用され，現在世界市場シェア84％である。テープ需要の99％は海外にあり，日本はテープを輸出しICカードになったものを輸入している。このように，技術漏洩防止のため国内生産を基本的に堅持している。もう1つのNT製品である電解コンデンサー封止用のゴム張り積層板については，中国市場向けに2010年に江蘇省に工場を設置した。ただし，中国工場には製造機械を日本から送

り，守るべき工程には中国人スタッフは一切入れない形で操業している。

5）常に先へ先へと進む日々の努力

同様に模倣の可能性を認識し，日々の努力を怠らず先へ先へと進む事例を3つ紹介する。

㈱タカコ（京都府精華町）のアキシャルピストンポンプは100年前から原理は公知だったことから，そもそも特許が取れない技術であった。しかし，金属加工技術の限界から実用化ができず夢のポンプといわれていたものを東大阪の職人の技能で克服した製品であるだけに，工法のノウハウとものづくりの職人的技能の点で，開発以来他社が真似できない状態が続いている。ただし，未だ使用に値するレベルに達していないが，模倣製品は既に中国市場に出ている。いずれにせよ，従来から，絶えざる工法開発を行い，それを社内に保持していることが強みと認識しており，今後も維持していく方針である。

日本ミクロコーティング㈱（東京都昭島市）の場合，磁気記録用デバイスやヘッドの研磨テープが最初のNT製品である。渡邉淳社長によれば，研磨テープ自体は，分析すれば模倣可能な製品であるという。しかし，同じ製品を継続的に作り，それが使われ続けるためには，技術進歩等により日々変化する使われ方に応じた製品バリエーションをタイミング良く見直し新製品を上市していくノウハウの蓄積が必要である。そのために，同社では，当初から研磨機，測定器を保有し，常日頃実際に研磨と計測を自ら繰り返し，プロセス開発という形で製品開発に取り組んでいる。「他の研磨用材料メーカーはプロセス開発を行っておらず，ユーザーである研磨業者は研磨機と消耗品である研磨材を専業メーカーから購入している。これに対し，全てを自前で持っているのが当社の強みである」と渡邉社長は指摘している。

トックベアリング㈱（東京都板橋区）の第二のNT製品である高速カラーコピー機用のワンウェイクラッチは，コピー機メーカーからの仕様に基づいて開発・製造するものである。しかし，固有技術を残し技術流出を防ぐ目的で，金型については加工用の設備を保有し，特急対応が必要なものを中心に半分を内製している。さらに，ユーザーのスペックが頻繁に変更され金型による対応では限界があることから，樹脂の種類を変えたり，部品を摩擦の小

さいものに変更したりと各種の改良の過程でノウハウを蓄積することにも努めている。

6）特許とノウハウの合わせ技

　特許を最大限活用しながら，それにノウハウを組み合わせ，模倣防止を実現している事例を4つ紹介する。

　ローツェ㈱（広島県福山市）の最初のNT製品であるシングルアーム式のウェハー搬送ロボットは，創業者の崎谷文雄社長がスピンアウトする前に在籍した企業で開発していた技術による部分があるため特許化はしていない。第二のNT製品であるダブルアーム式はシングルアーム式の応用展開で，搬送の待ち時間が無くなることから3倍の生産性を実現した。同じ高さで動作して2つのアームが接触しない機構を特許としている。併せて，回転軸と磁極片の間に磁性流体を密閉して組み立てる機構がノウハウになっている。大手メーカーの1社は分解したが再び組立ができなかった，別の1社は分解自体をあきらめたという逸話があると崎谷社長は語っている。後年，㈱安川電機と係争になったが，最終的にローツェが勝訴した。現在は川崎重工業㈱と平田機工㈱にライセンス供与している。

　味覚センサーの㈱インテリジェントセンサーテクノロジー（神奈川県厚木市）は，特許を40数件取得し，対象はセンサーの膜，測定機のシステム，計測方法や計測手順と広範にわたる。最先端技術に立脚するものづくりベンチャー企業の特徴がみてとれる。しかし，池崎秀和社長は，「センサーそのものが，特許だけでは再現できないノウハウのたまものであり，それを保有していることが最大の強みである」と語っている。

　円筒研削盤の専業メーカーである㈱シギヤ精機製作所（広島県福山市）は，超精密研削のコアとなる設計技術，ソフトウェアによる制御技術，組立技術（流体軸受の組立等）と精密加工に必要とされる要素技術を保有し，特許以外にノウハウとして社内に蓄積していることが強みであるとしている。特許，既に触れたしゅう動面のきさげ加工等熟練の職人技，機械を動作させるソフトウェアに体化されたノウハウの三位一体で，模倣を防いでいると表現することも可能である。

第一部　代表的なニッチトップ型企業の事例にみられる共通点

　サンユレック㈱（大阪府高槻市）は，エポキシ樹脂，ウレタン樹脂を主原料とする電気・電子絶縁材料等を製造する化学メーカーである。液状レジンのキャスティングという成形方法を前提とし，それに用いる樹脂材料と硬化剤が製品の基本である。通常の射出成形は，高価な金型に高温，高圧で樹脂を流し込む。これに対し，液状レジンのキャスティングは常温，常圧あるいは射出成形よりはるかに低い温度，圧力で成形する技術で，常温で液体状態にある樹脂に硬化剤を混ぜ合わせることにより重合を起こし固形化する。大量生産にも向いており，高付加価値の部品材料として優れた特徴を有する。模倣を防ぐ方法について，奥野敦史社長（2012年当時）は，「特許は材料とプロセスで160件保有している。しかし，国際特許の費用は高くつき，また特許だけでは守れないため，企業秘密が重要となる。硬化剤の配合，量の管理で様々に硬化の条件が変わる，いわばノウハウの固まりである。近年化学物質の分析機能がアップしたことで，リバースエンジニアリングにより80％は誰でもできてしまう。しかし，残り20％は混ぜ合わせのノウハウが必要で，真似ができない。国際学会で年1〜2回，社員に発表させている。学会での発表は既成事実となり，その論文を元に著作権侵害で訴えることができる。また，米国では発表から1年以内であれば特許にできる」と，化学材料という製品の特徴を反映した総合的な取組みについて紹介してくれた。

　同様に化学製品の特長を生かし物質特許という強力な手段を最大限に活用し，ほぼ独占状態を確保しているのが，**根本特殊化学㈱**（東京都杉並区）である。同社の主力製品であるＮ夜光について，その開発責任者であり，従業員出身の三代目経営者である松澤隆嗣社長からは，「物質特許（組成）で保護し，20年間維持する方針である。組成が同定されれば，当社の特許権に抵触することが判明する。特許は，1995年から99年にかけ米，欧，日，韓，台，香港，豪，加で取得している。当社は，開示されている引用文献をくぐり抜けて特許化に成功した。中国においてもいったん特許が成立したが，無効審判請求があり中国のみは特許が認められず，中国市場では現在コピー品が出回っている。しかし，他国では特許が成立しているので，コピー品が中国から輸入された時点で抵触する。特許の係争は，これまで日本で3件，米国で2件，欧州で1件あり，いずれも中国製品の流入に対するもの。海外の裁判は費用

がかさむが，勝訴すれば抑止力になる。ただし，それでペイするだけの付加価値を確保できる製品であることが大前提である。一般的に，化学材料は，組成が分かると真似されやすいので，ノウハウで秘匿するだけでは不十分である。このため，当社は積極的に特許を取得する方針を続ける」と，特許による徹底的な防御について具体的で貴重な証言を得ることができた。これは物質特許という化学製品ならではの独占を許す仕組みが前提となっていることはいうまでもない。しかし，それだけではなく，同社は製造プロセスをノウハウとして秘匿している。それは，組成が分かっても容易に製造できないようにする，仮に製造できても同じ性能が出ないようにするために不可欠であると指摘している。

7）金型，加工サービスを提供する基盤技術型企業の取組み

　これまで「製品」を開発・生産するNT型企業の事例をみてきた。最後に，金型や様々な加工サービスを提供している基盤技術型のNT型企業の事例を3つ紹介する。いずれのケースも，ユーザーから依頼されサービスを提供するという業態ゆえ，特許を利用する機会が相対的に限られており，その分，設備や人に体化されたノウハウ等が大きな役割をしていることが分かる。

　飲料用等のアルミ缶に特化した金型や高い加工技術を要求される特殊な金型で活躍する**昭和精工㈱**（横浜市金沢区）の木田成人社長は，「金型は顧客が新製品の生産を立ち上げる際に必要とされることが多く，金型の開発も基本的には顧客との二人三脚となる。通常，顧客と機密保持契約を締結するが，あまり特許を意識することはない。ただし，プロジェクターに用いられるフライアイレンズ成型金型や，電気自動車用電池の効率を上げるためにアルミ箔，銅箔のシートに連続的に微小な穴を開けるロール成形装置は，当社オリジナル開発なので，特許を取得した。当社の特徴の1つは，手仕事の仕上げ加工部門を社内に持っていることである。精密な金型に不可欠な鏡面仕上げは，60歳代のベテランの熟練工に支えられている」と金型メーカーの特徴を反映した独自の対応について指摘している。

　電子ビーム，レーザー加工の**東成エレクトロビーム㈱**（東京都瑞穂町）の上野保会長は，「特許はいくつか取っているが，技術の要となる部分をブラッ

クボックス化することが基本となっている。特許は顧客と共同で取得するものもあるが，顧客からの依頼で仕事をしているので，当社が先駆けて特許を取得することはない」とやはり加工サービスを提供する企業の特徴を語っている。

尾池工業㈱（京都市下京区）は，金糸，銀糸の生産を明治初期から始め，第二次大戦前にトップメーカーとなった伝統のある企業である。戦後，真空蒸着というフィルム状のものに様々な金属の膜を薄く形成する加工技術により，オンリーワンに近い地位を確立している企業である。和紙の代わりにプラスチックフィルムの上にアルミを真空蒸着した金銀糸を手始めに，雑誌等の紙や化粧品のプラスチック容器に用いるメタリック転写箔，キャンディー等の包装紙に加え，近年，銀蒸着の液晶バックライト用反射フィルムやタッチパネル用透明導電性フィルム等の機能性材料に進出している。四代目にあたる尾池均社長は，「自社の加工技術を左右する設備は，メーカーにはオーダーメイドで発注している。独自の技術は，設備に付加している当社独自の改良と，それを扱う従業員の技能・ノウハウによるものである。斬新な特許はないが，タッチパネルには当社の特許も使用されている。加工技術に関しては，メインの真空蒸着やスパッタリング等のドライコーティング技術やハードコート等に使用されるウェットコーティング技術というコアテクノジーのさらなる技術のブラッシュアップを図るとともに，ラミネート技術や粉体化技術といったサブ技術を付加し，製品や事業分野の幅を広げている」と競争優位の源泉について語っている。

2-3 まとめ─差別化戦略と模倣を防ぐ取組みにみられる共通点

ポジショニング，差別化等の戦略を通じ競争優位を保持し，他社の模倣を極力少なくする取組みに共通する特徴については，これまでの事例を踏まえ，以下のように整理することができる。

1) 優れたNT型企業は，大企業が参入を躊躇するなど潜在的参入者の少ないことが予め予想される市場を意図的に選んで製品を開発するという戦略的なポジショニングを取っている。

また，開発・生産・販売の各アクティビティーにおける様々な差別化を通じて市場に最後まで残ること（ラストワン）を目指し，競争優位の長期保持に成功している。

2）優れたNT型企業は，模倣を十分予想しつつ，模倣が容易に行われないよう「模倣困難性の確保」に細心の注意を払い，考えられるあらゆる努力を傾注している。

　その手段としては，いずれの企業も特許の重要性は認めるものの，ほとんどの企業が特許だけでは模倣の防止には不十分という見方をしている。そのためノウハウ等を企業秘密として守ることに主眼を置き，様々な工夫を凝らす傾向が強い。

第3章
輸出を中心に自然体で進む海外市場への浸透

　優れたNT型企業は，高い非価格競争力を背景に，相対的な高賃金・円高の環境下にあっても，国内で生産し，輸出を中心に海外市場に浸透し高い市場シェアを実現している。また，海外に拠点を設けるなど海外進出のパターン等に共通する傾向，特徴が認められる。以下，本章では具体的事例からそうした点を浮き彫りにしていく。

3-1　最初は海外市場から

　優れたNT型企業であっても，最初のNT製品は，保有する技術シーズから発想して開発されたものが少なくない。このため，販路開拓に苦労したエピソードを語る企業が多い。特に，製品の新規性が高く，企業が創業間もない場合，国内大手ユーザーは採用に極めて消極的で，先に海外で販売実績を積んだ後に国内に受け入れられるケースも少なくない。別の言い方をすれば，40社を通じ，最初のNT製品が国内市場でトップシェアの地位を獲得してから，海外市場に進出していくというパターンは必ずしも一般的であるとはいえない。

　苦労を重ね海外市場での販売に成功したのち，ようやく国内でも市場が開けたというドラマティックで分かりやすい事例は，㈱タカコ（京都府精華町）のアキシャルピストンポンプのケースである。創業から3年目の1975年に，東大阪の金属加工職人の協力で製品化の目途がつき，国内の重工，建機，造

第 3 章　輸出を中心に自然体で進む海外市場への浸透

船等大手メーカーに試作品を持ち込むが，いずれも門前払いでまったく売れなかった。製品開発を勧め図面を提供してくれたシュレッサー教授に相談すると，ドイツのハノーバーメッセの4年に1回の展示会で最も人が集まる5号館のマンネスマン社とロバート・ボッシュ社の間の空きスペースを教授が確保してくれた。出展費用はもとより渡航費用もなく毎日取引先の信用金庫の支店に通い，いざとなれば保険金で返済するなどといって，ようやく500万円を確保し，出展を果たす。現地ではターンテーブルに振袖を着た中古のマネキンを置き，珍しがって覗いた客の名札を見て，可能性のありそうな企業を奥に誘い込んで現物を見せるというやり方をした。ボルボ社のバイヤーは，アキシャルピストンポンプの原理とその素晴らしい機能を知っており，本当にできたのかと疑いつつ，3台の試作品の納入を指示してくれた。スウェーデンのトルルヘッダン研究所で行われた試作品の検査に一発で合格し，その場で建設機械用に早速200台の発注を受けた。帰国後，失敗は許されないと万全の体制で生産を行い納入した。その後，すぐにセスナエアクラフト社，キャタピラー社，マンネスマン社とも契約が成立する。外国メーカーは日本のメーカーと異なり，約束したＱ（品質），Ｃ（価格），Ｄ（デリバリー）を守れば企業の大きさ，社歴の長さ等問題にしないということが実際に確認された。1年半ほどの時間差をおいて，噂を聞きつけた日本のメーカーから説明に来訪するよう要請が来るようになり，三菱重工，日立建機，コマツ，カヤバ工業，不二越，油研工業等に取引先を拡大していった。国内外のトップメーカーの採用で，民生用で世界市場シェア75％となっている。民生用需要は全体の85％で残り15％は軍事用である。そのうち半分は米軍の需要で，キャタピラー社を経由してタカコの米国工場から納入している。したがって，民生用，軍事用合わせてもトップシェアである。

　最初のNT製品について，海外での販売が先行したとする事例を他に2つ紹介する。
　㈱西部技研（福岡県古賀市）の場合，1973年に開発に成功した最初のNT製品である全熱交換器は，当初国内で需要がつかなかった。最初に引き合いがあったのは韓国企業で，1976年にこの企業と提携し，韓国国内に販売し，

市場を独占する。同社から1979年に自社で製品を作りたいとの申し出があり，資金繰りが厳しかったこともあり，製造装置も含めライセンス供与を行った。当時数億円の商談であったが，韓国企業はその後1997年に倒産した。韓国への販売をきっかけに西部技研製の全熱交換器は国内に少しずつ普及するようになる。

　コイル試験機の㈱電子制御国際（東京都羽村市）の場合は，後発メーカーであったため，先に海外市場をターゲットにし，そこで評価を得て国内市場に参入している。国内市場はアナログ試験機から同社のデジタル式に置き換わり，既存の日本メーカーは淘汰されることになった。日系企業の中国進出本格化を受け，1996年上海に販売会社を設立した。当初は日系現地法人向けであったが，やがて日系メーカーの指示でローカルの協力企業にも，市場が拡大した。最近では，韓国，台湾のスマートフォンメーカーが，コイル部品の試験に採用し，需要が拡大している。

3-2　輸出を中心とした無理のない海外事業展開

　これに対して，第1章で詳しく紹介したとおり，第二，第三のNT製品の場合は，国内ユーザーから持ち込まれたニーズに対しソリューションを出すことに成功し，それが新製品につながるケースが多い。ユーザーが最初から存在するため，開発された製品は，比較的スムーズに国内市場に受け入れられる。したがって，国内と海外の市場を比較すると，国内でまず売上げが立つケースが増加する。しかし，高い非価格競争力があることから，輸出を中心に海外市場にも自然体で浸透していくことができる。

　ここでは，40社のうち，独自製品を保有し，海外市場への進出に成功しているグローバル・ニッチトップ（GNT）企業と考えて差支えのない14社及び金型の提供という基盤技術型企業1社を取り上げる。扱っている製品・サービスの特性及び市場の状況により，海外拠点の設置の進捗が異なるなど様々なバリエーションを見せる。しかし，通底する特徴もしっかり存在する。

1）輸出という形で自然体に進む海外市場への浸透

　最初に，製品の非価格競争力が高いことから，国内で生産し，輸出する形で自然体の海外市場への浸透を実現している，その意味で標準的と思われる事例を2つ紹介する。いずれの企業も，市場の特性により，アジア市場が中心で米国あるいは欧州市場にはアジアほどには受け入れられていないとする点も共通していて興味深い。

　微量高分子分析装置関連の**日本分析工業㈱**（東京都瑞穂町）の場合，有機合成材料の品質にうるさい日本，韓国，台湾の素材ユーザーが同社の分析機を支持しているため，こうした企業に製品を納める素材メーカーは使わざるを得ない状況が既にできあがっているという。輸出は創業13年目の1978年からで，最初は中国向けであった。その後，中国でのセミナー，米国，韓国における展示会開催，代理店教育を通じて輸出を拡大してきた。現在の海外売上高比率は45％である。研究者に多く需要されるリサイクル分取高性能液体クロマトグラフィー（HPLC）は，2001年にノーベル化学賞を受賞した野依良治教授もユーザーであり，大栗直毅社長は「日本人が有機化学で世界的にみて高い研究業績を挙げている1つの背景として，研究者が自分で作った試薬を分離精製できるこの装置の存在が大きい」と説明してくれた。このため，日本への留学生，研究者が母国に戻って所属する大学の研究室用としてまとめて購入する，あるいは日本の研究者が海外で使用する目的で持ち出す需要も，近年拡大している。なお，米国では液体クロマトグラフィーの溶媒に使用するクロロホルムに対する忌避感が強く，日本分析工業のクロロホルムを使う製品は普及していない。

　㈱メトロール（東京都立川市）の松橋卓司社長は，同社のメカ式精密位置決めスイッチ等の製品について，「徹底した少量多品種生産で基本的に受注に基づく。売上高に占める輸出の比率は60％弱で主な市場は韓国，台湾，中国である。欧米は雇用維持の観点から自動連続で切削加工等を行う工作機械の導入に消極的なため，メトロールの製品はロットがあまり出ない。製品は小さく，単品納入のため，国際航空小包で発送可能だが，日本は世界で最も小包料金が安く，日本立地のメリットを実感している。アジア向けの発送用梱包箱にはわざわざカタカナで自社の社名を表示している。日本製である

ことが分かり，高い品質を象徴的に示すことから，取引先に好感をもって迎えられている。上海では，2010年より既設の100％販売子会社の管理の下で量産品のノックダウン生産を開始した。中国市場は廉価品だけでなく高級品の需要もあり，当社はそのどちらにも対応できる。製品は基本的に売り切りだが，国内外のユーザー企業からの受注に先立つ相談に対応するため，10年前から中国語，英語で世界中の技術者と打合せができる体制を整備している。」という。また，松橋社長は，「中国では類似品が出回るが，精度不良，防水不良等の製品が出ており，当社に顧客が戻ってくる。中国では，転職が多く基本的に教育ができない，あるいは技術者が定着しないため，製造現場の工員に技術を教えようとしない。それが自動化を進める大きな要因で，生産性向上，不良品防止のために当社の製品を採用する。中国での量産が拡大すればするほど当社製品は売れる」と指摘する。

2）輸出先市場の意図的選別

　極めて高い非価格競争力があるため，輸出をしようと思えばできるが，市場によっては輸出を見合わせるなど，企業としての戦略や基本的スタンスに基づき，むしろ慎重な傾向が認められる事例を2つ紹介する。

　そうした典型的な事例は，電子線描画装置等の㈱エリオニクス（東京都八王子市）のケースである。韓国の大学の研究所をかわきりに，台湾，香港，シンガポールにも輸出しているが，中国本土向けは，時期を見計らうとして，今のところ，輸出していない。北米向けは米国商社を代理店として販売している。この商社には米国内ユーザーのメンテナンスを委託しており要員を受け入れて日本で研修を実施している。欧州はたまに引き合いがあるが，描画装置には年1回電子ビーム源の交換が必要となるなど同社の製品にはメンテナンスが不可欠で，その体制を確保しないで輸出するとかえって評判を落とすと考え，これまで輸出を見合わせてきた。しかし，そろそろ重要な研究所や大学の需要には応じる方向で検討しているという。本目精吾会長によれば，「電子線で細い線を描画する装置では，当社のコストパフォーマンスは世界一と自負している。研究用途ではまったく問題はないが，製造工程で用いるには，図形の精度・歪みにやや弱点が残っている。特定デバイス

の試作に使用してもらうには，寸法精度，歪みでも世界一を目指す必要がある。このため，電子線源の開発と，これを搭載した装置開発を目的に独立行政法人新エネルギー・産業技術総合開発機構（NEDO）の補助金を活用して研究開発をこのところ継続している。電子線源の開発は完成途上だが，同時開発の要素技術を使って精度の欠点を克服した最新機種は今のところ世界唯一の装置となっている。これを米国のマサチューセッツ工科大学（MIT）が評価し，2011年購入を決定した。この案件では2009年にライカ・ケンブリッジを買収した米ビステック社[11]と最後まで競合した」と語っている。

㈱**鬼塚硝子**（東京都青梅市）の生化学分析用のガラスセルの場合も，パートナーとなる商社等が存在する市場を優先している。すなわちインドは商社経由で輸出している。また，納入先の国内分析機器メーカーから一部欧米に輸出されている。中国からは，もう少し安ければ買うとオファーが来ている。鬼塚好弘社長は，「中国の潜在需要は莫大だが，今のところ臨床検査環境は整っていない。いずれ当社の責任で対応する時期が来ることも予想される」として，今のところ輸出は行っていない。

3) メンテナンスのための海外パートナーの確保，拠点の設置

NT型企業は，当然のことながら，ニッチトップ市場を形成しやすい特性を持っている製品分野に属しているものが多い。そうした製品分野の1つは，生産に用いられる製造装置やその運転や生産品の状況を監視する計測機器，検査機器等の生産財・資本財分野である。こうした装置，機器はメンテナンスや故障時の緊急対応を求められることも多い。上でみたエリオニクスの製品もこうした分野に属し，輸出に当たりメンテナンスあるいはアフターサービスを行う現地拠点の整備を必要とする。それを委託できる現地パートナーを確保するか，さらに独自の現地拠点を設置するかは，市場の状況等を踏まえた企業の経営戦略上の判断に属す。

---

11) 米ビステック社は，さらに2013年2月にドイツのレイス社に買収された。

①現地パートナーの確保

　現地パートナーを活用する事例であり，国際派経営者が事業を引き継いで以降，戦略的国際市場開拓でめざましい成果を挙げつつある事例を紹介する。

　特殊ポンプの**本多機工㈱**（福岡県嘉麻市）は，1957年には当時の琉球国（沖縄）への輸出を開始し，現在は，欧米や中国，韓国，台湾，マレーシア，タイ等のアジア諸国，さらにブラジル等，60か国以上に輸出している。日本のプラントメーカー向け国内出荷が海外向けプラント等に組み込まれる間接輸出を含めると，約60％は海外に納入されていると推定している。本多機工が真の意味でグローバル企業に生まれ変わる契機となったのは，龍造寺健介現社長の入社である。龍造寺氏は米国の高校に交換留学し，そのままカリフォルニア州の大学を卒業後，アルバイト先であった日本食レストランに就職し，総支配人に至る。本多機工の創業者の娘婿であったため創業者が死亡した際に入社の要請があったが，米国の仕事が順調でいったんは断っている。その後，経営を継いだ叔父も死亡し，再び義母から話がきて，工場長が1997年に社長に就任し，龍造寺氏が入社することになる。当時の社長から自分が責任を取るから好きなようにやってみろといわれ，得意の国際業務でグローバル化を推進することになった。入社当時の同社は，海外の注文を商社に翻訳させる状態であったが，直接取引に変更した。龍造寺氏は，自社ポンプが既に海外市場に相当浸透しており，しかもそれが真似のできない優れた競争優位にあることを知り，きちんとグローバルなサービス体制を作る必要性を強く感じた。現在，北米，中米，東南アジアにパートナー企業が26社（ポンプメーカー4社，モーターメーカー1社，商社・エンジニアリング会社・代理店21社）あり，技術指導を行い，販売とメンテナンスサービスを委託している。また，海外ポンプメーカーとの技術・販売提携も積極的に展開しており，ドイツのデュッセルドルフ近くにある創業70年，従業員70名の企業で，排煙脱硫装置の循環ポンプを得意とする企業の日本総代理店を務めている。日本のプラントメーカーが海外に輸出する際，自社製品とともにプラントに組み込んで輸出している。この独企業とは経営者夫婦同士で親密な行き来をする仲にあるという。この例のように世界各地にそれぞれ得意分野を異にするポンプのNT型企業があり，相互に競合はなく補完的関係になりうることに注

目し，龍造寺社長は戦略的提携関係を世界に広げていく構想を持っている。スターアライアンス等航空会社の提携戦略に範を採り，Win-Winの関係を目指すとしている。現在は，ドイツ2社，デンマーク，米国各1社と提携し，海外の展示会にもグループで出展している。社長は「中小メーカー1社だけでは，情報量とソリューションに限りがある。ネットワークを通して，他社からの情報協力を得ることにより，ソリューションが生まれる可能性が高まる。これが，これからグローバル社会の中で生き残る道だ」と述べている。

②メンテナンスからはじまる海外拠点の設置

　次に，自社のメンテナンス拠点を設けている事例を紹介したい。今回インタビュー調査を行った日本を代表する優れたNT型企業は，社歴も長く，かなり早期に輸出に踏み出している企業が多い。こうしたことから，現地にまずメンテナンス，アフターサービス拠点を設け，市場の定着をみながらそこに販売機能を付加し，さらに必要に応じ生産拠点の設置にまで踏み出すというように，時間をかけてステップバイステップの海外展開を図っている企業も少なくない。

　そうした観点から事例として紹介するのが以下の3つである。

　円筒研削盤の㈱シギヤ精機製作所（広島県福山市）の海外からの受注比率は現状で約70％に達する。1990年にいち早く米国に現地法人の形で販売，メンテナンス拠点を設け，さらに2005年に中国，2010年タイに輸出入，販売，メンテナンス等関連サービスを行う現地法人を設立している。タイ進出の理由は，現地進出の日系顧客から「東南アジアにサービス拠点がないと購入しない」との声が高まり，販売台数も伸びてきたことから，拠点を作りサービスを充実する時期であると判断したためである。中国での現在の顧客は日系企業が多いが，シギヤ精機製作所は韓国の自動車関連企業に販売実績があり「中国でも同じ工場を立ち上げたい」ということで引き合いが来た。中国について，鴫谷憲和社長は，「今後需要が拡大するのは明らかである。中国は実績重視なので，中国内で使用実績を重ねることが重要と考えている。また，今後，中国でも高性能工作機械を導入して世界標準を目指す傾向が高まることが予想され，その流れに乗るべく一層のコストダウンと品質向上を図ってい

く」としている。また，「ハイエンドマシンは，従来から欧州メーカーの独壇場である。当社は欧州メーカーとは生い立ちが違い，一品物ではなく日本ユーザー向けに1つの工場で複数台必要となる機械を製造してきている。また，現在，設計は100％国内で行っている。今後もこうした方針を堅持していく」としている。

　レーザー装置等の㈱片岡製作所（京都市南区）は，1995年から海外に拠点を設置しはじめ，現在，中国（上海），イタリア（ミラノ），台湾（台中），韓国（城南）に現地法人を保有している。いずれもメンテナンス拠点として設置したが，2011年から営業活動も行うこととした。ミラノの現地法人立上げは娘婿の経営企画室長が責任者となり，社員延べ25人が現地採用者の面接等のためイタリアに4か月間滞在した。

　半導体製造装置のサムコ㈱（京都市伏見区）はメンテナンス機能も兼ねた販売拠点を台湾の新竹と台南，中国の上海と北京，韓国，シンガポールに設置している。ほとんどは地元企業が取引相手であるが，シンガポールは，今後成長が期待されるインドへのアクセス拠点の役割も担っている。辻 理社長は「2001年のITバブル崩壊や2008年のリーマンショック後の不況を乗り越えられたのは，アジアに販売拠点を設けていたおかげである。リーマンショックの時には，売上げは直後には80％減となったが，台湾，韓国，中国の需要が一足先に立ち直ったため，翌年には過去最高益を計上することができた」と述懐している。研究開発型ものづくりベンチャー企業として，販売拠点等

写真9
ケンブリッジ大学で。
サムコ㈱の辻 理社長（左）とジェイムズ・スコット教授（右）。

の設置に先立ち，あるいは並行して研究拠点も設けている。米国では1987年にシリコンバレーに，2010年にノースカロライナに研究所を開設している。英国ケンブリッジ大学内の研究所にも一室研究室を保有している。この研究所のジェイムズ・スコット教授と辻社長が米国NASAでの研究員時代に親しくしていたのが縁で，社員1名を2年交代で常駐させているが，情報収集と半導体の材料開発が目的である。

独自の自社製品ではなく金型を供給する基盤技術型企業で，メンテナンス拠点を設けている事例を1つ紹介する。

飲料用等のアルミ缶に特化した金型製造で知られる**昭和精工㈱**（横浜市金沢区）は，金型の直接輸出は売上げの6％程度で，プレス機メーカーからの紹介で中国，インドから直接受注する。これ以外の取引きは，基本的に国内ユーザー向けであるが，顧客のパーツセンター経由で40％は海外工場で使用されていると見込んでいる。今まで国内取引で受注量が十分にあり，海外に仕事を取りに行く必要がなかった。しかし，リーマンショックや自動車メーカーの海外展開の影響も踏まえ，タイ工場を2011年9月に開設した。当初は，摩耗した刃の再研磨等現地でのメンテナンスから着手する予定で，金型自体は今後とも日本から供給する。同社が日系ユーザーに納めているプレス用金型は，トランスミッション等製品の機能・性能を直接左右する部分に使用されるため，顧客側も海外での現地調達の決断ができずに現在に至っている。日本企業が国内調達をしているもう1つの可能性として，木田成人社長は「日本品質を日本からコントロールしたいという顧客側の判断が働いているのではないか。金型を日本から調達すれば，トラブルが起きたときに，金型が原因ではないと推測でき，潰すべき要素が少なくて済む」という点を指摘している。

4）生産拠点の設置

NT型企業が海外に生産拠点を設ける理由は一様ではないが，競合他社との競争上，コスト面の要請から海外生産に踏み出す，あるいは生産拠点の設置を検討している企業が，やはり多い。しかし，いずれの企業も長期的，戦略的観点から，製品に応じ国内，海外生産を振り分けるなどしており，海外

生産にはそれを行う理由をしっかり持っているのが共通する特徴である。その意味では，戦略的であり，かつ慎重であるとみることができる。

　そうした事例を5つ紹介する。
　㈱西部技研（福岡県古賀市）は，1984年に開発に成功した第二のNT製品であるデシカント除湿機は，当初から輸出が順調に発展し，韓国，台湾，ドイツ各1社，米国4社の除湿器メーカーと提携し心臓部モジュールのみ輸出している。国内向けは，ユーザーから工場施設の建設を請け負うセットメーカー経由で納入することが多かったが，セットメーカーの撤退による影響を避けるため，10年ほど前から自社による完成品の直接販売に転換した。製品の認知度が上昇し，納入後のメンテナンスも売上げになり一石二鳥の効果を生んでいる。第三のNT製品である揮発性有機化合物（VOC）濃縮装置は，既に触れたとおりドイツの提携先企業の提案が端緒で，共同研究を経て1988年に開発に成功している。海外拠点については，スウェーデンは1993年に顧客のセットメーカーを買収，米国は2001年，中国は07年に現地法人を設立し，それぞれ09年，10年に工場を建設した。国内の絶対的市場規模の縮小を見込んだもので，中国製造品は中国国内はもとより東南アジアや中近東等の新興市場に販売予定である。米，中での当面のミッションは，全熱交換器の完成品の販売であり，ゆくゆくは付加価値の高い除湿機の生産も手がける予定である。そのあかつきには，全熱交換器は付加価値が低いため改めて国内に戻し一貫生産とし，納期を第一に輸出市場を開拓していく方針である。中国進出は，当面国内のビル空調の需要を見込んだもので，どうせ真似されるなら自社で現地生産・販売した方がよいと判断した。現在，西部技研単体での輸出は30％で，海外工場が加工・販売しているものも含めると，海外販売比率は半分位になる。
　トックベアリング㈱（東京都板橋区）の売上げの40％を占める最初のNT製品である樹脂製ボールベアリングは，引き続きほとんどが国内生産である。デスクメーカーの大半が国内にあり，付加価値が低いため海外生産し逆輸入するメリットが薄いことが理由である。一方，第三のNT製品で，売上げの30％以上を占める，ゆっくりと蓋状のものを閉めるためのトックダンパーは，

付加価値が高く中国上海で生産して逆輸入している。80％を中国で生産し，一部日本経由で米国，欧州にも輸出している。第二のNT製品である高速コピー機の排紙部分に用いられるワンウェイクラッチは，日本のコピー機メーカーの中国・華南進出に対応して，深圳で生産している。

減速機の**大月精工㈱**（山梨県大月市）は，カメラ用オートワインダー事業の拡大により，1986年に台湾，1992年にマレーシアに生産拠点を設けた。マレーシア工場で巻上げ用モーターを作り，世界的にシェアが高かった米コダック社のメキシコ工場に月30万台納入したこともある。なお，国内に納入する製品は基本的に全て，当時から日本の本社工場で製造していたが，現在も変わっていない。ユーザーから色々な依頼があるが，まず検討するのはコストが見合うかどうか。案件によっては海外工場で対応することもある。ただし，その場合でも，心臓部分の製造と，製造のための設計・手順作りはあくまで国内で行っている。また，海外生産の部品は現地進出メーカー向けとし，日本に持ち帰って使うことはしない。台湾の高雄，台北では，コピー機やプリンタ用の金属製ギアを月200万個生産しており，世界シェアは40～50％に達する。小笠原則雄社長は，「最近は白黒からカラーになり，色ずれを防ぐために紙送りの精度が厳しくなっているため，最新鋭の設備，技術を持って行って対応している。単価の安い量産部品の生産は，最新の技術・設備があっても国内に抱え込んだままではやっていけない」と述べている。1998年に中国の東莞，2002年に蘇州に工場を進出した。大月精工の製品は，機械に組み込まれる部品であり，量産性も高いため，特にコストに敏感にならざるを得ないことが，こうした動きに表われている。

ウェハ搬送ロボット等半導体関連装置の**ローツェ㈱**（広島県福山市）は，1985年の創業当初に開発した半導体製造装置の制御盤と本体をネットワークで全部管理できる「自律分散制御システム」の時代から海外市場を開拓してきた。当時，内外の見本市であるセミコンジャパン，セミコンウェスト（米），セミコンヨーロッパに既存製品のワンランク上の製品を出展すると2年分の仕事が舞い込み，その中から絞り込んでも1年間に十分な仕事を獲得し，企業立上げ当初の経営を支える収入源となった。開発，製造，販売及びメンテナンスを行う海外拠点は，1996年に米国，台湾，1997年に韓国に設けている。

量産品の製造については，1996年にベトナムに現地法人を設立し，ベトナムでキーデバイスの組立までを行い，韓国，台湾ではフレームとソフトを製造している。ベトナムに進出したのは，日本国内において製造装置に使われるアルミの価格が米国に比べて2倍することや電力コストがカルフォルニア州に比べて4倍かかるため，海外に販売するためには国内製造ではたち行かなくなったためである。ちなみにベトナムの電力コストは日本の半額と低廉である。シャフトモーター駆動高速リニア短軸ロボットは今後ベトナムで生産する予定で，その目的は中国向けの輸出である。崎谷文雄社長は，「自社製品をセミコンチャイナに出展したところ，中国人バイヤーは，どんなに良いと思っても『日本製だ』と言うと立ち去ってしまう。日本製は中国製の3倍はするので，そもそも彼らにとって評価の対象にできる価格帯にない。ちなみに，当時欧米製は2倍で評価対象内にあった。そこで，中国人バイヤーに向けてこの機械は『日本メーカーがベトナムで作ったものだ』と説明したところ，急に真剣になって食いついてきた」という経験を語ってくれた。また，韓国の現地法人は，2003年にKOSDAQに上場しているが，その理由として，「日本現地法人として取引きすると手形決済になるが，日系子会社であっても韓国市場に上場している企業から直接販売すると前金で払ってもらえる。また，韓国大手エレクトロニクスメーカーからは共同開発を持ちかけられ，今では同社製造プロセスの開発製造にまで関与するようになっている」と崎谷社長は話している。ローツェはインタビューした40社の中で最も海外生産が進んでいる企業である。しかし，同社についても，以上みるとおり，ステップバイステップで海外展開していること，生産拠点の設置は長期的，戦略的視点に基づいていることを確認することができる。

　㈱三橋製作所（京都市右京区）は，生産拠点の設置を検討している事例である。同社のスープの小袋を即席麺に乗せるパウチディスペンサーは，2010年の実績で海外売上高比率が43％と高く，中国，タイ，韓国というアジア諸国以外にも，米国，イギリス，ロシア，南米，ナイジェリア，サウジアラビアまで輸出されている。中国向けでは，即席麺市場の50～60％を占める頂新集団（台湾系企業）が年間1～2億円分の機械を購入しているが，他の中国メーカーはコピー製品を採用している。また，最初のNT製品であるフィルム等

を巻き取る際の耳を揃える蛇行制御修正装置について「当社製品が中国国内でトップブランドの位置付けであるが，リーマンショック以降，米国，ドイツ，イタリアのライバル社がドル安，ユーロ安に乗じて中国市場に進出し，一部ノックダウン生産も開始した。2011年の時点では彼らと比べ当社製が2～3割高く，中国市場に適合した商品を現地で製造・販売すべく検討を開始している」とも三橋社長は話していた。

海外生産拠点の設置で，現地需要への対応，規制の存在を理由として挙げているのが，㈱タカコ（京都府精華町）である。同社のアキシャルピストンポンプの米国での需要は，民生用と軍事用，両方ある。そのため，武器輸出に抵触する可能性があるという理由から，最初の現地生産を米国で1990年に開始する。2時間半で米国内のどこにでも行けるど真ん中という理由からカンザス州に工場を建設した。ベトナムには2003年以降2つの量産工場を持ち，従業員は約1,000人，生産量の半分は現地で完成品にして直接顧客に送り，残り半分は日本に戻し滋賀工場で最終仕上げを行っている。

3-3 内部資源を補う外部資源の活用

今回インタビュー調査を行ったNT型企業は，企業規模が限られていることもあって，いずれの企業も海外事業展開に必要な人材等の内部資源は決して豊富とはいえない。しかし，提供する製品やサービスが高い非価格競争力を有することから，内部資源をやりくりしつつ，通訳，専門商社等外部資源も必要に応じて活用し，比較的スムーズに海外市場への進出に成功している。

1）商社の活用

商社を活用している事例を2社紹介する。

電子線描画装置等の㈱エリオニクス（東京都八王子市）は，為替リスク回避のため，日本の専門商社を介し，円建てで決済している。この商社は小さいが，材料輸出等手広く手がけ，経営者も信頼できる人物で，製品のほとんどが安全保障貿易管理に抵触するため輸出手続業務も依頼している。北米向

けは米国商社を代理店として販売している。米国代理店の社長は日本のナノテク展でエリオニクスのブースを訪れた人物で，技術内容をよく理解していた。米国での代理店を申し出てエリオニクスを訪問した時に，今はなき米国の走査顕微鏡メーカーで本目精吾会長らのスピンアウト前に在籍した日本企業のライバル会社の出身であったことが判明した。

　パウチディスペンサーの㈱三橋製作所（京都市右京区）の場合は，海外ラーメンプラント向けに製麺機，包装機，小袋供給機，箱詰機等を一括納入する特化した小さな専門商社が数社あり，そこを通じて受注している。中国へも，当初は直接売り込んでいたが，現在は専門商社に任せている。

2）商社を使わない直接販売

　一方，商社を使わず。直接販売している事例も3つ紹介する。

　メカ式位置決めスイッチ等の㈱メトロール（東京都立川市）の場合，商社は口銭を30〜50％を要求することから，価格競争力維持のため，極力直接販売を行っている。自社のインターネットサイト（英語・中国語版を用意）を通じた販売は，現在売上高の10％に達し，円建て決済だが売上げを伸ばしている。直接販売比率が高まることで，2011年現在の円高環境下でも増収増益を実現し，経常利益率は通常より高い10〜15％を維持している。

　全熱交換器，デシカント除湿機等の心臓部モジュールを世界に輸出している㈱西部技研（福岡県古賀市）は，昔から商社を使わず，自社スタッフで輸出業務をこなしている。この関係では，語学が堪能な女性社員を活用している。

　圧倒的な製品の競争力を前提に，通常では考えられない海外市場対応しているのが，アキシャルピストンポンプの㈱タカコ（京都府精華町）の事例である。すなわち，海外は全て直接販売とし，日本円での取引きを求めている。その代わり常に顧客に対しベストプライスを提示することを宣言し，時には自ら値下げを提示することもあるという。長期的な顧客満足度や信頼度の確保を念頭においた行動，戦略と考えられる。

3）トップセールス，通訳の活用

　次に，経営者が言語の違いをものともせず第一線で国際市場開拓に奔走している事例を2つ紹介する。

　多色混合毛糸の㈱野呂英作（愛知県一宮市）は，現在35か国に輸出しているが，当初，野呂英作会長が，かつて在籍した紡績メーカーで取引きのあった専門商社の副社長に頼み，社員を1人，一か月借りて，一緒に海外を回って，様々な知識，経験を身につけている。野呂会長は，「繊維の専門用語は万国共通で，テクニカルな話をするのにあまり苦労しない」としている。また，海外取引のリスクを軽減するため，売上債権の回収管理にファクタリング会社を利用し，国の貿易保険も使えるものは全て活用している。

　レーザー装置等の㈱片岡製作所（京都市南区）の片岡宏二社長は，語学は得意ではないが，2010年は海外出張が30回に及び，世界に出て行くことに抵抗感はまったくないという。また，イタリアのミラノ等の現地法人の立上げには社員が長期出張で対応しているが，特に問題は生じていない。片岡社長は，「海外で戦力になる人材は，優しく誠実で，相手の立場になって考えられる人である。その点で，日本人は十分海外で通用すると考えている。語学力は二の次で，自分も英語は片言だが，現地にいるグローバル社員が通訳してくれるので問題はない」と語っている。なお，「最近韓国の財閥系企業がよく当社を訪問するが，即断即決という面では当社は韓国企業にひけは取らず，むしろお互い共通したものを感じる」とも述べている。

4）海外の見本市，展示会の活用

　これまで本章第1節，第2節で紹介した事例でも，優れたNT型企業は海外で開催される見本市，展示会を積極的に活用していることが分かる。販路の開拓はもとより，競合企業や模倣品等に関する有用情報を得るとともに，ユーザーニーズをキャッチし新製品開発に役立てるなど見本市，展示会への出展から得られるメリットは少なくない。

　大垣精工㈱（岐阜県大垣市）は，高度な機能を求められ，機構も複雑なハードディスクの小さな部品を低コストのプレス加工で仕上げる金型技術を保有する企業である。創業者で，日本金型工業会会長も務めた上田勝弘社長は，「韓

国のサムスンとは既に30年の取引きがある。創業後の早い時期から韓国の展示会に10年間続けて出展していた。サムスンとは2回目の出展で取引きを開始した。毎回の展示会に，何か仕事を取ってこいといって社員を順番に送り出した。続けることによりビジネスが開ける。はじめは，サムスン，LG，台湾企業にカラーテレビブラウン管の電子銃の部品を納入していたが，現在ではハードディスク及びストレージ分野が主要な取引きとなっている」という。上田社長は，韓国企業との長年の人材交流への貢献を認められ，2005年に韓国大統領表彰を受けている。

　チタン等の難加工材の加工で最先端を行く㈱スズキプレシオン（栃木県鹿沼市）は，近年医療機器分野の製品の開発に注力している。二代目経営者である鈴木庸介会長は，「今後医療機器メーカーと共同開発し世界に販売していきたい。特に，中国，インド，インドネシアはほとんど手つかずの成長市場であるが，韓国や台湾の企業が先行しており，急がないと市場を喪失する懸念がある。機械要素技術展，MEDTEC，米国部材展（MB&M）等の展示会や学会に年7回は参加している」と意気込みを語っている。また，子息の拓也社長は，ベトナム進出の日系企業とタイアップし様々な取引きを目指している。ベトナムからは3年間の技術研修制度の下，毎年数名の研修生を受け入れている。

　パウチディスペンサーの㈱三橋製作所（京都市右京区）の場合，4年に1回ドイツの展示会と，2年に1回米国シカゴで開催される見本市に出展している。三橋宏社長は「展示会に毎回出展すると知名度が上昇する。すぐに商売に結びつく訳ではないが，色々なやりとりから次につながる。ライバルメーカーとの切磋琢磨が商品のグレードを上げるとも考え，他流試合の場としても出展を続けている」と指摘している。

　多色混合毛糸の㈱野呂英作（愛知県一宮市）は，見本市には出展しているが，輸出にこだわり一国一販社とし原則受注生産を行わないことを方針としているため，寄せられた話を全て受けるわけではなく，むしろブランドとしての訴求やニーズの把握を主な目的としている。

海外の見本市，展示会への出展は，直接的コストだけでなく関係先との調整等間接的コストも中小企業にとってはかなりの負担となる。そのため，政策的支援ニーズには極めて高いものがある。

事務機器用樹脂製ベアリングやダンパーを生産している**トックベアリング㈱**（東京都板橋区）は，海外展示会への出展コストの高さを指摘している。旅費・運送費，展示費用に加え，翻訳・通訳の手配が大きな負担となっているという。こうした中，吉川宏社長は，「先日，東京都産業労働局の派遣団に加わりドイツの展示会に出展した。都の支援を受けるのははじめてのケースであったが，こちらのニーズに合わせて相手先の企業をリストアップし，商談をセットしてくれた。板橋区でも，見本市出展の際，交流会・商談会を開催してくれる」と地元自治体の支援を評価している。

優れたNT型企業は，アンテナが高く，海外市場開拓においても他の中小企業に先んじている。例えば，メカ式精密位置決めスイッチの**㈱メトロール**（東京都立川市）の松橋卓司社長は，「中国南部の東莞や深圳で開催される工作機械関係の展示会は内外企業が集まりすごい熱気である。当社は口コミで知り参加しているが，日本勢は不思議とほとんど参加していない。独立行政法人日本貿易振興機構（JETRO）もフォローすべきと思うが，関係者を見たことがない」とも話している。行政もこうした企業から得られる情報を活用することにより，きめ細かい対応を図っていく時期に差しかかっている。

3-4 日本への留学生の活用

優れたNT型企業の場合，海外市場開拓を中心に足りない内部資源を補う形で，日本への留学経験を有する外国人を雇用している例が多い。特に注目されるのは，経営者の判断で彼らに大胆な授権を行い，活躍の場を与えていることである。

特殊ポンプの**本多機工㈱**（福岡県嘉麻市）は，日本のものづくりに関心を持つ外国の若者をこの5年間積極的に採用し社内グローバル化を主導している。これまで，中国，ドイツ，マレーシア，スリランカ等出身の15名の留学経

験者を採用してきた。「全従業員が150名の企業で、15名が外国人ということになると、日本人社員が外国人を当たり前と感じ、言葉の壁が無くなるという革命的変化が出現しつつある」と龍造寺健介社長は述べている。このうち、日、英、西、仏、アラブ語を話すチュニジア人は、会社顧問の九州工業大学教授に日本人の人材がいないか照会したところ、日本人ではないが留学生ならいるということで、九州大学で学び九州工業大学で数学の博士号取得した彼を紹介されたというのが採用の経緯である。入社後4年で国際事業部長に抜擢され、博士の肩書と相俟って、しっかり顧客をつかむ大活躍をしているという。龍造寺社長は、「外国人はいずれ日本企業を離れる心づもりで就職するが、魅力的な仕事を与えれば留まる。留学生の13.5％は九州に来ている。うち64％は日本での就職を希望している。大手企業は既に大学とつながりがあるが、中小企業は留学生と出会う機会が少ない」と指摘する。

円筒研削盤の㈱シギヤ精機製作所（広島県福山市）の鳴谷憲和社長は、留学経験者の活用について「中国人でないと現地対応は務まらないと判断し、日本で採用した中国人を拠点設置に先立ち2年間トレーニングして現地に送った。数年経過し現在は40歳を過ぎ、上海の現地法人の責任者をしてもらっている。日本に留学し、卒業後大阪の企業で働いていたが、大学の恩師に『今の仕事が面白くない。大学で勉強した工作機械の仕事がしたい』と相談し、たまたまその先生と当社の研究開発担当が親しく、紹介され、よい人物であったのですぐに採用した」という経緯を語っている。

減速機の**大月精工**㈱（山梨県大月市）の小笠原則雄社長は、「蘇州工場の総経理は台湾人で台湾工場にいた人物で、4年の滞日経験がある。副総経理は日本人で技術部長を務めている。この人選は思いの他のヒットであった。マレーシア工場の幹部クラスはほとんど日本の大学を出た元留学生で、自国に戻り活躍している」と話している。

日本に留学した外国人は、日本企業で一定の職務経験を積んだ後、出身国に帰り起業したり、日系現地法人の幹部社員になったりすることを念頭に置いている者が少なくない。このため、日本の大企業に就職して日本人の新規採用者と同様の下積みの仕事をさせられ不満を抱く者も多いとされる。若く

して様々な経験を積める機会を提供できる中小企業は，彼らにとってうってつけの就業先となる可能性が高い。しかし，上で紹介した事例からも分かるとおり，採用の契機はかなり偶然に依存しているのが現状である。その意味で，信頼できる第三者によるマッチングに対する公的な支援ニーズが存在していることは明らかである。

3-5 まとめ—海外市場への浸透にみられる共通点

　高い非価格競争力を背景とする輸出を中心とする海外市場進出パターンにみられる共通する特徴については，これまでの事例の検討を踏まえると，以下のように整理することができる。

1) インタビュー調査を行った優れたNT型企業において，最初のNT製品が国内市場でニッチトップになった後，海外市場に進出するというパターンは必ずしも一般的でない。製品の新規性が高く，企業が創業間もない場合，国内大手ユーザーは採用に極めて消極的で，先に海外で販売実績を積んだ後に国内に受け入れられるケースも少なくない。

2) 第二，第三のNT製品の場合は，国内ユーザーから持ち込まれたニーズから製品が開発されることが多く，国内でまず売上げが立つケースが増加する。その後，製品に高い非価格競争力があるため自然と国際市場に浸透し，輸出が行われ，必要があれば海外生産にも乗り出していく。

3) ただし，海外展開は，①輸出した製品のメンテナンスを行う現地パートナーの確保や独自のメンテナンス拠点の設置，②販売促進のための販売拠点の整備，③海外生産というように，ステップバイステップで時間をかけて実施されるのが一般的である。

4) また，輸出市場を選別しあえて進出しなかったり，海外拠点の設置，拡張等は長期的戦略的視点から製品毎に対応を変えたりするなど，海外展開ではあまり無理をせず，むしろ慎重な傾向が認められる。その理由としては，製品販売後のメンテナンス等の体制が不十分なことによる評判の低下を恐れること，中国等の模倣を警戒すること等が指摘できる。

5) 優れたNT型企業といっても，どの企業も海外事業展開に必要な人材等

の内部資源は決して豊富とはいえない。しかし，製品が高い非価格競争力を有することから，内部資源をやりくりしつつ，通訳，専門商社等外部資源も必要に応じて活用し，比較的スムーズに海外市場への進出に成功している。内外の見本市・展示会を，販路拡大を含む様々な目的から，積極的に活用していることも共通する特徴となっている。

6）日本への留学経験を有する外国人を雇用し，輸出や海外生産といった企業活動分野で授権を大胆に行い活用している例がしばしば見受けられる。ただし，採用の契機はかなり偶然に依存しており，信頼できる第三者によるマッチングに対する政策的支援ニーズが存在している。

第4章
ニッチトップ型企業ならではの課題やリスクの解決

　優れたNT型企業も，企業規模が相対的に小さいことから，大企業に比べ内部資源の蓄積は十分とはいえない。また，関連する事業分野あるいは派生する分野に水平的に展開し企業の幅を拡大できる度合いも低い。本章ではこうしたNT型企業特有の課題やリスクに焦点を当てる。

4-1　人材の確保

　優れたNT型企業は，製品の非価格競争力が高いこと等から相対的に利益率も高く，従業者の処遇において大企業に遜色のない給与等を確保している企業も少なくない。

　こうしたこともあって，最近，修士以上の技術系高度人材の採用が進むなど一定の変化もみられる。しかし，高校，大学の新規卒業者の確保には依然として不自由をしている企業が多いのが現状である。人材の確保に関係して，ここでは11社の事例を紹介する。

1）処遇における良好な条件の確保，やり甲斐のある職場の提供

　最初に，処遇や職場の状況を良好に保つことにより，近隣の地域から優秀な人材を集めることに成功している例を2つ紹介する。

　円筒研削盤の㈱シギヤ精機製作所（広島県福山市）は，従業員には大企業事業所と遜色ない待遇を提供し，近隣の地域から優秀な人材を確保できており，鴫谷憲和社長は「総じて社員の満足度は高い」とみている。円筒研削盤作り

で他社が真似のできない部分は，動圧軸受としゅう動面のきさげ加工である。動圧軸受の真円度が機械の加工精度を決めるため，自社で開発した最高精度の円筒研削盤をマザーマシンとして使い，常に加工度の向上を追求している。きさげ加工は，粗い仕上げができるまで3年，一人前になるまで5年かかるまさに熟練の技である。社員の中で希望者を募集しているが，是非やりたいという若手がむしろ増加している。社員1人1人が，企業全体としての仕事に誇りを持ち，帰属意識が高いことが窺われる。

　特殊ポンプの**本多機工㈱**（福岡県嘉麻市）も，従業員の報酬は県内トップ水準で，リーマンショック前まで4期連続増収増益を記録し，当時ボーナスを給与6か月分にして社員に利益を還元したという。また，改善提案に対して報奨金を出し，5年毎に社員全員で海外研修を実施している。経営に関する情報は従業員に全て開示しており，リーマンショック後売上げは落ちたが企業努力で利益率はいち早く回復した。留学経験のある外国人従業員の活躍が，日本人従業員も刺激し，輸出先国の情報に注意を払い，利益が出るように各自努力するようになったという。龍造寺健介社長は「つくづく当社はユニークだと実感する」と述べている。「創業から60年，これから100年企業を目指す。技術・ノウハウの次世代継承が現在の第一目標で，1人1人何ができるのかを全社員に聞き，何が足りないかを見える化する活動を社内で進めている」という。

2）技術系人材確保に向けた長期的取組み

　次に，技術系の人材の確保に，長期にわたり特に意を払い，有能な人材を育ててきた事例を2つ紹介する。

　夜光塗料の**根本特殊化学㈱**（東京都杉並区）は，創業者も二代目の根本郁芳現会長も技術系ではなかったが，研究開発型でないと企業として事業を継続・発展はできないとし，技術系人材の確保を重視してきた。採用では，業績が厳しかった時期には即戦力に頼らざるを得なかったため，1960年代は日立，東芝，松下等大手電機メーカーで蛍光材料に携わった経験を持つ人材を退職後あるいは中途で採用した。松澤隆嗣現社長は，1971年に新規学卒で入社し，技術開発一筋で画期的新製品であるN夜光開発時には技術開発本部長まで務め，

1997年に本社の営業開発統括本部長となり，2008年より社長に就任している。入社の経緯は，大学の研究室の先生の推薦であり，入社時の研究所長だった現相談役が同窓だった縁もあってとのことである。

　エポキシ樹脂，ウレタン樹脂を主原料とする電気・電子絶縁材料等を製造するサンユレック㈱（大阪府高槻市）は，収益率が高いこともあり，優秀な理工系の人材を多く採用してきた。このため，社員140人の半数は化学系エンジニアであるが，会社のユニークな方針として営業は技術者本人に行わせ，ユーザーニーズを常に製品開発，生産に反映できるようにしている。これは樹脂に加える硬化剤，フィラー等の添加剤，着色剤の配合の仕方や量の管理で様々な特性を発揮する液状レジンのキャスティングという成型方法を前提とした素材提供であることを反映している。会社のキャッチコピーは，"Chemical Cocktail for Solution"，すなわち「化学材料の配合で課題を解決する」である。

3）大企業同業他社を念頭に置いた技術系高度人材の確保

　大企業に見劣りしないよう処遇の見直しに取り組み，技術系高度人材を確保をしているのが，電子線描画装置等を製造する㈱エリオニクス（東京都八王子市）である。本目精吾会長は，「当社のライバルは大手メーカーのため，人材獲得のため7～8年かけ同じ給与水準に引き上げた。大学卒，大学院卒の初任給やその後の昇給は世間の相場より高く，入社15年目の社員は全て大手の水準を上回る。高等専門学校卒も実年齢で給与を定めるため，他社より相当高い。学士，修士で待遇は変えていない。学生には修士2年より学卒で2年勤める方が技術者としてレベルが上がると話すが，親が大学院を出ないと辛い思いをすると思い込んでいる様子である。なお，高学歴の優秀な人材が入るようになったのは，大手が採用を絞ったバブル崩壊後3年目位から。最近は近くの多摩地域の大学の他，地方国立大学の学生を積極的に採用している。その半数は一番先に当社を受け，即入社を決定している。彼らは，『荷電粒子の研究を専攻したがインターネットで検索すると日立ハイテク，日本電子，当社等4社しかない』といって訪問してくる。当社の事業規模は，電子ビームの領域では大手企業の事業部をしのぐかもしれない。規模はあまり

写真10
㈱エリオニクスの開発現場で若いエンジニアに直接指示する本目精吾会長。

変わらないのに大企業では任される範囲が狭い。また，大手企業に比べ，当社は経営者自身が開発に深く関与し，開発担当者の様子を頻繁に見にいき，直接鼓舞するなど，経営者と現場の距離が近い」と優れたNT型企業の優位性を紹介してくれた。

4）技術系人材確保のための地域ぐるみの取組み

　技術系新卒者の数に限りがある地域で，優れた人材の確保に向け，地域の中小企業が協力して取組みを進めている事例を紹介する。

　和紙に合成繊維を混ぜた化繊紙で新しい用途を次々に開拓している**三木特種製紙㈱**（愛媛県四国中央市）は，利益率が高く，従業員の処遇は上場企業レベルである。団塊世代の退職時期を迎え，ここ8年ほどコンスタントに5人以上新規採用をしている。しかし，理工系の学生は四国4県で毎年2,200人しか輩出されず，しかも四国外への就職希望者が多いことから，中小企業は優秀な人材確保に苦労しているという。そのため，愛媛県下の30数社の企業がふるさと就職を働きかけるNPO「ふるさと就職応援ネットワーク愛媛」を立ち上げ，三木雅人社長は幹事を務め，新卒だけでなくUターン人材への働きかけを強めている。

5）企業の成長・発展とともに可能となる高度人材の確保

　人材の確保は企業の成長・発展とともに変化する。そうした歴史的な変化は以下の事例がよく示している。

　オシロスコープのプローブ等を生産する**スタック電子㈱**（東京都昭島市）の創業者田島瑞也氏は歴史を振り返り，「1971年の創業から11年目，今から約30年前，売上げも年10億円に近づき，ようやく大学新卒の開発人材を確保できるようになった。彼らが現在40代半ばの働き盛りになっている。年商が20億円を超える90年代半ば以降，本格的企業経営が必要な時期となり，得意先大手企業の部長以上のOB人材を受け入れ，現在役員として活躍してもらっている」と説明してくれた。また，「当社は自分自身のポリシーでこれまで同族を会社に入れてこなかった。中小企業の相続時の株式の取扱いについて，同族企業では特例があるが，当社のように同族がいないと特例対象外になる。清く正しく会社を経営し，バランスシートも盤石，キャッシュフローも潤沢な当社のような企業ほど株価は高く，国の制度には矛盾を痛感する」と述べている。

6）事業の大きな展開に結びつく有能な人材の獲得

　NT型企業では，有能な人材が加わることにより社業が大きく展開する事例もみられる。

　東北電子産業㈱（仙台市太白区）は，目に見えない初期段階に劣化が分かり，商品の品質期限や寿命の決め手となる，レーザー光を利用した極微弱発光測定装置（ケミルミネッセンスアナライザー）の開発に1980年に成功した。創業者の佐伯昭雄会長はNECの研究所に長年勤務し在職中に45件の特許を取得した根っからの技術者である。画期的な製品であったが，データの蓄積が不十分だったこともあり，ユーザーに的確に用途を示し訴求することができず，販売に苦戦していた。そうした中，東北大学の研究室で博士号を取得した長女の山田理恵社長が1991年に入社し，研究機関からの専門的な相談に応じ，装置の使用方法，用途について積極提案を行うビジネスモデルを確立し，販路拡大に成功した。以来，年間コンスタントに10～20台の販売を実現している。

7）社員のモチベーションを高める工夫

　社員のやる気を引き出す様々な取組みにも多くのNT型企業は意を払っている。

　㈱ティ・ディ・シー（宮城県利府町）の超精密鏡面研磨技術は，ラップ盤という加工機械によっている。平らな板の上に砥石の粒がついており，削る対象を上から自転させ，間に被膜を作りつつ板に当てて研磨する。古い加工技術で時間がかかり数をこなすには不利ということで，大量生産時代には工場の片隅で埃をかぶっていた機械である。しかし，精度が出しやすいので，同社が物性の限界から無理といわれていた10ナノ以下の加工に挑戦するのにはうってつけの機械であった。使用する機械は全て内製しており，加工技術はノウハウの固まりとなっている。平らなレコード盤のような研磨機と測定器をリンクさせ，現場の技術者が現物と測定結果を交互に見比べながら加工している。赤羽亮哉社長は社内開発賞を設け，社員1人1人に「おまえらは日本一」といってすかしたり，時には脅したりしてブレークスルーを奨励している。賞金は通常1万円，最高10万円で年間7〜8本出している。得られた新しい技術は社内に普遍化させ，囲い込みはさせないというのも社の方針である。

8）優れたものづくり中小企業への理解を深めるために必要とされる社会への働きかけ

　しかし，依然として家庭や教育現場には中小企業に対する無理解や誤った印象が根強い。また，若い世代においてはものづくりに接する機会が減少し，仕事の中身を理解することが次第に難しくなってきている。高校や大学の新規卒業者の採用を進めていくためには，企業内の努力に加え，社会への働きかけも重要となってきている。

　コイル試験機の㈱電子制御国際（東京都羽村市）は，基本的に無借金経営で，賞与等待遇も優れ，帝国データバンクからAクラスの企業格付けを得ている。製品開発が中心の職場で，やり甲斐を感じ，従業員の定着率も良好である。周辺の高校を中心に新卒者の採用を進めているが，希望するほど集まらない。高校の先生に企業一般への知識が不足し，特に中小企業を一括りに

してしまう傾向があり，地元に優れた企業があることに十分な理解が得られていないとしている。

　金属粉末射出成型法（MIM）による精密部品の製造等を行っている㈱キャステム（広島県福山市）の戸田拓夫社長は，今後の鍵は「人材」であるとし，福山周辺だけでなく，出張の折に東京近県等で面接をするなど精力的に人材の確保に努めている。また，「若者にエネルギーが無くなってきていることが問題だ。最大の原因は，バーチャル人間が多くなり，実際にモノに触って作った経験がないことにある。微妙な調整で性能や品質が変わるなど見えないものづくりの空気を体感させることが必要だ」とし，次世代のものづくり人材の育成にも尽力している。すなわち，福山周辺の企業（㈱アドテックプラズマテクノロジー，ホーコス㈱，安田工業㈱，ローツェ㈱）の経営者に呼びかけて，ワザを使う昔の遊びを復活させ小学校に出向いて披露している。また，近畿大学客員教授として事業家のメッセージを学生に伝えている。さらに，折り紙ヒコーキ協会会長を務め，紙ヒコーキの滑空時間の長さを競う競技大会に力を入れており，日本だけでなくタイ，フランスでの普及にも努めている。航空会社等とタイアップして世界大会の開催を企画している。

4-2　日本のものづくり環境の変化

　製造事業所の海外移転により大企業がプレゼンスを低下させる一方，中小企業が需要の減少，後継者難により廃業を加速させ，集積としてみた日本のものづくり環境にはこのところ激変が生じている。こうした環境の変化に関連する興味深い事例，経営者の証言を以下に紹介する。

1) ユーザーニーズの把握の困難化

　既に第1章で詳しく紹介したとおり，優れたNT型企業の製品開発において，その前提となるユーザーニーズの果たす役割は極めて重要である。しかし，大手製造企業の生産拠点の海外への大幅なシフト，中央研究所の機能の変質や低下といった環境変化を受け，大手ユーザーからニーズを把握することが，次第に困難となりつつある。

例えば，コイル試験機の㈱電子制御国際（東京都羽村市）は，数年前から，国内大手メーカーからのニーズに基づき開発する製品が減少していると指摘している。以前は，国内メーカーの生産技術や品質管理部門から新製品開発ニーズをつかむことができたが，今は生産体制が崩れてきており，次第に困難になりつつあるとしている。

　超精密金型メーカーの㈱新日本テック（大阪市鶴見区）の和泉康夫社長は，大学卒業後，新日本テックに1991年に入社するまで，大手エレクトロニクスメーカーに5年半勤務し，特注機の設計等に携わった経験がある。現在の顧客はそうした大企業であるが，最近の傾向として大企業自身が何で困っているのか分かっていないことが多いと指摘している。ニーズの提示はこんなイメージという絵巻物を見せるようなもので具体性に乏しく，大手企業の担当者は自分にもよく分からないからと丸投げしてくるケースが増えているという。和泉社長は，「大企業に望んでも具体的な提案を得られないので，こちらでシナリオを書いて提案する。幸い大企業で設計の経験を積んできており，自分で設計図が書ける。大手顧客の丸投げの傾向は，逆に技術力や企画力に優れた中小企業にはチャンスだ」と指摘している。

　こうした中，優れたNT型企業においては，学会の活用等補完的なニーズ確保という取組みを強化している。

　これまで，NT型企業は，自社の評判を高め，流布することによって，口コミや斡旋でニーズを持ち込んでもらうというパターンが一般的であった。炭酸ガスレーザーの発信器や生化学分析用ガラスセルを製造している㈱鬼塚硝子（東京都青梅市）は，創業当初から，大企業や大学・研究所がどこか作れるところはないかと探索し鬼塚硝子に白羽の矢が立ちニーズを持ち込まれることが多い典型的なNT型企業であった。しかし，近年では，大手企業が中心となって国から受託して行う研究開発のコンソーシアムに参画するなど積極的な形でニーズ獲得に努めている。また，常に学会の動向をフォローし，研究者との交流を深めている。実際，新規製品開発に結びつく研究者レベルの紹介も多く，最近ではこうしたルートを通じドイツのマックス・プランク研究所からも引き合いが来ている。

第4章 ニッチトップ型企業ならではの課題やリスクの解決

　この㈱鬼塚硝子の事例は，ユーザーニーズを直接的に把握することの代替的な方法として学会の積極的活用という方法があることを示している。既に紹介したように，電子ビームとレーザーの加工サービスを提供する**東成エレクトロビーム㈱**（東京都瑞穂町）は，関係学会に参加し，メーカー，大学，研究機関の人々とのネットワークを作り，ニーズ獲得に努めている。この他，40社のうち，**サムコ㈱**（京都市伏見区），**㈱片岡製作所**（京都市南区），**㈱スズキプレシオン**（栃木県鹿沼市），**サンユレック㈱**（大阪府高槻市）が，それぞれ製品分野や業態が異なっているものの，いずれも新製品開発等につながるとして内外の学会等で発表する積極的な活動を行っていると証言している。

写真11
2012年12月，台湾国立交通大学におけるサムコ㈱主催の台湾薄膜技術セミナー。発表者は辻 理社長。

　一方，高周波を利用した通信機器を開発している**スタック電子㈱**（東京都昭島市）は，大手の企業行動の変化を踏まえ，大手ユーザーに期待するのではなく，独自のニーズ探索努力を強化している。同社の創業者である田島瑞也氏は，「放送・通信インフラ整備は国の競争力を左右するため，日本方式を官民で開発し海外展開し，それをデファクトスタンダードすることを目指

101

すべきだ」というのが持論である。しかし，国内では逆に入札による価格引下げ要求がきつく，開発意欲を大きく削ぐ結果になっていると指摘する。そうした中，大手通信機器メーカーはたかだか100億円規模の市場であるなどとして，あっさりと手を引く事態も発生している。このため，スタック電子としては，大手メーカーと組んで大きなプロジェクトの一部を請け負うような開発案件に期待することなく，自社のコア技術を直接市場に問い，規模は小さくても任せてもらえる領域で残存者利益を得るべく，開発案件の探索をしている。

2）加工等を発注する協力企業の確保

　第二の変化として，NT型企業の協力企業として加工等の受け皿となってきた中小企業の廃業が進展していることが挙げられる。既存の取引先が廃業した場合，代替の企業を探索したり，特殊な加工に習熟してもらうのに時間を要したりするなど新たなコストが発生する。しかし，日本列島内には優れた加工技術を保有する中小企業が未だ多数存在しており，一方でNT型企業はその特徴として納期に余裕があること等から，近い将来に深刻な問題とはならないとみているNT型企業が多い。

　例えば，事務機器用樹脂製ベアリングやダンパーを生産している**トックベアリング㈱**（東京都板橋区）は，加工設備を自社が保有していない加工の外注先（例えば，鍍金，熱処理，塗装，鍛造品，鋳造品等），あるいは生産能力を超えた分を依頼する外注先に廃業が少なくないという現状を報告している。ただし，受注さえ確保できれば，どんな外注先も探す自信はあり，心配していないという。

　しかし，将来的な懸念を表明する企業は，そろそろ先を見越した対応を検討する必要があると指摘している。

　メカ式精密位置決めスイッチの世界トップメーカーである**㈱メトロール**（東京都立川市）の場合，協力企業は6社，うち加工は4社で，遠隔地は福島の2社がある。今のところ，基本的に大きな懸念はないが，樹脂加工を担う小規模企業に廃業のおそれがあり，新たな協力先を探索中である。精密組立，

少量多品種短納期の加工は儲けが出にくいため，手がける企業がなかなかいないのが現状であると松橋卓司社長は説明している。

電子線描画装置等を手がける㈱エリオニクス（東京都八王子市）の本目精吾会長は，協力企業の廃業対策として，将来的に自社と類似の中小企業が数社集り加工事業者を囲い込む必要が生じるかもしれないと述べている。

3）原料・素材の国内供給の中断，海外資材価格の高騰等

第三の変化として，近年，国内大手サプライヤーが事業の選択と集中を図る過程で，供給する製品のラインナップを見直し，市場規模の小さい製品を中心に国内での供給を中止するケースが増えている。これまで国内で調達できた素材や汎用性のあるデバイスが供給されなくなると，海外調達や従来製品の設計変更等を余儀なくされ，追加的コストが発生する。

コイル試験機の㈱電子制御国際（東京都羽村市）の山本俊和社長は，「電子部品メーカーの主力製品が需要の多いモバイル機器向けに移行した影響か，一昔前は在庫が当たり前のようにあった汎用の電子デバイスの入手が困難になる傾向がある。代替品を利用するため設計のやり直しが生じ，生産の時間とコストがかさむ。他の測定機器メーカーも困っているはず」と指摘している。

また，半導体製造に用いられるガス継手や流量センサーを製造している㈱リガルジョイント（神奈川県相模原市南区）も，電子部品は仕様変更が多くしばしば生産中止になる．部品を変えると，設計変更や性能の検証が必要でコスト，手間が発生すると同様の指摘をしている。

X線検査装置等で従来から特定のスペックのガラスを購入し加工してきた㈱鬼塚硝子（東京都青梅市）では，需要の減少とコストダウンの要請から国内大手ガラスメーカーが従来の品揃え，スペックを守れなくなり，一部のガラス管については国内調達をあきらめ，ここ10年はドイツの老舗ガラス専業メーカーであるショット社から購入している。

電子線描画装置等の㈱エリオニクス（東京都八王子市）の場合は，自社の製品に特殊な金属材料を用いた部品を各所で使用しているが，材料の問屋から国内需要の縮小等の理由で国内大手材料メーカーが生産の中止を検討しているので近い将来国内では入手しにくくなる可能性があるという話が来てい

ると紹介してくれた。

　一方，中国，インド等新興国を中心とした海外需要の高まりを受け，品不足や一部材料等の価格の急騰がみられ，対応が必要となっている。
　中小型のトラックに据え付ける荷台を生産している㈱東洋ボデー（東京都武蔵村山市）の中條守康社長は，「必要とされる合板の国内生産がなく東南アジアから輸入している。しかし，中国，インド等新興国の需要増で，入手難・価格上昇が顕在化している。アルミ押出材は，国内大手メーカーの工場閉鎖等により以前より国内生産が25％縮小している。ロットがまとまらないと入手できなくなる可能性があり，在庫の増加により対応している」と述べている。

　また，内外の材料の価格差が大きく無視しえないため，国内の事業者からの調達をあきらめざるを得ないという指摘もある。
　減速機メーカーの**大月精工**㈱（山梨県大月市）の小笠原則雄社長は，中国との競争で勝ち目がないのは材料費であると指摘する。「2011年当時，自社の日本と中国の工場から見積りを取ったら，中国の材料費は日本の1/3であった。中国もいいものを安く作る企業が増えてきており，材料費にこれだけ差があれば，調達先の変更や生産の移管も考えざるを得ない。ただし，当社の場合，現地生産するのに日本からどうしても持っていかなければならない特殊鋼等の材料もあり，今のところ全面移管は考えられない」と述べている。
　水族館の水槽用大型アクリルパネル製造の**日プラ**㈱（香川県三木町）の敷山哲洋社長も，「材料については，日本と韓国で相見積りを取ったところ，2012年時点で日本の1/3であった。ここまで差があっては国内に発注したいと思っても発注のしようがない」として，現状を知らせる意図で筆者に実際の比較表を手渡してくれた。

4-3 ニッチ市場が持つリスク

1）様々な理由で消失しやすいNT製品市場

　NT製品は，特定の先端技術と結びついていることが少なくなく，技術革新により市場自体がしばしば無くなるというリスクが元々存在している。また，製品が特定のニーズに対応し汎用性が低いこと等もあって，社会経済環境の変化がニーズそのものをなくしてしまうこともある。優れたNT型企業の中には，NT製品の市場の消失を度々経験しているものも少なくない。しかし，いずれの場合も，並外れた製品開発能力を発揮して新たな製品を開発することで，危機を克服し現在までサバイバルしている。

　日本マイクロコーティング㈱（東京都昭島市）は，常に技術革新を伴う市場の変化に先んじて事業を展開してきた。1990年代半ば，先代社長が，磁気記録の将来に危機意識を抱き，営業部隊を既存顧客と新規開拓に分離し，新規開拓班は研磨テープとセットで研磨機を販売する手法で液晶・半導体業界に展開し，既存顧客部隊はハードディスク用の研磨テープに代わる液体研磨材を開発した。また，高い技術力を生かしプラスチックフィルムへの各種素材のコーティングの受託事業も開拓した。こうした企業努力が売上げの拡大に結びつき，2001年にJASDAQ上場を実現した。しかし，その後，ハードディスクの記憶方式が記憶容量を画期的に引き上げる垂直磁気記録方式に移行し，液体研磨剤の需要は一気にゼロとなり，大幅な売上げの減少を経験した。この機に経営を引き継いだ渡邉淳社長は，当時を振り返り，「ハイテク領域では，技術の転換で，ある日突然ビジネスが消失することがある。ピラミッドの頂点を極め，点で生きる『スーパーニッチ』は変化に脆弱なところがある。現在は，頂点を極めた技術を生かして，テープ研磨の裾野の拡大を志向している。同時に，研磨のノウハウで研磨受託加工，それも海外でできない難削材の鏡面研磨加工サービスの提供も検討している」と，経営の難しさと将来の意気込みについて語ってくれた。

　太平洋戦争開戦とともに創業し，夜光塗料と派生する数多くの事業を展開する**根本特殊化学㈱**（東京都杉並区）は，既に撤退してしまった事業，製品

の数も少なくない。蛍光灯点灯時に使われるグローランプは，当初は当たった宇宙線でイオン化させる"自然まかせ"の製品であった。その後，速やかに放電させるため微量の放射性物質を混ぜてグロースターターの電極線にメッキする方法（「放射能（RI）めっき」）で線源を開発した。このRIめっきを用いた各種線源（RI電子材料）は夜光塗料以外では最初の製品であり，根本特殊化学の事業の柱の1つであった。特に，グローランプ用線源は，1975年に事業化し1999年頃までRI電材の中心的製品であった。しかし，蛍光灯がインバータ回路で点灯するようになり，近年ではLEDに変わりつつある。このため，グローランプの需要が減少した。さらに，作業の安全，廃棄後の処理の問題から，放射性物質を使わない方向に転換した。他のRI電材でも，グローランプに先行して開発されたレンズ付きフィルムのストロボ充電完了ランプ用の線源が，デジタルカメラの普及で需要が激減した。また，避雷器用放電管（サージアブソーバー用線源）も，各種機器に採用されていたが，これも需要が消滅した。こうしてRI電材事業の売上げは大幅に減少し，現在は完全に撤退している。しかし，夜光塗料，RI電材に次いで取り組むこととなったセンサー事業の拡大で企業全体の売上げは伸長している。

　自社製品を保有する企業だけでなく，金型を供給する基盤技術型の企業も，ユーザーの製品が無くなることで既存事業に影響を受けることは避けられない。
　昭和精工㈱（横浜市金沢区）の現在の売上比率は，飲料用アルミ缶金型（プルトップ用，ボトル缶用等）43.5％，自動車用金型45.0％，電子部品関係他10.2％，製造装置関係1.3％となっている。木田成人社長は，「当社が食品飲料向け金型に展開した背景は，創業者の『口に入るものは廃れない』との考えに基づいている。アルミ缶の成型用金型は，はじめからニッチトップになることをねらったわけではないが結果的に今もトップの地位を継続している。自動車用プレス金型にしても，ファインブランキング（一行程で精密打抜き加工を行う機械プレスの技術あるいは分野）のように海外にあって国内にまだない技術や大きな市場ではないが特徴のある分野をターゲット化した結果，現在の市場での地位につながった。常に3本目，4本目の柱を持つべく次の仕事を探索している。業種，顧客に特化した事業は創業者以来意識的に避け

ているが，過去に手がけた金型で，技術革新に伴い顧客の製品そのもの（フロッピーディスク，アドバンストフォトシステム（APS）フィルム用等）が市場から消える憂き目に何度もあっており，顧客の事業撤退のリスクは常に念頭に置いている」と語っている。また，「中小企業は，自社の持っているシーズを世の中に認めてもらうやり方はできない。あくまでも，顧客ニーズに自分たちがやってきたことで味付けをしていくやり方になる。現在，自動車向けよりハードルが高く，部材の高度化を求められる分野で，当社の技術を生かした製品が日の目を見そうな状況にある。当社の実力を知ってもらえれば，顧客の新たな開発の初期段階で関わりを持たせてもらえる可能性が高い。そのため，10名の営業担当をアルミ缶担当，自動車担当及び新分野担当の3グループに分け，互いに競わせながらアンテナを広げている。また，受け身のままでは情報が入ってこないため，展示会に出展し情報発信に努力している。そうすると，必ず当社の技術を探している人が近寄ってくると確信している」とニッチトップであり続けながら新規市場を開拓する独特の難しさとこれまでくぐり抜けてきたことから生まれる自信について話を聞くことができた。

2）特定ユーザーとの関係により制限される取引きの自由度

一方，極めて優れた技術を保有しているNT型企業であっても，ユーザーとの取引形態によって自社の強みを生かし切れず苦労した経験を語る企業も存在している。

㈱中村超硬（大阪府堺市西区）の井上誠社長は，企業の歴史を振り返り，「1965年頃に登場した超硬合金を地場産業であるベアリング製造業の現場に耐磨耗部品用途として提案し，これを機に超硬材料加工に展開した。その後，1980年代後半に超硬合金の30〜50倍の耐久性を持つダイヤモンドに材質を拡大した。1990年代に入り電子部品のチップ化が進み，基板実装用のチップマウンター（プリント基盤にチップ状の電子部品を配置する装置）が普及する。チップマウンターのノズル（チップを吸着し取り上げる部分）にダイヤモンドを用いることに挑戦し，業界最大手のM社の開発ニーズをキャッチし，対応の早さで他社に競り勝ち，いち早く採用された。ノズルは消耗品であり本来であればリピート需要が発生するところだが，マウンターメーカー

が純正品として高付加価値を確保しての販売を行った。このため，安いアウトサイダー品が出現し，リピート需要を喪失した。また，取引上の弱い立場から自社特許の出願は許されず，この事業を行っていること自体も公表できず自社のプレゼンス向上にもつながらなかった」とビジネスモデルとして反省すべき点が多い苦い経験であると語っている。その後，自社ブランド製品としてワイヤーに超砥粒をつけ太陽電池やLEDのシリコン・ウェハーを薄くスライスするダイヤモンドソーワイヤーの開発に成功する。本格事業化の矢先にリーマンショックで売上げが急減するが，事業縮小・人員整理をせず，新工場を建設し一気呵成に事業を立ち上げた井上社長の決断力と実行力には驚かされる。株式公開（IPO）を目指し2010年2回，計20億円のエクイティファイナンスを実施し，うち国の株式会社産業革新機構から12.5億円を調達している。社歴の長い中小製造業企業への同機構の出資は珍しいケースである。

第5章
ニッチトップ型企業がハブになる
スーパー新連携の動き

　オシロスコープ用のプローブや高周波を利用した通信機器を製造する**スタック電子㈱**（東京都昭島市）を2011年1月18日に訪問し，田島瑞也社長（当時）から話を伺っていると，「近年大企業が市場規模が小さいため捨てかけているところに新たな市場機会が発生している。現に自分の顧客に直接当社と取引するように勧める大手企業もある。大企業には小さい市場規模であってもニッチトップ型の中小企業には十分大きな市場であることも少なくない。当社がユーザーとして利用している部材や製品でも，あれが作られなくなると困るというものがかなりある。このように，いずれ作られなくなる可能性が高く，市場に需要が存在することが確実な製品について，当社で供給することを検討している。その際，当社だけでできない製品開発を他の中小企業と組んで行う必要がある」と，「スーパー新連携」[12]の重要性，必要性を強調していた。

　製造業大企業の事業所の海外移転や金属加工の中小企業の廃業で，日本におけるものづくり活動全体が衰退傾向にある。こうした状況にあって，NT

---

12) 田島氏はこのインタビュー調査の際，2005年に制定された「中小企業の新たな事業活動の促進に関する法律」に基づき中小企業庁が行っている異業種連携による新事業展開を支援するいわゆる「新連携事業」を念頭に置いて，その補助対象事業一般のレベルを超えた自社等による取組みを指して「ウルトラ新連携」という表現をされていた。筆者はその後，NT型企業が中心となって周辺の中小企業と連携して行う新しい価値を生み出す様々なタイプの取組みを40社のインタビューを通じ知ることとなり，田島氏と同じ発想から「スーパー新連携」と名付け，概念化した。以来，御本人の了解をいただいてこの用語を使用している。

型企業の中には，自身が「ハブ」となって，かつての大企業の役割を代替し，関連中小企業を束ねて創造的ものづくりを行う新たな動きがみられる。本章では，40社のインタビュー調査に基づき，いくつかのタイプに分けて，こうした「スーパー新連携」の具体的事例を紹介する。

5-1 共同受発注

1）ゼネラルプロダクションの事例

　日本を代表するグローバル・ニッチトップ（GNT）企業で，アキシャルピストンポンプの㈱タカコ（京都府精華町）の創業者である石崎義公氏は，2010年9月に新会社を設立した。世界市場で活躍する国内外の大手企業から高度加工技術を必要とする部品の量産を受注し，東大阪地域等に多数存在する国内の優れた単工程の加工を行う中小企業に発注する共同受発注会社である。発足当初の資本金は，石崎氏のポケットマネー1,000万円が充てられた。この会社は，建設業でいうゼネコン（ゼネラル・コンストラクター）の製造業版という発想から「ゼネラルプロダクション㈱」と命名された。

　ゼネラルプロダクションの石崎社長にとって，タカコ創業者としての自分の成功は，夢といわれたアキシャルピストンポンプの開発を可能とした日本のものづくり環境，とりわけ高い加工精度を実現する技能工が多数存在する東大阪周辺等のものづくり集積のお蔭だという認識が強い。しかし，同時に，最近の国内大手メーカー事業所の海外移転の影響は著しく，このままでは東大阪等のものづくり集積が無くなってしまうという強い危機感を人一倍感じている。特に，鋳造，鍛造，切削，プレス，熱処理，表面処理（めっき等）という単工程の加工を提供する中小企業は，このままでは需要を確保できなくなり，廃業に至るものが続出すると予想している。そこで，石崎氏は新会社を設立し，内外の大手事業所から自動車等に用いられるハイスペックの部品のまとまった需要を確保し，加工サービスを提供する中小企業に発注する仕組みの構築を目指した。

　発想の発端は，かつてロバート・ボッシュ社等のドイツの企業を案内して

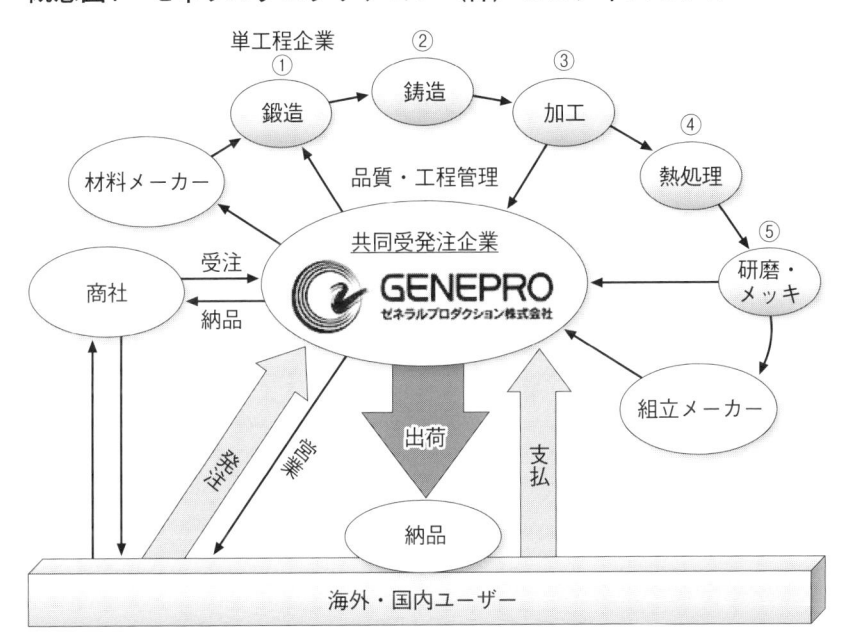

概念図1　ゼネラルプロダクション（株）のビジネスモデル

（単工程企業①鍛造　②鋳造　③加工　④熱処理　⑤研磨・メッキ　材料メーカー　商社　品質・工程管理　共同受発注企業 GENEPRO ゼネラルプロダクション株式会社　受注／納品　出荷　支払　組立メーカー　納品　海外・国内ユーザー）

　東大阪の企業を訪問した時にある。ドイツ企業関係者から「すばらしい企業が多数あるのは分かったが，我々から直接こうした小さな企業に発注するのは不可能だ」と指摘された。その後，共同受発注会社の設立の必要性を講演等の機会を通じ各方面に訴えたが誰も手を上げる者がおらず，石崎氏本人が取り組むことになった。この背景には，最初のNT製品であるアキシャルピストンポンプの開発に協力してくれた東大阪周辺の技能工への恩返しという気持ちもあったものと推察される。

　稲垣（2013）[10]によれば，ゼネラルプロダクションが十分取組みとして成り立つと石崎氏が見込んだ背景には，タカコとしての海外事業展開を通じ「特

---

13) この稲垣京輔法政大学経営学部教授の「中小製造業経営者にみる協働組織の形成と協働関係を構築する能力に関する研究」という論文は，第二部で詳しく紹介する筆者の研究をまとめた（独）経済産業研究所のディスカッションペーパーとともに，同研究所の「優れた中小企業（Excellent SMEs）の経営戦略と外部環境の相互作用に関する研究」プロジェクトの研究成果である。

に特殊鋼を材料とした部品と高度な熱処理や表面処理を組み合わせた技術における（日本の）技術力が高く，日系の海外進出企業や現地地場産業においても調達できない状況にあることを知」ったことにあるという。ゼネラルプロダクションは，既に国内大手自動車メーカーから1次サプライヤー（Tier 1）の認定を受け，大阪中小企業投資育成株式会社や地元の地域金融機関から出資を受けるなど事業展開が進んでいる。詳細は，稲垣（2013）等を参照いただきたい。

2）航空機部品に係る共同受発注の事例

一方，航空機分野は，自動車以上に高度な性能とそれに必要な高い加工技術を要求される。しかし，近年，新規需要分野として各方面から熱い視線を向けられている。このため，航空機部品について，中小企業による共同受注の仕組み作りやそれに向けた支援が全国で進められている。その1つが，大企業であるがNT型企業の特徴を備えている航空宇宙機器事業部門を保有する**住友精密工業㈱**（兵庫県尼崎市）を中心とする動きである。同社調査役であった五十嵐健氏が地元の専門商社**由良産商㈱**（大阪市西区）の由良豊一社長と連携し，輸入部品の国産化，将来の輸出を目指す中小加工事業者によるネットワーク形成を進めた。五十嵐氏はOBとなった今もコーディネーターとして事業化の支援を行っている。近畿経済産業局も早くからこの動きに注目し支援してきている（近畿経済産業局（2013））。

電子ビーム，レーザー加工の**東成エレクトロビーム㈱**（東京都瑞穂町）も，二代目の上野邦香社長がメンバーとなり，中小加工事業者10社による航空宇宙分野の受注を目指すAMATERASに参加している。父親の上野保会長は，こうした高度加工技術を必要とする量産部品等の製造について，「航空宇宙や医療の需要開拓を目指す地域の取組みは，リーマンショック以降活発となり，全国に既に20程発足しているが，リスクをどのように参加者の間で取るかが事業の成否を分ける。特に，航空分野は，溶接等における特殊工程の管理で品質保証の認定を受け，加工や検査の記録を40年間保存することを義務付けられるなどハードルが高い。また，航空宇宙等の仕事のリスクの1つは，材料代が高く，特に加工の後工程ほど高額になることにある。リスクヘッジ

には，契約を交わすことが重要であり，保険加入も必要となるが，料率が高い」とこうした新規事業開拓の難しさを指摘している。

5-2 加工サービス企業による新製品の共同開発

　この15年ほどものづくり中小企業の間でいわゆる「第二創業」を目指す動きが活発化しており，国の施策等を活用した支援機関による支援の主要なターゲットの1つとなっている。第二創業とは，サプライチェーンに組み込まれ特定ユーザーとの関係が深い企業や，顧客の求めに応じ金属加工等の加工サービスを提供している企業が，独自の自社製品を開発し，本書でいうNT型企業を目指すというパターンが最も一般的である。インタビュー調査を行った40社の企業の中で加工サービスを提供してオンリーワンと呼べるような高い技術を保有する企業の場合も，独自のNT製品の開発を目指す動きは活発で，個々の企業としてそれを成功させつつある。加えて，注目すべきは共同開発の事例である。

　得意とする加工サービスを異にする基盤技術型のNT型企業同士が，新製品開発に必要なユーザーニーズの獲得，そのソリューションとしての製品開発で，お互いに連携し，一社だけではできないパフォーマンスの実現を目指す様々な取組みが進んでいる。

1）ファイブテックネットの事例

　その代表的な事例が，「広域強者連合ファイブテックネット」である。電子ビーム，レーザー加工の**東成エレクトロビーム㈱**（東京都瑞穂町）の上野保会長が，地域と得意な加工サービスを異にする5社からなる，この企業間連携の代表を務めている。メンバーは，インタビュー調査の対象である東成エレクトロビーム，チタン等の難削材加工と医療機械の製造販売を行う㈱**スズキプレシオン**（栃木県鹿沼市），ダイヤモンド材の設備部品・工具の㈱**中村超硬**（大阪府堺市西区）に加え，超精密切削加工と研磨の**クリスタル光学㈱**（滋賀県大津市）とセラミックス材の超精密加工部品，金型等の㈱**ピーエムティー**（福岡県須恵町）である。㈱スズキプレシオンの鈴木庸介会長によれば，東成エレクト

ロビームの上野会長を「鹿沼ものづくり技術研究会」の講師に招き意気投合し、既に親交のあったクリスタル光学の桐野茂社長、中村超硬の井上誠社長を2001年に湯西川温泉に招いて上野氏に引き合わせたのがきっかけである。クリスタル光学と強いつながりが縁でピーエムティーも参加し、2002年に創設された。

　ファイブテックネットは、共通のカタログの作成、メディアへの広報活動の実施、展示会への共同出展等の活動を行うだけでなく、経営者が信頼関係を醸成するため5社間でお互いの企業情報を開示し株式の持合いまで行っている。最も重要な目的である新製品開発については、各社がそれぞれの顧客とのつながり等から得たユーザーニーズを持ち寄り、共同で新製品開発を行い、試作がうまくいった場合は量産のために共同出資で新会社を設立するという仕組みも構築している。

　ファイブテックネットのこれまでの活動の評価について、稲垣（2013）は「共同受注のシステムを構築していくよりもむしろ、産学連携による助成金の取得、あるいは航空機や医療機器等の分野における高性能、高品質部品の設計・製造の認証を取得するノウハウや知識を相互に公開し、メンバーの間で共有していくことが目的とされた」と述べている。

2）大阪ケイオスの事例

　一方、超精密金型メーカーの㈱新日本テック（大阪市鶴見区）の和泉康夫社長は、加工サービスを提供する企業が集まり新製品開発等を目指す「㈱大阪ケイオス」の代表取締役社長を務めている。2010年11月に株式会社として発足した。その経緯について、稲垣（2013）は、「大阪ケイオスは、新日本テックの経営者和泉氏と動画製作会社の経営者の意気投合によって新しい組織作りが目指され、中小企業家同友会東大阪西支部のものづくり企業経営者らの有志10人が集まって結成された」と紹介している。稲垣（2013）によれば、和泉氏は、保有技術の高度化、事業領域の拡大、下請構造からの脱却、付加価値率の向上、人材の採用と育成の5つを、中小企業が抱える共通の課題として捉え、課題を克服するために戦略的な協働関係を持つことを目指したとしている。また、最初の活動として、稲垣（2013）は、「社長の個性、

仕事に向き合う思いや姿勢，職場の雰囲気といった数値化や言語化のできないストーリー（ものがたり）こそが企業の資産である」とし，それを「単に可視化して媒体に乗せて発信するだけでなく，情報の発信のしかたを管理し『運用する』」ことが大きな目的であったとしている。この他，大阪ケイオスでは，人材育成の観点から，大学の研究室から学生を派遣してもらい会員企業の経営者に密着して経営体験をする「工場萌えツアー」といった一種のインターンシップ事業も進められた。

　こうした初期の取組みを経て，近年，活動の中心となりつつあるのは，会員がニーズを持ち寄って行う製品開発である。前に紹介したファイブテックネットと同様，加工サービスや金型を提供する会員企業が，日頃の顧客等からユーザーニーズを汲み取り，大阪ケイオスに持ち込み，共同で製品の開発が行われる。大阪ケイオスの特徴として，独自の仕組みである「主幹企業」制度の導入が注目される。それは，ニーズを持ち込んだ企業に主幹企業として責任を負わせるとともに一定の特権を与える仕組みである。大阪ケイオスの会員企業の一部は，「中小企業の技術力を結集して人工衛星を打ち上げよう」という呼びかけで2002年に結成された東大阪宇宙開発協同組合の組合員企業と重なっている。そこでの，1人一票制の組合事業で運営上の意思決定プロセスに問題があったという反省が大阪ケイオスの会員企業にあり，主幹企業制の導入にもつながったという。また，ニーズを持ち込んだ顧客と大阪ケイオスの間で守秘義務契約を結び，安心を与える工夫も採られている。

　さらに，稲垣（2013）によれば，「（和泉氏は）内外から創発的に事業のアイデアが持ち込まれるようになると，協働による事業から生まれた利益をメンバーの間で分配するためのしくみを整備していくことが重要と考えるようになった。そこで，中小企業家同友会仲間の税理士や弁護士が顧問として参画する一方，独立行政法人中小企業基盤整備機構によって公開された『連携体基本契約書』のフォーマット等を参考に，事業から生まれる利益配分のためのルールを策定中である。事業化のプロセスをルーティン化していく上では，他に清算時のルール，税務上の課題を洗い出すことが必要となっており，メンバーの間での情報や資金の流れが透明になるような制度を設計することで，メンバー間のコンフリクトを予防，解決する仕組みを構築しつつある」とし

ている。

　また，岩田一明大阪大学名誉教授の主催する「新鋭研究会」に大阪ケイオスのメンバー企業の経営者が参加し，加工サービスを提供するNT型企業に特有の「イノベーションのジレンマ」と呼ぶべき弱みと克服に向けた取組みについて共通認識を深めている。すなわち，和泉社長は，「『高度な技術を目指すほど，自らチャンスを狭めてしまう』，『既存技術を高めても，そこに需要があるとは限らない』というジレンマを自覚し，その限界を乗り越えるため，『元気な業界，優れた技術，元気な仲間との様々な出会いと交流を通じ，活気ある成長志向のエコシステム（生態系）を構築する』必要がある」とメンバーが気付いたという。そして，「元気なエコシステム作り」で，イノベーションのジレンマを乗り越えるべく，大阪ケイオス主催で「オープンカフェ」の開催を2013年10月から開始した。これは，大阪ケイオスの会員企業が，有意で旺盛なビジネスマインドを持つ銀行員，商社マン，中小企業経営者を中心に，官や学の関係者も招いて，仕事や情報が集まる場と仕組み作りを目指す取組みである。

5-3　大企業に眠る技術シーズ，川上・川下企業のニーズの活用

　優れたNT型企業の特徴は，ユーザーニーズを獲得する能力とそれをシーズに結びつけてソリューションを出す能力の高さである。自社に足りない要素技術等のシーズは企業間連携や産学連携を通じて確保する。したがって，ニーズを獲得しシーズとうまく結びつけることができない一般の中小企業にとっては，優れたNT型企業がハブとなってお膳立てをしてくれれば，新製品の開発に参画できることになる。この意味で，今後注目される動きを紹介する。

１）大企業の休眠シーズの活用

　まず，NT型企業が，大企業が途中まで開発したものの市場が小さいなどの理由から放棄した技術シーズを自社の開発ニーズに基づき掘り起こし，回りの中小企業を巻き込んで新製品を開発する取組みを紹介する。

　電子線描画装置等を製造する㈱エリオニクス（東京都八王子市）は，ユーザー

第5章 ニッチトップ型企業がハブになるスーパー新連携の動き

概念図2　スーパー新連携の動き

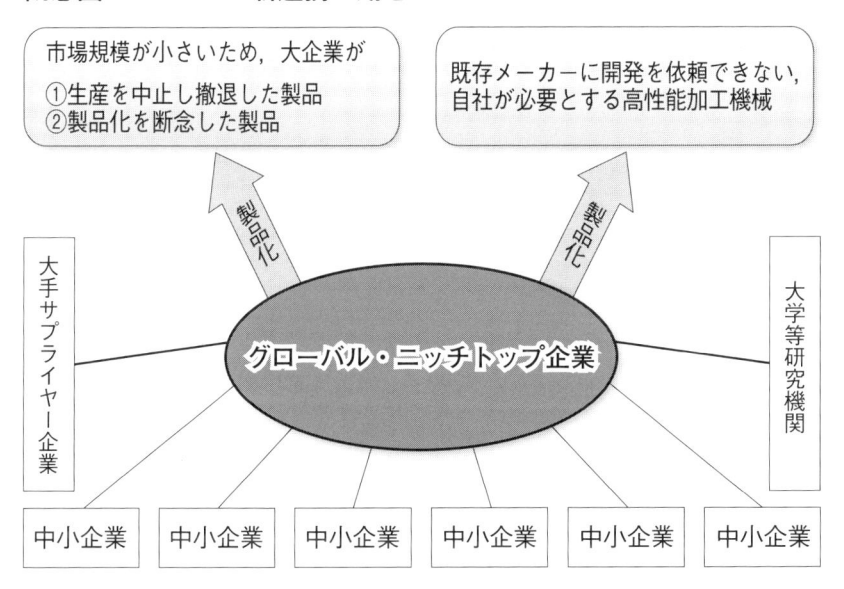

市場規模が小さいため，大企業が
① 生産を中止し撤退した製品
② 製品化を断念した製品

既存メーカーに開発を依頼できない，自社が必要とする高性能加工機械

大手サプライヤー企業

グローバル・ニッチトップ企業

大学等研究機関

中小企業　中小企業　中小企業　中小企業　中小企業　中小企業

ニーズに対応しソリューションを出す場合，自社に足りない要素技術等のシーズを得るために企業間連携や産学連携を活用してきた。しかし，最近では，もう1つの発想，ルートとして，大手ユーザー企業や異業種の大企業がかつてある程度研究を行ったものの途中で事業化を断念したもので，あの時代にあそこまでできていたのだから使えるのではないかというものを見つけ出すというやり方，すなわち「休眠シーズの活用」も検討している。本目精吾会長は，「フタを開けてみると，使えるもの使えないものがあるが，製品開発ニーズを有している当社のような企業でなければ，注目もせず結局日の目を見ないままの技術である。その意味で，かつての大企業になり代わってニーズを提示できる主体としてNT型企業の役割は注目に値する。常に自社の開発ニーズを探索しているようなアンテナの高いNT型企業を対象に，技術シーズをマッチングすることには一定の政策的意義が存在し，具体的成果に結びつく効果も期待できる」と指摘している。

2）既存取引先の川上・川下企業と連携したニーズの探索

　一方，製造業大手事業所の海外移転により，既存ユーザーからニーズを獲得することが次第に難しくなる中，今まで直接関係を持っていなかった，既存顧客の川上や川下の企業から新しいニーズやそのヒントが得られる可能性が増加している。これをいち早く捉えることのできるNT型企業をハブとするスーパー新連携の可能性もみえてくる。

　㈱エリオニクス（東京都八王子市）の本目会長は，新規顧客やユーザーニーズの獲得について「ハードディスク等の電子媒体の場合，既存顧客であるデバイスメーカーの川上の素材メーカーに，研究に必要な試作用装置，計測器の新規需要や共同研究のニーズが発生している。川上の素材企業も，自社製品の新規需要，新製品の開発ニーズを探索していることが背景に存在する。同様に，今後，デバイスメーカーの川下に当たる電子媒体を読み書きする量産機器メーカーにも新規需要が生じる可能性がある。新規ユーザーの可能性のあるこうした企業には，主に研究所等を訪問することから始め，徐々に信頼関係を構築している」と述べている。

5-4　大企業が中心となって組成した研究開発コンソーシアムへの参加

　国は，環境問題等様々な政策課題を克服する新技術の開発を促進するため，大企業を中心として多くの企業や大学等研究機関が参加したコンソーシアム型の予算規模の比較的大きな開発プロジェクトを数多く公募している。技術力に優れるNT型企業は，こうしたプロジェクトの参加を大企業から誘われることも多い。こうした中，注目される動きがある。それは，研究開発プロジェクトに参加した大企業が，市場規模が小さいという理由で，成果の市場化に消極的なものをNT型企業が引き取って製品化する取組みである。

　㈱鬼塚硝子（東京都青梅市）が2011年に製品化にこぎ着けた可搬型X線検査装置は，2005年に取引先大企業から誘われて参加した環境省の研究プロジェクトがきっかけである。プロジェクト自体は2008年に終了したが，その後

写真12
㈱鬼塚硝子の可搬型Ｘ線検査装置に用いられる電界放出型Ｘ線管。

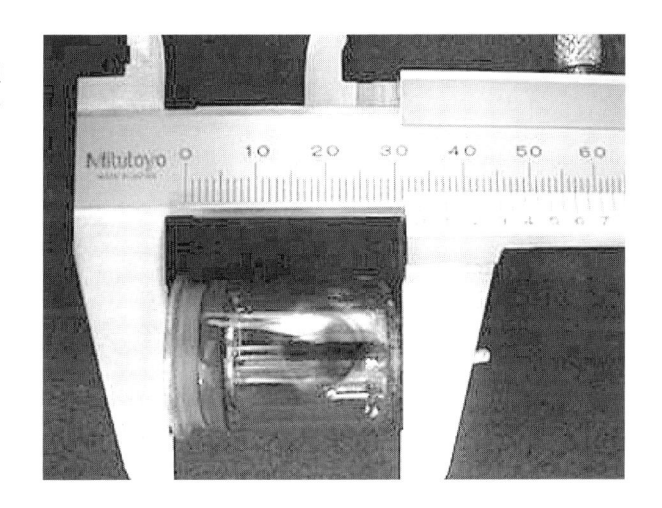

単独で実用化を進めてきた。

　環境省のプロジェクトは，省エネルギーを推進する観点から新技術開発を促進するのが目的である。これまで大規模な電源を必要として使用場所に制約のあったＸ線検査装置に，カーボンナノチューブに代表されるナノ炭素材を用いることによって省電力化を実現し，バッテリーだけで場所を選ばず地中重金属や配管の金属疲労等の探査が可能な可搬型Ｘ線検査装置を開発するというテーマで公募に応じ，採択された。しかし，ある程度開発に目途が立ったにもかかわらず，誘ってくれた大手企業は市場が小さいという理由で製品化を断念し，鬼塚硝子にその気があればこの後引き取って開発してもよいということになった。製品化までに克服すべき課題は少なくなかったが，日頃付合いのある静岡大学の研究室に協力を仰ぎ，データを積み重ね論文投稿を通じて成果をアピールするなどして，最終的に市場化に成功した。

　大手企業が，優れたＮＴ型企業を研究コンソーシアムに誘うのは，その技術力を期待してのことである。言い換えれば，ＮＴ型企業を巻き込むことで国の補助金が製品開発に結びつく成功確率が高まる。加えて，他の中小企業への波及効果も期待できる。すなわち，プロジェクトの中から市場規模等からＮＴ型企業に適した製品の開発案件が生まれた場合，ＮＴ型企業は，周辺

の中小企業と連携することになる。こうした観点からも，GNT企業等を研究コンソーシアムに参加させることは，今後意識的に取り組むべき政策課題であるといえる。

5-5 国の競争的資金を活用した自社に必要な高性能加工機械の開発

　優れたNT型の企業は，自社の製品の精度を極限まで追求したり，自社の加工サービスの限界を極めたりと，常に技術的にみて最先端で事業を展開している。これまでも，微少部品の加工等を行うための工作機械やその計測に必要な計測器等は専業メーカーの汎用品をそのまま使用することでは足りず，独自の改良を加えたり，自ら内製したりすることによって対応してきた。こうした中，近年，新しい動きがみられる。

　それは，国の補助金等の競争的資金を活用し，既存メーカーに開発を依頼できない高性能加工機械を自社が中心となり関連企業・大学等の協力を得て開発する取組みである。ここでは2社の事例を紹介する。片や部品という製品製造，片や難加工材の加工サービスと異なる業態であるが，両社に共通する点が多いことに驚かされる。

　まず，減速機という製品を製造する**大月精工㈱**（山梨県大月市）は，中小企業庁の「ものづくり中小企業・小規模事業者試作開発等支援補助金」（いわゆるものづくり補助金）を活用し，ユーザーの求めに応じどんどん小さくなる減速機の歯車の微細な歯を加工するための高性能加工機を自前で開発した。

　1969年の創業当時，ホブ盤（歯切り盤の一種）に国産でいいものがなく，ドイツのアルフレートガウチャー社製の機械を輸入し，今でも現役で使用している。しかし，これでは大きなトルク（回転力）を出すためのギア用の歯車の加工ができない。また，国内メーカーの最新式の機械も基本的に同様の方式のもので最高回転速度が2,500回転／分のため高精度加工に対応することは不可能であった。いい道具がないと，いいものづくりはできないと内製を目指し，2007年に小笠原則雄社長が自ら設計を開始し，関連する企業の

協力を得て08年のはじめに第1号機が完成した。小笠原社長は，「この小型の機械は自社用に15台製作したが，より良いものにしたいと考え，2009年9月頃から国に働きかけ，ようやくものづくり補助金に採択され制御プログラムの開発に着手した。普通のホブ盤は3,000回転／分であるが，開発した機械は10,000回転／分で加工でき，効率が3倍以上となる。7軸コンピュータ数値制御で，加工に必要なパラメーターを入れると自動でプログラムまで作成する。国の支援なしではここまで完成度が高く外販可能なものに仕上げるのは不可能であった。当面は社内で使うが，仮に他社に販売する場合は加工精度を下げずにグレード（回転数）を下げた下位スペック機種を想定している」と話している。

写真13
㈱スズキプレシオンの開発したインプラントプレート加工機。
拡大写真にみえる6個の尖った先端部分のそれぞれがスピンドル。

　一方，チタン等の難加工材の加工で先端を行く㈱スズキプレシオン（栃木県鹿沼市）は，これまで，他社にない工作機械を持つことで優位性を獲得してきた。2006年に制定された「中小企業のものづくり基盤技術の高度化に関する法律」に基づく戦略的基盤技術高度化支援事業（いわゆる「サポイン事業」）の委託費を活用し，開発した「微細加工用遊星歯車機構」を応用し，NC旋盤と刃の間に取りつけ回転数を4倍にし超精密加工ができる回転工具（スピンドル）を関連する企業の協力を得て開発した。

　スピンドルは，当初，歯科用インプラント部品を速く加工するためにスイ

スから輸入していたが，性能に満足できず「自分で作ってしまえば便利だし，他社にも売れる」と考えたのが発端であった。2009年から試作し，1年間耐久試験を行い，実用化にこぎ着けた。高い耐久性維持のため遊星歯車にはミクロン台の精度要求があり，特殊なワイヤーカット放電加工機を使用して加工している。鈴木庸介会長は，「この分野もニッチで他社は参入しない。また，スピンドルを6本使い，成型用インプラントを同時に6個加工できる装置も試作している。ものづくりで差別化する1つの方法は，他社にない工作機械で加工上の優位性を獲得することである。そのため，国の技術開発補助金は重要である。採択されれば，資金面だけでなく，計画を緻密に立て時間を有効に使うように追い込まれ本気にならざるを得ないというメリットも存在している」と語る。

　この2社の経営者からは期せずしてまったく同じ話が聞かれた。まず，両企業とも利益率が高く多少の設備投資を行う十分な内部留保はあるものの，自社で必要とする加工機械を全て自己負担で開発することには一定の抵抗感がある，しかし，国の補助金等があれば開発意欲が大いに高まるということである。もう1つ，開発した加工機械は自社のような特殊な加工を行う企業しか必要としていないが，少しスペックダウンすれば他社にも販売可能であると述べている。序章で触れた，切削用の薄型砥石専業メーカーからシリコン・ウェハーを薄くスライスするカッティングマシーンの開発に成功し半導体製造装置メーカーとなった㈱ディスコの事例を彷彿とさせる。工作機械メーカーの道もみえてくるという意味で，この事例は注目される。

　このように優れたNT型企業は，自社がユーザーとして先鋭なニーズを保有する場合，国の補助金等により，新しい製品開発に容易に成功する可能性が高いことが分かる。これは，日頃から顧客ニーズに対応してソリューションを出すために構築してきた関連企業や大学等との独自のネットワークを保有していることが背景にあることはいうまでもない。

　国の補助金等の支援策は，具体的な製品として実際に市場化されることが，政策本来の目的として社会的に要請されている。優れたNT型企業の事例は，

補助金の審査の際に，確かなニーズに基づいているか，解決するためのネットワーク等が十分確保されているかを十分にチェックすることにより，具体的成果に結びつく度合いを高められることを示している。こうした優れたNT型企業に備わっていて，それ以外の中小企業に足りない要素については，次の第二部で詳しく検討する。

第二部

優れたニッチトップ型企業とその他企業の本質的な差
―アンケート調査より

第一部では，日本を代表するNT型企業40社に対するインタビュー調査の結果から，GNT企業等優れたNT型の中小・中堅企業に共通する製品開発を中心とする経営戦略上の特徴を明らかにした。

　この第二部では，一定の手続きにしたがって全国から選定した2,000社のNT型企業に対するアンケート調査結果の解析によって得られた知見を紹介する。アンケート調査の目的は，先行するインタビュー調査を受けて，それを発展させることである。

　具体的には，

1）NT型企業を一般中小企業と異なるグループとして特定することが可能であるかどうか，別の言い方をすれば，NT型企業という共通した特徴を有する企業群の存在を明らかにすること，
2）GNT企業がNT型企業の中で相対的に優れた企業群であり，インタビュー調査の対象となった優れたNT型企業40社に共通する特徴を備え，NT型企業のうちで成功企業といえる存在であることを明らかにすること，
3）GNT企業とその他のNT型企業の相違を定量的に把握し，両者の差がどこにどの程度あるかという分析を通じ，GNT候補企業といえるNT型企業をGNT企業に脱皮させる政策的支援に有益な含意を導くこと，

である。

　このため，第二部では，統計的検定や多変量解析の様々な手法を用いて，アンケート調査の結果を多角的に解析する。

第6章
アンケート調査でみるNT型企業の現状とその基本的特徴

6-1 アンケート調査の対象と方法

　NT型企業2,000社は，中小企業庁が2006年度から09年度に毎年実施した「元気なモノ作り中小企業300社」に選ばれた1,108社に，都道府県編纂の企業名鑑等の各種情報源から選定した企業等892社を加えたものである[14]。

　すなわち，中小企業庁公表の300社企業のほとんどがNT型企業に相当すると判断し，倒産，合併等により既に存在しない企業，震災及び原子力災害の影響が軽微であることが確認できない企業，特殊性が考えられる食品・飲料及び伝統工芸品関係の企業を除く作業を行い1,108社を選定した。この中には，40社のインタビュー調査と同様，自社製品を保有する製品開発型企業だけでなく，加工サービスや金型等を提供する基盤技術型企業も含まれている。

　次に，各経済産業局，都道府県等自治体，各種支援機関，商工会議所等が顕彰等を目的に公表している優れた中小企業等に関する各種情報源から，企

---

[14] 大きく分けて2つの異なる情報源から選んだのは，「元気なモノ作り中小企業300社」の合計1,200社だけでは回収率を考えるとサンプル数が十分確保できないという理由からである。加えて，300社企業のみでは代表的NT型企業が対象からもれるおそれがあることを考慮した。p.16〜19の表1の最右欄をみると分かるように，インタビュー調査の対象40社のうち300社企業に該当しないものが14社と相当数存在する。筆者は，300社選定当時，社歴の長い相対的に優れた企業で辞退した企業が少なくなかったという話を経済産業局の担当者から聞いている。

業のホームページを個別に当たり独自製品を保有している可能性が高い企業を中心に515社を選定した。この中には，これまで筆者が訪問してNT型企業であることを確認している企業も含まれる。また，中堅企業や上場企業も少数だが含んでいる。残りの377社は，2010年度に行った経済産業省の委託調査の際，委託先のアールアンドディーアイスクエア㈱がNT型企業に該当するとして抽出した企業のリストから，独自製品の保有がホームページ上確認できる企業を，総計が2,000社に達するまで選定した。

　一方，比較対照群であるランダムサンプル企業（以下，「RS企業」という）1,000社は，アンケート調査の集計等の委託先である㈱東京商工リサーチの保有する企業データベースから，業種を一部考慮した上で，中小企業で従業者が4人以上，従業者1人当たり売上高が500万円以上の企業という条件で，ランダムに抽出した。

　調査票は，企業概要，創業の契機と現在の経営者のプロフィール，NT製品の市場シェア，NT製品の開発，関連企業等との関係・外部資源の活用，他の追随を許さない知財管理・差別化戦略，支援策の利用状況，海外取引・海外展開の8つの大きなカテゴリーにわたり，計22問88項目からなる。このうち，数字を記入する項目が33，製品名を具体的に記述する項目が3，多肢選択式の項目が55である。なお，調査票では，企業自身も確定的把握が困難で回答に迷う可能性のある以下の項目には説明を加えている。すなわち，「ニッチトップ（NT）製品」は「競合他社が国内に少ない，独自の製品」，「市場シェア」は「主観的判断で構わない，おおよその値」として尋ねた。

　調査は，2012年7月から8月にかけて独立行政法人経済産業研究所のクレジットで郵送方式で実施した。回答企業数は，NT型企業663社，ランダムサンプル企業178社で，回収率はそれぞれ33.2％，17.8％であった[15]。

---

15) 調査票は調査項目が多く内容も詳細にわたっており，インタビュー調査の対象である2社の経営者に尋ねたところ，ともに記入を完了するのに1時間強を要したとのことである。このような調査にもかかわらず，今回の多くの企業に回答をしていただき，特にNT型企業の場合，約1/3という極めて高い回収率となった。

アンケート結果の解析は，以下の手順で行った。

1）NT型企業663社を，いくつかの基準に基づく属性毎に集計し，平均値の比較等を行った。主要な企業属性として分析したものは以下のとおりである。

- グローバル・ニッチトップ（GNT）企業：NT製品を複数保有し，そのうちの少なくとも1つは海外市場でもシェアを確保しているNT型企業。
- 揃い踏み企業：①補助金等の採択，②法律上の認定，③「元気なモノ作り中小企業300社」の選定という3つの中小企業向け施策を全て利用している，三施策揃い踏みのNT型企業。
- 従業者50人以下企業：従業者数の少ないNT型企業のグループとして設定。
- 従業者300人超企業：従業者数の多いNT型企業グループとして設定。
- 東日本企業：石川県，岐阜県，愛知県以東の都道府県に本社所在地を有するNT型企業。
- 西日本企業：福井県，滋賀県，三重県以西の府県に本社所在地を有するNT型企業。
- 創業が1986年以降の企業：創業年が若いNT型企業のグループとして設定。円高が進むプラザ合意以降に設立された企業。
- 加工サービス企業：顧客から受託して加工サービスを提供するNT型企業。

2）NT型企業とRS企業の間，NT型企業内の企業属性別，例えばGNT企業とその他のNT型企業の間で，平均及び比率の差の統計的検定を行った。

3）上記1）の企業属性毎の集計結果（記述統計量＝平均値）の違いにみられる特徴を分析した。

4）上記1）の企業属性のうちGNT企業，揃い踏み企業，従業者50人以下企業に関して，多変量解析手法（クラスター分析，因子分析，主成分分析，数量化理論Ⅲ類）を用いて，記述統計量だけでは判定の難しい項目について属性別重心（第8章参照）の比較等を行った。

6-2 一般中小企業とはっきり区別されるNT型企業

　表2に，主なアンケート調査項目別に，前節でグループ分けした異なる企業属性毎の平均値を示す。NT型企業とRS企業の列を比較すると，創業年はNT型企業が1962年とRS企業よりも10年古い。規模は，従業者数がNT型企業97人とRS企業の約2.5倍，直近1期の売上高はNT型企業23.5億円とRS企業の約2.7倍である。企業活動のパフォーマンスを示す指標では，標準偏差の3倍以上の数値を異常値として除いた場合，直近1期の経常利益率，リーマンショック前の経常利益率ともNT型企業がRS企業を上回る。一方，研究開発費対売上高比率はNT型企業が6.0％とRS企業の約4倍と大きな差が存在している。ここからNT型企業は，一般中小企業に比べ，規模が大きく，利益率等パフォーマンスに優れ，研究開発集約度が高いことがみてとれる[16]。

　海外売上高比率が10％以上の比率は，NT型企業は30.6％と，RS企業の7.4％を大きく上回り，国際事業活動という点で一般中小企業に比べ格段に進んでいる。最多選択肢である販売先が21社以上とする比率はNT型企業79.9％，RS企業43.5％，納入先最大1社への売上げの全体に占める比率が50％以上とする比率はNT型企業11.8％，RS企業29.7％と，多くの企業と取引し特定の取引先に依存する度合いが低く，NT型企業の独立性の高さが分かる。また，長期（5年以上）にわたり継続的に取引きや協力関係がある大手ユーザー企業の数や大学の研究室の数の最多選択肢を選んだ比率は，NT型企業がそれぞれ34.8％，24.2％とRS企業の16.0％，4.1％を大きく上回り，様々な外部資源を積極的に活用するNT型企業の特徴がはっきり読み取れる。

---

[16] 鹿野（2008）は，CRD（クレジット・リスク・データベース）に基づき日本の中小企業の平均像を示している。これによると製造業の場合，平均値で従業員数15人，売上高6.1億円，資本金26百万円，中央値で売上高経常利益率0.73％（製造業上場企業で3.4％），従業員1人当たり売上高15.2百万円となっている。今回のRS企業のデータは全てでこれらの数値を上回っている。特に従業者1人当たり売上高の平均は，異常値を除いた上でもNT型企業をも凌いでいる。この理由として，RS企業1,000社のうち特に優良な企業が選択的に回答したことが考えられる。ただし，ここで重要なことは，NT型企業は，RS企業に比べて基本的に規模が大きくパフォーマンスでも優れた企業であり，一般的な中小企業と比べた場合にはその差はますます大きくなるということである。

第6章　アンケート調査でみるNT型企業の現状とその基本的特徴

　定性的データにおいても，NT製品保有比率がNT型企業80.6％，RS企業が40.1％，ユーザーからの相談の持ち込みが製品開発につながったとする比率がNT型企業82.6％，RS企業54.9％等の他，模倣防止への積極性，施策の活用の程度等多くの項目で予想されるとおりNT型企業とRS企業の間に大きな比率の差が認められる。

　以上みてきたとおり，NT型企業とRS企業を比較すると，ほぼ全ての項目で定性的に予想されるとおりの形で大きな差が存在している。

　次に，比例尺度の定量的データについて母平均の差の検定，間隔尺度の定量的データ及び定性的データについて母比率の差の検定を行った。その結果，具体的数値を示した上記の各質問項目をはじめ，NT型企業とRS企業の間に1％水準で統計的に有意に差のある項目が全88項目のうち47項目みられた。これは，一般中小企業と区別されるNT型企業という特異な中小・中堅企業群の存在を強く示唆する結果と考えられる。

6-3　NT型企業内ではみられない大きな差

　表2にGNT企業，揃い踏み企業，従業者50人以下企業，加工サービス企業等NT型企業の中の異なる企業属性毎に，主要な調査項目の集計結果（平均値）を示した。また，NT型企業内の企業属性，例えばGNT企業とそれ以外のNT型企業の間に統計的に1％水準で有意な差が存在する項目については，表2の数値の横に＊印を付した。

　全体としてRS企業とNT型企業の間にある統計的に有意な差のある項目数に比べると，NT型企業内の企業属性別にみて有意な差のある項目数は少ない。したがって，今回の結果をもって，NT型企業を1つの企業群として捉えることを統計的仮説として完全に棄却することはできないものと考える。

　しかしながら，従業者50人以下の企業規模が小さい企業，社歴の短い若い企業，業態を異にする加工サービス企業等については，一定の項目数で統計的に有意な差が認められる。したがって，NT型企業内ではやや異質なグルー

表2 主な企業属性別の平均値一覧

		ニッチトップ (NT)型企業	ランダムサンプル(RS)企業	グローバル・ニッチトップ(GNT)企業
	回答企業数	663	178	112
企業の基本的指標	創業年	1962年	1972年	1959年
	資本金	128百万円*	33百万円	158百万円
	従業者数	97人*	39人	111人
	直近1期の売上高	23.5億円	8.8億円	27.6億円
	従業者1人当たり売上高（異常値除く）	19.6百万円	22.9百万円	21.7百万円
	直近1期の経常利益率（異常値除く）	5.7%	5.3%	6.1%
	リーマンショック前の経常利益率（異常値除く）	7.7%	6.1%	8.7%
	研究開発費対売上高比率	6.0%*	1.6%	4.8%
	創業経緯が製造業大企業からのスピンアウト	18.3%	10.9%	20.7%
	創業者の創業前の主な経歴が技術者（設計・開発・生産技術担当）	40.5%	34.7%	55.4%*
海外事業活動	海外売上高比率が10%以上	30.6%*	7.4%	54.9%*
	最初に自社製品を輸出した時期	1988年	1991年	1982年*
	生産拠点が米国にある	14.9%	9.1%	13.5%
	生産拠点が中国にある	65.2%	68.2%	67.6%
	日本への留学経験者を雇用したことがある	48.0%	40.4%	53.8%
企業としての独立性	受注取引先の数が21社以上（最多選択肢）	79.9%*	43.5%	84.7%
	最大1社への納入額が売上高に占める割合が50%以上（最大選択肢）	11.8%	29.7%	7.1%
	自社製品が売上高に占める割合が10%以上	80.0%*	47.7%	93.8%*
	5年以上継続取引のある大手ユーザー企業数が21社以上（最多選択肢）	34.8%*	16.0%	42.9%
	5年以上継続的に協力関係にある大学等の研究室・部門の数が3つ以上（最多選択肢）	24.2%*	4.1%	32.4%
	5年以上継続取引のある加工業者の数が11社以上（最多選択肢）	47.2%*	28.4%	58.0%
市場戦略	市場戦略として，ニッチ市場を最初から目指す	28.8%*	47.2%	25.9%
	市場戦略として，まだ世の中にない製品を開発する	43.7%*	13.2%	50.9%
	製品開発で最重視するのは，ユーザーニーズをいち早くつかみ，きめ細かく対応すること	46.2%	40.0%	48.7%
	製品開発で最重視するのは，保有するコア技術の応用	19.3%	12.0%	23.1%

第 6 章　アンケート調査でみる NT 型企業の現状とその基本的特徴

	揃い踏み企業	従業者50人以下企業	従業者300人超企業	東日本企業	西日本企業	創業が1986年以降の企業	加工サービス企業
	205	322	34	394	269	114	92
	1961年	1973年*	1939年	1963年	1960年	1995年	1962年
	117百万円	53百万円*	585百万円	106百万円	160百万円	98百万円	140百万円
	88人	23人*	564人	84人	117人	29人	104人
	22.1億円	4.3億円*	149.6億円	19.6億円	29.5億円	5.9億円	18.9億円
	18.3百万円	17.0百万円*	25.1百万円	19.3百万円	20.0百万円	16.3百万円	16.9百万円
	4.9%	5.3%	6.0%	5.4%	6.2%	6.0%	5.1%
	6.8%	7.8%	6.4%	7.6%	7.8%	6.8%	8.4%
	5.1%	9.0%	3.2%	5.7%	6.4%	11.6%	3.0%
	19.3%	20.9%	14.7%	20.4%	15.2%	28.3%*	20.0%
	37.1%	47.9%*	32.4%	43.3%	36.3%	50.9%	27.2%*
	24.5%	25.1%*	50.0%	31.1%	29.8%	16.4%*	9.0%*
	1991年	1993年	1984年	1990年	1985年	2000年	NA
	11.5%	7.5%	50.0%*	14.3%	15.7%	10.5%	28.6%
	65.4%	57.5%	72.7%*	63.7%	67.1%	47.4%	42.9%
	48.6%	35.9%*	62.5%	46.8%	49.7%	35.8%	52.6%
	81.8%	71.3%*	84.8%	78.6%	81.9%	64.9%*	72.8%
	10.8%	11.7%	3.0%	15.2%*	6.8%*	15.9%	21.7%
	71.9%*	85.1%	88.2%	77.3%	86.4%	91.1%*	28.6%
	34.1%	20.1%*	66.7%*	35.1%	34.2%	17.5%*	34.1%
	36.8%*	18.1%*	45.5%*	22.9%	26.0%	25.4%	20.0%
	47.8%	32.9%*	75.8%*	47.6%	46.8%	28.1%*	45.1%
	21.6%	28.3%	14.3%	29.3%	28.2%	23.3%	NA
	53.0%*	48.5%	47.6%	44.6%	42.6%	58.9%*	NA
	45.9%	42.4%	68.8%	45.6%	47.0%	42.6%	NA
	21.2%	24.5%	12.5%	19.0%	19.7%	27.8%	NA

第二部　優れたニッチトップ型企業とその他企業の本質的な差

		ニッチトップ (NT)型企業	ランダムサンプル(RS)企業	グローバル・ニッチトップ(GNT)企業
NT製品の開発時期，特徴	最初のNT製品の実用化の時期	1984年	1980年	1981年
	最初のNT製品の特徴は，世の中に類似の製品がない画期的な新製品	36.1%*	15.4%	42.7%
	最初のNT製品の特徴は，同種の機能を持った製品より格段に機能を高めた製品	36.3%	53.8%	35.5%
	第二のNT製品の実用化の時期	1993年	1996年	1990年
	第二のNT製品の特徴は，世の中に類似の製品がない画期的な新製品	32.0%	26.3%	34.4%
	第二のNT製品の特徴は，同種の機能を持った製品より格段に機能を高めた製品	40.4%	42.1%	38.9%
製品開発におけるニーズの重要性	第二のNT製品のきっかけは，ユーザーからの相談	40.4%	52.6%	46.7%
	第二のNT製品のきっかけは，既に保有している技術の活用	42.5%	42.1%	40.0%
	ユーザーからの相談の持ち込みが製品の開発につながった	82.6%*	54.9%	94.6%*
	既存のユーザーからの相談がしばしばある	56.0%	44.6%	66.3%
	大学等の研究者から紹介を受けたユーザー等からの相談がしばしばある	13.4%*	2.5%	17.0%
	優れた評判を口コミで聞きつけての問合せがしばしばある	36.0%*	21.2%	43.4%
	各種メディア記事，表彰等を通じた問合せがしばしばある	22.5%*	3.7%	25.8%
製品の市場展開パターン	最初のNT製品の市場展開のパターンが国内→国内	58.3%*	77.4%	38.8%*
	最初のNT製品の市場展開のパターンが海外→海外	2.3%	0.0%	7.2%*
	第二のNT製品の市場展開のパターンが国内→国内	61.0%	78.9%	48.4%*
	第二のNT製品の市場展開のパターンが海外→海外	0.4%	0.0%	0.0%
	最初のNT製品が軌道に乗ったきっかけは，国内大手企業への納入実績	58.0%	64.8%	60.9%
	最初のNT製品が軌道に乗ったきっかけは，海外市場の販売実績	13.1%	3.7%	22.7%*
	最初の輸出品が最初のNT製品	47.7%	48.4%	60.8%*
外部資源の活用	足りない技術の最重要入手先は，大手ユーザー企業	11.3%	20.6%	13.1%
	足りない技術の最重要入手先は，大手サプライヤー企業	25.5%	30.2%	19.7%

第6章　アンケート調査でみるNT型企業の現状とその基本的特徴

揃い踏み企業	従業者50人以下企業	従業者300人超企業	東日本企業	西日本企業	創業が1986年以降の企業	加工サービス企業
1988年*	1989年*	1971年*	1985年	1982年	1998年*	NA
36.6%	39.4%	28.6%	38.0%	33.7%	43.3%	NA
44.0%	38.5%	28.6%	37.6%	34.7%	37.8%	NA
1995年	1998年*	1979年*	1994年	1990年	2003年*	NA
38.2%	39.0%	46.7%	29.9%	35.1%	48.9%*	NA
39.7%	40.7%	13.3%	40.3%	40.4%	33.3%	NA
36.6%	37.0%	60.0%	38.8%	42.6%	31.1%	NA
43.7%	46.2%	26.7%	44.8%	39.4%	48.9%	NA
87.3%	80.3%	87.9%	85.2%	78.6%	78.9%	84.6%
51.7%	51.6%	72.4%	56.3%	55.5%	53.4%	56.2%
21.3%*	12.5%	20.7%	14.1%	12.4%	14.5%	21.7%
37.3%	37.0%	34.5%	35.5%	37.0%	34.1%	39.7%
31.9%*	24.5%	20.7%	23.3%	21.3%	21.7%	30.9%
58.5%	63.2%	40.0%	57.1%	59.8%	67.8%	NA
3.7%	1.3%	5.0%	2.0%	2.6%	0.0%	NA
59.7%	67.2%	26.7%*	63.7%	57.3%	68.9%	NA
1.4%	0.8%	0.0%	0.7%	0.0%	0.0%	NA
50.0%	57.1%	76.2%	57.1%	59.2%	58.0%	NA
11.4%	10.2%	9.5%	13.9%	12.0%	9.1%	NA
41.1%	51.7%	38.7%	49.0%	45.7%	40.7%	NA
9.0%	9.0%	10.5%	11.2%	11.5%	10.6%	12.5%
20.0%	22.4%	42.1%	25.1%	26.0%	17.0%	27.1%

第二部 優れたニッチトップ型企業とその他企業の本質的な差

		ニッチトップ(NT)型企業	ランダムサンプル(RS)企業	グローバル・ニッチトップ(GNT)企業	
外部資源の活用	足りない技術の最重要入手先は，中小の加工事業者	36.2%	39.7%	41.0%	
	足りない技術の最重要入手先は，大学等研究機関	17.3%	6.3%	9.8%	
	5年以上継続的に協力関係にある大学等の研究室・部門の数が3つ以上（最多選択肢）	24.2%*	4.1%	32.4%	
知的財産戦略	原則特許を取得せず技術は企業秘密としている	19.0%*	35.4%	12.7%	
	重要な技術は企業秘密とし，不都合が生じる範囲内で特許取得	37.0%	29.2%	37.3%	
	コア技術で特許を取得し，特許侵害で対抗	33.1%*	13.9%	37.3%	
	企業秘密とせず特許を公開しても模倣されるおそれはない	10.9%	21.5%	12.7%	
施策活用とその効果	補助金等の採択実績がある	70.0%	13.9%	68.5%	
	補助金等の採択実績がある企業のうちで4回以上採択実績がある（最多選択肢）	34.9%*	12.5%	40.8%	
	補助金の採択が，「技術力のある企業」という評価が大手ユーザー企業に広く定着する上で，大いに役立った	30.2%	21.7%	37.3%	
	補助金の採択により，顧客からの問合せや相談が大幅に増加した	14.0%	0.0%	21.3%	
	補助金の採択が，大学や公的研究機関との連携機会の増加，協力関係の深化に大いに役立った	29.2%	13.6%	40.0%	
	法律に基づく認定を受けたことがある	55.6%*	18.5%	51.9%	
	「元気なモノ作り中小企業300社」に選定された	58.3%*	0.7%	56.3%	
	最も充実してほしい技術開発面での支援は，試作費用の補助	34.9%	40.3%	42.9%	
海外展開施策ニーズ	充実してほしい海外展開支援策は，海外見本市出展の直接経費の補助	45.8%	34.3%	58.4%*	
	充実してほしい海外展開支援策は，現地代理店・パートナーの紹介	30.6%	22.9%	37.1%	
	充実してほしい海外展開支援策は，海外特許調査，申請手続き，申請費用への支援	30.9%*	8.6%	39.3%	

注1：GNT企業→NT製品を複数保有し，そのうちの少なくとも一つは海外市場でもシェアを確保しているNT型企業。揃い踏み企業→①補助金等の採択，②法律上の認定，③「元気なモノ作り中小企業300社」の選定という三つの施策を全て利用している，三施策揃い踏みのNT型企業。従業者50人以下企業→従業者数の少ないNT型企業のグループとして設定。従業者300人超企業→従業者数の多いNT型企業のグループとして設定。東日本企業→石川県，岐阜県，愛知県以東の都道県に本社所在地を有するNT型企業。西日本企業→福井県，滋賀県，三重県以西の府県に本社所在地を有するNT型企業。創業年が1986年以降の企業→創業年が若いNT型企業のグループとして設定。すなわち，円高が進むプラザ合意以降に設立された企業。加工

第 6 章　アンケート調査でみる NT 型企業の現状とその基本的特徴

	揃い踏み企業	従業者50人以下企業	従業者300人超企業	東日本企業	西日本企業	創業が1986年以降の企業	加工サービス企業
	29.0%	42.3%	26.3%	38.0%	33.6%	36.2%	35.4%
	31.0%*	14.1%	15.8%	15.5%	19.8%	19.1%	18.8%
	36.8%*	18.4%*	45.5%*	22.9%	26.0%	25.4%	28.9%
	16.5%	20.8%	11.8%	20.7%	16.5%	11.5%	41.7%*
	41.0%	34.4%	38.2%	33.6%	41.9%	46.0%	39.3%
	31.5%	30.2%	47.1%	32.3%	34.2%	24.8%	9.5%*
	11.0%	14.6%*	2.9%	13.4%	7.3%	17.7%	9.5%
	100.0%*	69.9%	73.5%	67.4%	73.7%	75.4%	73.3%
	40.5%*	32.3%	40.0%	34.7%	35.2%	43.0%	34.8%
	38.9%*	33.2%	20.0%	28.4%	32.7%	41.9%*	25.8%
	21.4%*	18.3%*	8.0%	13.3%	14.9%	24.7%*	9.4%
	38.3%*	30.9%	28.0%	28.6%	30.1%	39.5%	33.3%
	100.0%*	62.5%*	45.8%大企業除く	54.6%	57.1%	67.0%*	61.5%
	100.0%*	53.3%	76.9%大企業除く	56.7%	60.5%	56.2%	78.3%*
	34.6%	40.9%	5.6%*	33.8%	36.3%	46.9%	15.1%*
	47.6%	57.8%*	25.0%	17.5%	43.4%	50.6%	53.1%
	33.3%	32.5%	14.3%	29.6%	32.1%	24.6%	37.5%
	34.9%	30.7%	42.9%	30.0%	32.1%	38.6%	34.4%

サービス企業→顧客から受託して加工サービスを提供するNT型企業。

注2：NT型企業とRS企業の間，NT型企業内の企業属性別，例えばGNT企業とその他のNT型企業の間で，平均及び比率の差の統計的検定を行った。表中で数値に*を付けたものは，平均値または比率の差の検定で1％水準で統計上有意である（差がないという仮説が成立する可能性が1％以下である）平均値または比率。

注3：より詳細なデータ及びアンケート調査票本体については，細谷（2013a）を参照。

プである可能性が高い。一方，GNT企業，揃い踏み企業で，統計的に有意な差が認められる項目は，それぞれその企業属性の特徴を反映したものとして解釈が可能な項目である。次章で，こうした企業属性別の調査結果を詳しく解説していくこととする。

第7章
ニッチトップ型企業内の企業類型間の特徴の比較

　前章では，統計的検定によりNT型企業が1つのグループであることが否定できないという意味で，NT型企業に共通性があることを指摘した。しかし，統計的には有意とはいえないものの，様々な質問項目において，GNT企業をはじめとするNT型企業属性相互間にはかなりの差異が認められる。本章では，記述統計量（平均値）をGNT企業，揃い踏み企業，従業者50人以下企業を中心にNT型企業内のグループ間で比較することによって，アンケート調査から有益な含意を抽出していく（表2参照）。

7-1　企業年齢，規模等企業の基本的な指標

　GNT企業は，創業年が平均で1959年とNT型企業全体より3年古い。従業者数は111人，直近1期売上高は27.6億円と，企業規模でも平均を上回る。売上高経常利益率は，直近1期（異常値除く）で6.1％，リーマンショック直前期（同前）で8.7％といずれもNT型企業の平均5.7％，7.7％より高い。生産性の指標であり，企業の付加価値率の高さを表わす従業者1人当たり売上高（同前）も21.7百万円とNT型企業の平均19.6百万円を上回る。今回，このように，GNT企業がNT型企業の中で相対的に規模が大きく，企業パフォーマンスにおいても優れていることをはじめて集計値により確認することができた。

　一方，**揃い踏み企業**の創業年はNT型企業の平均より1年古いものの，従

業者数88人，売上高22.1億円と平均の97人，23.5億円をやや下回る。直近1期利益率4.9％，リーマンショック直前期利益率6.8％，従業者1人当たり売上高18.3百万円と，いずれも全体平均より低い。**従業者50人以下の企業**は若く規模が小さく，リーマンショック直前期の利益率は平均を上回るものの，従業者1人当たり売上高は平均を大きく下回る。利益率を除き，統計的にも有意な差がみられる。

　加工サービス企業は，従業者数は平均を上回り，売上高は逆に平均を下回る。このため1人当たり売上高は16.9百万円と低くなっている。これは製品でなく加工サービスを提供する業態の違いと考えられる。しかし，リーマンショック前の利益率は8.4％と平均7.7％より高く，製品を有する企業に引けを取らない。やはり，特定の市場で他社との差別化を実現するNT型企業の特徴を備えているとみることができる。

　東日本と**西日本**[17]を比較すると，西日本が平均よりも社歴が古く，従業者数，売上高ともに規模が大きい。パフォーマンスでも同様に，2つの異なる期の利益率，1人当たり売上高，いずれも平均より高い。したがって，東日本企業は反対に平均をやや下回る値をいずれの指標でも示すことになる。特に目立つのは，西日本企業の規模の大きさであり，従業者数117人，売上高29.5億円と平均を大きく上回っている[18]。

　次に，創業経緯，創業者のプロフィール等について企業属性別に興味深い点をみると，従業者50人以下企業等小さくて若い企業とGNT企業との間

17）本書では，石川県，岐阜県，愛知県以東の都道県を東日本，福井県，滋賀県，三重県以西の府県を西日本としている。

18）40社へのインタビュー調査はサンプル数としても少なく，対象選定も恣意性が高いが，インタビューを通して西日本の企業には規模拡大の意欲が相対的に強いと感じられた。これに対し，東日本の企業には現在の市場での地位を確保するという志向が強いという印象を受けた。こうした違いは，アンケート調査によって今回確認することができた。

に共通点がみられる。製造業大企業から独立創業した比率が，NT型企業の平均が18.3％に対し，GNT企業20.7％，従業者50人以下企業20.9％，創業が1986年以降の企業28.3％といずれも上回っている。また，創業者の創業前の主な経歴が技術者（設計・開発・生産技術担当）とした比率も，平均が40.5％に対して，GNT企業55.4％，50人以下企業47.9％で，統計的にも有意に高くなっている。ここから，若くて小さい企業には，大企業の技術者がスピンアウトして技術を核に新製品開発を目指すいわゆるベンチャー企業型の創業経緯を持つ企業が相当程度含まれていることが想像できる。そして，こうした企業やそれが成長した企業が，GNT企業の一定部分を占めていると考えられる。

7-2 海外事業活動

　海外売上高比率が10％以上の比率は，**GNT企業**では54.9％と過半を占め，NT型企業の平均30.6％を大きく上回り，他のNT型企業と統計的にも有意な差がある。また，最初の自社製品の輸出の時期をみると，GNT企業は1982年と平均の1988年よりも6年も早く，統計的にも有意である。これに対して，**揃い踏み企業**は海外売上高比率が10％以上の比率が24.5％と平均を下回り[19]，自社製品の最初の輸出時期は1991年と平均よりも遅くなっている。また，**従業者50人以下企業**も海外売上高比率10％以上が25.1％と低く，統計的に有意な差がある。輸出時期は1993年と揃い踏み企業よりもさらに遅い。

　ここから，GNT企業は，NT型企業の中でいち早く輸出を行い，海外市場で長年実績を積んできた海外事業活動で一頭地を抜く存在であることがはっきり確認できる。これに対し，揃い踏み企業や50人以下企業はむしろドメスティックな傾向が強いことが分かる。

---

19) 揃い踏み企業の数値については，含まれる加工サービス企業の割合が19.0％（GNT企業0.0％）と高いことが影響している可能性が考えられる。しかし，加工サービス企業を除いて集計しても，海外売上高比率が10％以上の比率は28.4％とNT型企業の平均を下回っている。

7-3 企業としての独立性

　取引先の幅の広さ，自社製品の保有等にみられる企業としての独立性の高さに関連する指標をみると，**GNT企業**は，受注取引先が21社以上（最多選択肢）の比率が84.7％と平均より高く，最大1社への納入額が50％以上（最大選択肢）の比率は逆に平均より低い。また，5年以上継続取引のある大手ユーザー企業数が21社以上（最多選択肢）とする割合が42.9％と平均34.8％より高く，5年以上継続取引のある加工業者の数が11社以上（同前）とする比率も58.0％と平均47.2％を上回っている。さらに自社製品の売上げが売上高全体に占める比率が10％以上とする割合は93.8％と平均80.0％を上回り，他のNT型企業と統計的に有意な差がみられる。NT型企業の中でも特に独立性が高い企業群であるということができる。

　一方，**揃い踏み企業**は，受注取引先が21社以上とする比率が81.8％，最大1社への納入額が売上げの50％以上とする比率が10.8％，5年以上継続取引のある大手ユーザー企業21社以上とする割合が34.1％，5年以上継続取引のある加工業者が11社以上とする比率47.8％と，いずれも平均前後の数字を示している[20]。

　従業者50人以下の企業については，規模の小ささ，社歴の短さを反映して，受注取引先が21社以上とする比率が71.3％，5年以上継続取引のある大手ユーザー企業21社以上とする割合が20.1％，5年以上継続取引のある加工業者が11社以上とする比率32.9％といずれも平均を大きく下回り，全て他のNT型企業と統計的に有意な差がある。しかし，自社製品売上高比率が10％以上とする企業の割合は85.1％とNT型企業の平均を上回り，最大1社納入額が

---

20) 揃い踏み企業については，加工サービス企業が多く含まれていることから，加工サービス企業を除いた集計結果をみると，受注取引先が21社以上とする比率82.2％，最大1社への納入額が売上げの50％以上とする比率8.0％，5年以上継続取引のある大手ユーザー企業21社以上とする割合33.9％，5年以上継続取引のある加工業者11社以上とする比率47.9％となっており，加工サービス企業を含んだ数値と大きな違いは認められない。

全売上に占める比率が50％以上とする比率は11.7％と平均とほぼ等しい水準にあり，NT型企業の特徴である独立性は一定程度備えていることが分かる。

7-4 基本的な市場戦略

高い市場シェアを確保するため最も重視する基本的戦略をみると，**GNT企業**は「まだ世の中にない製品を開発する」が50.9％と平均43.7％より高い。「ニッチ市場を最初から目指す」は25.9％と平均28.8％よりは低いが，選択肢中2番目に大きな値である。NT製品を開発する上で最も役立っている取組みについては，「ユーザーニーズをいち早くつかみ，きめ細かく対応する」が最多の48.7％で平均46.2％より高い。次に多いのが「保有するコア技術の応用」で23.1％と平均19.3％より高い。

これに対し，**揃い踏み企業**は，「まだ世の中にない製品を開発する」が53.0％とGNT企業以上に高く，統計的にも有意である。「ニッチ市場を最初から目指す」とした割合は逆に21.6％と平均より低い。製品開発で役立つ取組みとして「ユーザーニーズをいち早くつかみ，きめ細かく対応する」とした割合が45.9％で，次いで「保有するコア技術の応用」の割合が21.2％である。**従業者50人以下の企業**では，「まだ世の中にない製品を開発する」とした割合が48.5％とGNT企業並に高く，「ニッチ市場を最初から目指す」とした企業の割合も28.3％とGNT企業よりも高い。製品開発で「ユーザーニーズをいち早くつかみ，きめ細かく対応する」とした割合は42.4％とNT型企業の平均より低くなり，逆に「保有するコア技術の応用」と答えた割合が24.5％と高い値を示しているのが特徴的である。

このようにGNT企業，揃い踏み企業，50人以下企業とも他のNT型企業に比べ，保有する技術を応用した新製品で市場を切り開いていこうという傾向がみられる。50人以下企業は，社歴が浅くベンチャー企業的な性格が強いことや後発に伴う市場開拓の困難性が技術志向を強めていることが考えられる。一方，GNT企業は技術力を生かした製品開発の実績が技術への信頼

を大きくしている可能性がある。揃い踏み企業の場合は，後にみるように大学の活用に熱心であり，技術志向が高いことが考えられる。

7-5 保有するNT製品の開発時期，特徴

　今回の調査ではNT製品の開発能力を確認するため，最初のNT製品と第二のNT製品に分けて詳しく尋ねている。最初のNT製品の開発時期をみると，**GNT企業**は1981年と平均1984年より3年早い。同様に第二のNT製品についてはGNT企業1990年とNT型企業の平均とやはり3年の差がある。**揃い踏み企業**は，最初のNT製品が1988年，第二のNT製品が1995年と，いずれも平均より遅く，GNT企業との間には大きな時間差がある。**従業者50人以下の企業**は，最初が1989年，第二が1998年で，ここからも若い企業であることがはっきりとみてとれる。最初のNT製品については，他のNT型企業との間で統計的にも有意な差がある。

　最初のNT製品に最も当てはまる特徴を尋ねたところ，GNT企業と50人以下企業では，「世の中に類似の製品がない画期的な新製品」が最多で，それぞれ42.7％，39.4％とNT型企業の平均36.1％より高い。次いで「同種の機能を持った製品より格段に機能を高めた製品」を挙げたものが多い。一方，揃い踏み企業，NT型企業全体は，順番が逆となる。この2つの選択肢はいずれも製品が技術的に格段に優れていることを示すもの[21]であり，両者の比率を合計するとGNT企業78.2％，揃い踏み企業80.6％，50人以下企業77.9％といずれもNT型企業全体の平均72.4％より高い。

　第二のNT製品について同様の質問をすると，GNT企業，50人以下企業，NT型企業全体のいずれも，「画期的な新製品」の比率が下がり，「格段に機能を高めた製品」の比率が上がり，絶対値でみると揃い踏み企業も含め「格

21）残り2つの選択肢は，「機能・デザイン等の質での差別化」と「価格・付帯サービス面の優位」である。

段に機能を高めた製品」という回答が最多,「画期的な新製品」が第二順位となる。2つの選択肢の合計は,GNT企業73.3%,揃い踏み企業77.9%,50人以下企業79.7%でやはりNT型企業全体の平均72.4%より高い。

このように最初のNT製品と第二のNT製品を比べると,最初の方がより技術的にエッジの立った製品であることが窺われる。また,第一と第二のNT製品をとおしてGNT企業,揃い踏み企業,従業者50人以下企業とも,他のNT型企業に比べ,優れた技術力で製品の差別化を志向する傾向が強いことが読み取れる。

7-6 NT製品開発におけるニーズの重要性

第一部でみたとおり,優れたNT型企業40社のインタビュー調査では,最初のNT製品の開発のきっかけは様々だが第二のNT製品ではユーザーのニーズの持ち込みがより重要な契機となる傾向がみられる。

関連するアンケート調査の項目をみると,まず第二のNT製品の事業化のきっかけとして,GNT企業,従業者300人超の企業,西日本企業という社歴が長く,規模の大きい企業属性では,「ユーザーからの相談の持ち込み」の比率が最も高く,次が「保有技術を生かす」であった。一方,NT型企業全体,揃い踏み企業,50人以下企業,東日本企業では,順番が逆となり,若い規模の小さい企業属性ほど比率の大小の差が大きくなる。これは,社歴とともに規模を増した企業ほど評判がユーザー間で確立し,相談を持ち込まれる機会が多くなることを示している。

加工サービス企業を含めより一般的に,ユーザーからの相談が製品やサービスの開発につながったとする比率は,NT型企業全体の平均が82.6%に対し,社歴が長く規模の大きい企業のうちGNT企業94.6%,従業者300人超企業87.9%が平均より高い。例外は,西日本企業の78.6%である。GNT企業については他のNT型企業と統計的に有意な差がある。逆に規模の小さい企業の中では,揃い踏み企業が87.3%と例外的に平均より高い。なお,加工サー

ビス企業も84.6％と平均を超えているが，従業者数は平均を上回り，社歴はNT型企業の平均とほぼ等しい。ユーザーの依頼で加工サービスを提供する業態からユーザーとの関係が特に密接である可能性が考えられる。

　同様に「既存の顧客からの相談」がしばしばあるとの回答は，NT型企業全体の平均で56.0％のところ，GNT企業66.3％，従業者300人超企業72.4％，加工サービス企業56.2％といずれも平均を上回っている。一方，揃い踏み企業は51.7％と平均より低い。

　ここから，揃い踏み企業は，広い意味で製品開発にユーザーニーズが役立っているが，特定の顧客との密接な関係を通じた相談は，GNT企業等と比べると弱い可能性が考えられる。50人以下企業も既存顧客からの相談がしばしばあるとする比率が51.6％と揃い踏み企業同様平均より低く，企業規模が小さいこと等から既存の顧客の層が相対的に薄い可能性が指摘できる。

　一方，「大学の研究者から紹介を受けたユーザーからの相談」がしばしばあるとした比率は，GNT企業，300人超企業，加工サービス企業と従業者規模の大きい企業属性で平均を上回る。揃い踏み企業は規模は小さいが平均より高く，統計的にも有意な差がある。本章9節でみるとおり産学連携に積極的で大学等研究機関と付合いが多いことが反映されていると考えられる。

　次に「優れた評判をユーザーが口コミで聞きつけての問合せ」がしばしばあるとした比率は，従業者300人超企業を除き規模が大きいあるいは社歴の長い企業類型が平均を上回る。例外は，揃い踏み企業，50人以下企業で，規模が小さいにもかかわらず平均より高い。この背景に，中小企業庁の「元気なモノ作り中小企業300社」等官民の顕彰事業が奏功し，小さい企業でも評判が流布する機会が増えていることが考えられる。「各種メディア記事，表彰等を通じた問合せ」がしばしばあるとの回答も，GNT企業，加工サービス企業，揃い踏み企業，50人以下企業が平均を上回り，揃い踏み企業では統計的にも有意な差がある。これらの企業属性はマスコミの取材や顕彰の機会を自社の宣伝や評判の流布に積極的に活用していると考えられる。

7-7 NT製品の市場展開パターン

　筆者は15年ほど前から，NT製品を保有する企業に対するインタビューを数多く行ってきた。そうした中でしばしば耳にするのは，最初のNT製品の国内販売先の確保に苦労し海外に活路を求め，試行錯誤や数多くの困難を重ねながら海外見本市に出展するなどしてまず海外で販売実績を積み国内市場開拓のテコとしたというエピソードである。今回のインタビュー調査でも同様の話を複数の企業がしており，第3章第1節で詳しく紹介した。一方，2番目以降の製品は，ユーザーニーズへのソリューションとして生まれたことから国内販売が比較的順調であったと，インタビュー調査対象企業の多くが証言している。

　アンケート調査で，最初のNT製品が「国内で最初に売れ次に国内に売り先が広がった」という回答は，全体平均が58.3％，揃い踏み企業58.5％，50人以下企業63.2％に対し，GNT企業が大きな例外で38.8％に留まる。統計的にも他のNT型企業と有意な差がある。一方，「海外で最初に売れ，さらにその後海外で展開した」というパターンは，全体平均2.3％，揃い踏み企業3.7％，50人以下企業1.3％とごく少ないのに対してGNT企業は7.2％と突出して高い数値となっており，統計的にも有意な差がある。GNT企業は，海外販売が先行したとする傾向が，他の企業属性に比べ顕著にみられるということができる。

　次に，最初のNT製品の販売が軌道に乗ったきっかけ（複数回答）を聞いたところ，「国内大手企業への納入実績」がいずれの企業属性でも最多である。一方，「海外市場の販売実績」がきっかけとなった企業の割合は，全体平均13.1％，揃い踏み企業11.4％，50人以下企業10.2％に対し，GNT企業は22.7％とこちらも飛び抜けて高く，統計的にも有意な差が存在する。GNT企業は，NT型企業の中で例外的に，海外販売実績をテコとして国内に展開したとする企業が多いことが分かる。

　さらに，最初の輸出品が最初のNT製品である比率は，GNT企業60.8％と全体平均47.7％を大きく上回り，他のNT型企業との差は統計的に有意である。

　こうしたことから，GNT企業の場合，最初のNT製品の国内販路開拓に

窮し必要に迫られて輸出で活路を開いた企業が多く含まれている可能性が考えられる。別の言い方をすれば，優れたNT型企業40社のインタビュー調査等でみられた最初のNT製品の市場展開で海外が先行するというパターンは，相対的に早い時期に輸出に成功したGNT企業により顕著にみられる特徴の1つであると理解することができる。

7-8 外部資源の活用─企業間連携

第1章第4節でみたとおり，NT型企業は大企業とは異なり内部資源に自ずと限界があるため，NT製品の開発において外部資源の活用にオープンで前向きである。さらに，優れたNT型企業の場合には，日頃の取引先をはじめとする企業間の連携が特に重要であるという傾向も指摘できる。企業間連携のうち，製品開発の発端や動機として重要なユーザーとのニーズのやりとりについては既に本章第6節で論じた。ここでは，もう1つの重要な要素であるシーズ，すなわち技術をはじめとする足りない資源の調達先についてみることとしよう。

ニーズ提供で重要な役割を果たす大手ユーザー企業であるが，足りない技術の最重要な入手先として「大手ユーザー企業」を挙げた比率は全体平均で11.3％と，「大手サプライヤー企業」25.5％，「中小の加工事業者」36.2％，「大学等研究機関」17.3％より低い。大手ユーザー企業を最重要とした割合がNT型企業の平均より高いのはGNT企業13.1％と加工サービス企業12.5％であり，揃い踏み企業と従業者50人以下企業はともに9.0％と平均より低い。ここからもGNT企業や加工サービス企業が，他のNT型企業に比べユーザーと密接な関係を保有していることが確認できる。ニーズを受けてソリューションを出す場合にはユーザー企業から頼りにされ，足りない技術を自社が入手する場合には逆にユーザー企業を頼りにするという双方向の関係性を築いていることが窺われる。

次に，GNT企業と従業者50人以下企業に共通してみられる特徴は，技術

の最重要な入手先として中小の加工事業者を挙げた比率がGNT企業41.0％，50人以下企業42.3％と平均より高く，大手サプライヤー企業とした割合がGNT企業19.7％，50人以下企業22.4％と平均より低いことである。これらの企業属性は，ソリューションを出すために自社だけで十分でない場合，最も頼りにするのは中小の加工事業者ということになる。ユーザーからGNT企業がニーズを持ち込まれ，自社で解決できない場合，加工事業者にGNT企業がニーズを提供し協力を求めるという形で，「ニーズ→ソリューション」の連鎖が入れ子状に生じている様子が想像できる。

　一方，揃い踏み企業は，大手ユーザー企業だけでなく，大手サプライヤー企業20.0％，中小の加工事業者29.0％といずれも全体平均より低い。これは大学等研究機関が31.0％と飛び抜けて高いことによる。この点は次節の産学連携に関するところで改めて触れる。また，加工サービス企業では，大手サプライヤー企業の割合が27.1％と平均より高い。これは競争力を左右する加工機械，設備のメーカーとの密接な関係が背景にあると考えられる。この点は第1章第3節で紹介したオンリーワンと呼べる加工サービスを提供している**東成エレクトロビーム㈱**（東京都瑞穂町）の事例を思い出していただければ，容易に理解することができよう。

7-9　外部資源の活用─産学連携

　NT型企業は産学連携に全般的に熱心であるが，なかでも揃い踏み企業は特別である。足りない技術の最重要の入手先として大学等研究機関を挙げた比率は31.0％と際だって高い。他のNT型企業と統計的に有意な差がある。5年以上継続的に協力関係にある大学等の研究室・部門の数が3つ以上（最多選択肢）とする比率も36.8％と極めて高く，差は統計的に有意である。定義から，揃い踏み企業は国の施策活用に熱心な企業である。

　1990年代末から，各ブロックの経済産業局は補助金等施策の活用とともに地域の大学等との「産学連携」を中小企業に推奨した。地方国立大学等地域の大学も企業への技術移転を行うTLOの活動を活発化した。揃い踏み企

業は，こうした働きかけに機敏に反応し，「産学連携」をテコに自社の製品開発に取り組んできたことがアンケート調査結果に表われている。また，これまでみてきたようにNT型企業の中でも技術志向が強いことも大学等への関心の高さにつながっていると考えられる。

対照的に，GNT企業は，技術の最重要入手先を大学とする比率が9.8％と低く，全体平均17.3％を下回る。一方，継続的に協力関係にある大学の研究室が3つ以上の比率は32.4％と平均24.2％より高い。GNT企業は社歴の長い分，協力関係にある大学は多いものの，大学を製品開発のパートナーとして必須と考える傾向は弱く，大学等への期待度が相対的に低いものとみられる。

なお，技術の最も重要な入手先という択一式の回答ではなく，入手先を複数回答で聞いた結果をみると，大手ユーザー企業がGNT企業27.3％，揃い踏み企業24.3％，中小の加工事業者が68.2％，59.9％，大学等が30.9％，58.9％と，択一回答で表われたGNT企業と揃い踏み企業とを比べた場合の相対的な大小関係はそのまま残しつつ，数値の差は縮まってくる。揃い踏み企業が産学連携だけでなく企業間連携にも熱心といえるのかどうかなどを検証するため，後ほど多変量解析の手法を用いて改めて検証する。

7-10 模倣困難性を高める知財戦略と他の追随を許さない差別化戦略

アンケート調査では，製造に関わる技術やノウハウを他社に模倣されないための知財管理の基本方針について，「特許」と「企業秘密」の2つの異なる方法の組合せによる4つの選択肢からの択一で尋ねている。NT型企業の平均をみると，1）「原則特許を取得せず技術は企業秘密とする」19.0％，2）「重要な技術は企業秘密とし，不都合が生じる範囲内で特許を取得する」37.0％，3）「コア技術で特許を取得し，原則として特許侵害で対抗する」33.1％，4）「企業秘密とせず特許を公開しても模倣されるおそれはない」10.9％となっている。

多くの企業属性が平均と似たパターンを示す。しかし，GNT企業と従業者300人超の企業では，3）が第1順位となり（GNT企業では2）と同率首

位），GNT企業37.3％，300人超企業47.1％と高い比率を示す。これに対し，創業が1986年以降の若い企業では3）の比率は24.8％と特に低い値となる。こうした結果には，守るべき技術のレベルの高さとそれを特許で守るコストに耐えられる度合い（企業としての余裕度）が反映されている可能性が指摘できる。

また，加工サービス企業は，1）の原則特許を取得せず企業秘密で守るとする割合が41.7％と極めて高く，統計的に有意な差がある。逆に，3）のコア技術で特許を取得し，特許侵害で対抗する比率は，9.5％と低く，統計的に有意である。これは，業態の特徴から，ノウハウが極めて重要であること，特許に相対的になじまず企業秘密が模倣防止の主要な手段となっていることが背景にあると理解できる。

次に，1）と2）はいずれも企業秘密を重視する姿勢を表わすことから，両者を合計すると，NT型企業全体で56.0％と過半となり，最も低い値でもGNT企業と300人超企業の50.0％となる。第2章第2節で詳しく紹介したインタビュー調査対象40社に共通する企業秘密を重視するという特徴は，NT型企業全般に当てはまることが確認された。

GNT企業は，4）の企業秘密とせず特許を公開しても模倣されるおそれはないとする比率が12.7％とNT型企業の平均10.9％より高い。しかし，企業秘密を守る具体的方法の採用については，選択肢13項目のうち11項目でNT型企業の平均より高く，模倣を防ぐ取組みにとりわけ熱心であることが分かる。

知財戦略による模倣困難性の確保に加え，他社の追随を許さない差別化戦略をみるため，そもそも模倣されるおそれが低いと考える理由について，複数回答で聞いている。GNT企業は，選択肢7項目のうち6項目でNT型企業の平均より高く，この点でもNT型企業の中で傑出している。特に，「特殊な加工技術を社内に確保」，「他社が保有できない機械・設備等を保有」，「高度な品質を保持することによりブランドとしての信頼を確立」といった項目で平均との数値の差が大きく，様々な方法で差別化を図っていることがみて

とれる。

7-11 施策活用とその効果

技術開発補助金の採択，法律上の認定の取得，「元気なモノ作り中小企業300社」の選定の三施策の利用状況をみると，揃い踏み企業は定義から100％となり，いずれも統計的に有意な差となっている。NT型企業の平均は，補助金の採択実績70.0％，法律上の認定の取得55.6％，300社選定58.3％となっており，いずれの施策も利用率が極めて高い。RS企業のそれぞれの値，13.9％，18.5％，0.7％との差は歴然としており，統計的に有意な差がある。

施策別に特徴的な点を挙げれば，補助金の採択についてはNT型企業内では全般的に高い比率となっており，特に創業が1986年以降の若い企業が75.4％と高いことが目立つ他，加工サービス企業も73.3％と高い。GNT企業はわずかではあるが平均を下回っている。法律上の認定の取得については，従業者50人以下企業62.5％，創業が1986年以降の企業67.0％，加工サービス企業61.5％と平均より高いのに対し，GNT企業，従業者300人超の企業[22]は平均より低い。「元気なモノ作り中小企業300社」の選定については，加工サービス企業が78.3％と突出して高い値となっており，統計的にも有意である。GNT企業はここでも平均を下回る。ここから，小さくて若い企業，加工サービス企業では，各種施策の活用を通じて国のお墨付きを得た優れた企業であるということをユーザー等に積極的にアピールしようという意欲が高いことが窺われる[23]。

---

22) 従業者300人超企業には資本金も3億円超で中小企業基本法の定義による大企業が8社含まれている。このため中小企業を対象としている法律上の認定と「元気なモノ作り中小企業300社企業」選定からはこの8社を除いた比率を表2に記載した。なお，大企業を除いた300人超企業で300社選定の比率が76.9％と高いのは，サンプル数が26社と少ないところたまたま300社選定に含まれる企業が多くなったためと考えられる。

第7章　ニッチトップ型企業内の企業類型間の特徴の比較

　補助金の採択件数が最多選択肢である4回以上の企業が1回以上採択実績のある企業に占める比率をみると，NT型企業の平均は34.9％で，揃い踏み企業40.5％，GNT企業40.8％，従業者300人超企業40.0％，創業が1986年以降の企業43.0％が平均より高い。揃い踏み企業については，他のNT型企業と統計的に有意な差がある。今回，このように，多頻度利用の実態が明らかとなったことは注目される。なお，RS企業は12.5％である。

　中小企業が行う技術開発補助金等を公募する国の事業は，1970年代から続いている。しかしながら，インタビュー調査によれば，NT型企業を代表する優れた企業でも，高い頻度で応募し採択実績を重ねるようになるのは1990年代の末からであり，ここ15年ほどの現象である。近年，補正予算を含め公募の機会が増加していることを考慮しても，優れた競争力を有するNT型企業がここまで多頻度に利用していることはこれまで知られていなかった事実である。

　この背景には，序章で触れたとおり2000年前後から取組みが強化された国の政策がある。すなわち1999年の新事業創出促進法で各都道府県，政令市に設置が義務付けられた中核的支援機関の行う地域プラットフォーム事業では，小さなグローバル企業を数多く生み出すことが目標とされた。経済産業省が2001年からスタートさせた産業クラスター計画では，国際競争力を有する産業・企業を創出することを目指し，経済産業局の職員が優れたものづくり中小企業を自治体や支援機関の職員とともに直接訪問し支援するという方法を各地で展開した。企業訪問の際，政策ニーズを把握するとともに，公募事業の情報提供や必要に応じ補助金の申請書の書き方指導等きめ細かい支援を行った。こうした国が始めた支援手法は，自治体や民間団体等に受け継がれ現在も各地で広がり定着しつつある。企業の側も最初はとまどいや不

23）逆に，GNT企業の施策利用がやや低調な理由としては，既に企業としての評判が確立し施策利用による追加的メリットが相対的に低いこと等が考えられる。特に300社の選定については，注14（p.127）で既に触れたとおり，GNT企業等社歴が長く相対的に優れた企業で辞退したものが多い可能性が考えられる。

安も大きかったと考えられる。しかし，政策的な働きかけもあって，国や自治体の政策資源を外部資源の1つとして活用することに習熟してきたとみることができる。

それでは施策の利用はどの程度実際に役に立っているのか。アンケート調査では，NT製品開発において企業間連携や産学連携が重要であることから，施策の対象に選ばれたことが大手ユーザー企業への好ましい評判の定着，顧客からの問合せの増加，大学等研究機関との連携機会の増加，協力関係の深化にどの程度結びついたかという自己評価を尋ねている。補助金の採択についてこの3つの効果に対する評価をみると，NT型企業の平均よりも高い評価をいずれの効果についても認めているのは，GNT企業，揃い踏み企業，従業者50人以下企業，創業が1986年以降の企業である。このうち施策の利用状況で平均並なのは50人以下企業であり，残りの3類型はいずれも施策利用の面でも平均より高い。ここから施策は，その利用の状況に応じて一定の満足度を企業の側に与えている可能性が高いことが分かる。なお，施策の利用の程度と施策の効果をどう評価するかという点については，多変量解析の手法により次章で改めて検証する。

7-12 今後充実してほしい施策メニュー

アンケート調査では，充実してほしい国や自治体の支援メニューについて，技術開発関係と海外取引・海外展開関係に分けて具体的に尋ねている。平均値だけからは，企業属性別にあまりはっきりした傾向は読み取りにくい。

その中で，GNT企業は他の企業属性類型に比べ，支援してほしい施策の内容がはっきりしている，支援ニーズがより先鋭化しているという傾向が指摘できる。例えば，技術開発補助金等で最も充実してほしい支援策として「試作費用の補助」を挙げた割合が42.9％と高い（NT型企業の平均は34.9％。以下かっこ内同じ）。また，海外展開に関連して充実してほしい支援策（複数回答）については，「海外見本市出展の直接経費補助」が58.4％（45.8％），

「現地代理店・パートナーの紹介」が37.1％（30.6％），「海外特許調査，申請手続き，申請費用への支援」が39.3％（30.9％）等となっている。このうち海外見本市出展の直接経費補助については，GNT企業と他のNT型企業に統計的に有意な差がみられる。技術開発，海外関連とも，事業活動との直接的関連性が容易に想像される具体的な支援メニューが高い比率となっており，GNT企業の実需が反映されているとみられる。

第8章
グローバル・ニッチトップ企業と揃い踏み企業等との本質的な差

　本章では，前章で行った集計値の平均の比較だけでは十分に判定できない，GNT企業と揃い踏み企業，従業者50人以下企業との差異とその背景について，多変量解析により検証する。

　多変量解析とは，因子分析，主成分分析等の手法を用い，集計値の平均を眺めていただけでは分からない微妙な違いを定量化し可視化する方法である。例えば，主成分分析とは，アンケート調査の回答間の相関等を手がかりに特徴や共通性を規定する主成分を抽出し，それぞれのサンプル（企業）毎の回答がそれらの主成分の加重平均で表わせると考え，そのウェイト（固有ベクトル）を計量し，改めて個々の回答をそのウェイトにより得点（主成分得点）化するものである。その上で，得られた個々のサンプルの主成分得点を企業属性別の類型毎に平均し（属性別重心），その値を主成分の意味する内容の大小を表わす軸の平面にプロットし可視化する。属性別重心の絶対値そのものには意味がなく，正負と相対的な大きさでその軸の表わす特徴等をどの程度その属性が有しているかを判断する。

8-1　NT型企業内の異なる企業類型の相互関係

　第7章の平均値の比較から，GNT企業はNT型企業の中でも特に優れた企業属性とみることができる。これに対し揃い踏み企業と従業者50人以下の企業は様々な意味で異なる特徴を有し，政策的含意を考える上で意味のある比較対象であると考えられる。したがって，以下の多変量解析においてはこの3つの属性の間で比較を行う。

そのため，3つの企業属性の相互関係についてここで整理しておきたい。まず，3類型は，それぞれ異なる観点で定義しているため，集合として相互に重なり合う部分（和集合）が存在する。表3のA表はこれをみたものである。GNT企業は全体で112社あるが，そのうち揃い踏み企業に相当するものが26社（23.2%），50人以下企業が47社（42.0%）含まれている。これまでの統計的検定や平均値による差異の検討は，基本的にこのような相互関係にある集合間で行ってきた。

表3　NT型企業の属性間の企業の重なり

(A表) 3つの企業属性に属する企業の相互関係

	GNT企業	揃い踏み企業	50人以下企業
GNT企業	112	26	47
	100.0%	23.2%	42.0%
揃い踏み企業	26	205	99
	12.7%	100.0%	48.3%
50人以下企業	47	99	322
	14.6%	30.7%	100.0%

(B表) 含まれる加工サービス企業の数と割合

	総数	加工サービス企業
揃い踏み企業	205	39
	100.0%	19.0%
50人以下企業	322	35
	100.0%	10.9%

(C表) 3つの企業属性に属する企業の相互関係（加工サービス企業除く）

	GNT企業	揃い踏み企業	50人以下企業
GNT企業	112	26	47
	100.0%	23.2%	42.0%
揃い踏み企業	26	166	85
	15.7%	100.0%	51.2%
50人以下企業	47	85	287
	16.4%	29.6%	100.0%

注：A～C表の下段の百分率の値は表側項目全体に占める表頭項目の比率。

一方，これまでみてきたように，加工サービス企業は製品を保有せず加工サービスを提供するという業態の違いから，それ以外のNT型企業といろいろな点で異なる特徴を有している。GNT企業はその定義上，加工サービス企業を含んでいない。それに対して，揃い踏み企業と従業者50人以下企業は，定義から，加工サービス企業を排除していない。この関係をみたのがB表である。これをみると，揃い踏み企業は総数205社のうち39社（19.0％），50人以下企業は総数322社のうち35社（10.9％），加工サービス企業を含んでいることになる。

　以下の多変量解析では議論の厳密性を確保するため，揃い踏み企業及び50人以下企業についても加工サービス企業を除いたベースで比較を行うこととする。その場合の3つの企業類型の相互の重なり合い等の関係はC表のとおりである。

8-2　GNT企業と揃い踏み企業は同一のクラスターか
　　　──クラスター分析

　企業属性別にみた企業類型間の相互の近接性から，NT型企業はどのようなグループに分けられるかをみる。ここで用いた「クラスター分析」は属性別サンプル間の相関係数でみた近接性を距離に置き換えて，距離の近いもの同士をグループとし，次にグループ同士を同様の手法により大きなグループ（クラスター）にくくり，相互関係を可視化する方法である。ここでは，様々な観点から異なる企業属性を21種設定し，その企業属性に含まれる企業サンプルの重なり度合い等からグループ分けを行った（図1）。

　これをみると分かるとおり，GNT企業はその定義からNT製品を複数保有する企業とまずグループ化され，次いで属性から予想される「海外売上高比率50％以上の企業」，「最初のNT製品がまず海外で売れたとする企業」のグループ等とくくられることになる。一方，揃い踏み企業は，同じく定義からその部分集合である「『元気なモノ作り中小企業300社』に選定された企業」と最初のグループを作っている。従業者50人以下の企業は，若い企業のグループである「創業が1986年以降の企業」や社歴の古い企業が相対的に少ない

図1　NT型企業21属性に関するクラスター分析

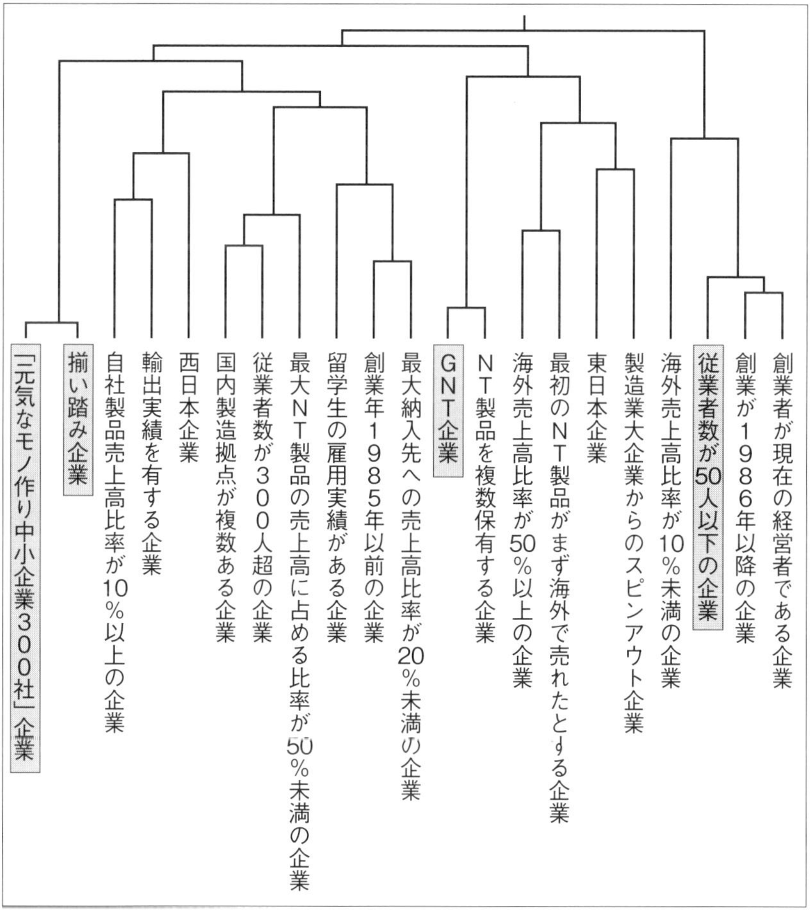
「元気なモノ作り中小企業300社」企業
揃い踏み企業
自社製品売上高比率が10％以上の企業
輸出実績を有する企業
西日本企業
国内製造拠点が複数ある企業
従業者数が３００人超の企業
最大ＮＴ製品の売上高に占める比率が50％未満の企業
留学生の雇用実績がある企業
創業年１９８５年以前の企業
最大納入先への売上高比率が20％未満の企業
ＧＮＴ企業
ＮＴ製品を複数保有する企業
海外売上高比率が50％以上の企業
最初のＮＴ製品がまず海外で売れたとする企業
東日本企業
製造業大企業からのスピンアウト企業
海外売上高比率が10％未満の企業
従業者数が50人以下の企業
創業が１９８６年以降の企業
創業者が現在の経営者である企業

注：原データの距離計算は原データのユークリッド距離，合併後の距離計算はウォード法による。

と考えられる「創業者が現在の経営者である企業」のグループと最初にくくられる。このように今回のクラスター分析の結果は我々の直感と基本的に一致していることが分かる。

ここで興味深いのは，大きなグループとして3つのクラスターが存在し，3つの企業類型が異なる3つのクラスターにきれいに分かれていることである。3つのクラスターとは，揃い踏み企業の属するクラスター，GNT企業の属す

るクラスター，従業者50人以下の企業の属するクラスターである。もちろんこの分析結果は企業属性別の類型の設定に依存している。21個選んだ場合の結果である。しかし，21個の企業属性類型は，御覧いただければ分かるとおり異なる多岐にわたる基準によるものであり，そうした様々な観点からNT型企業を分類した場合，GNT企業と揃い踏み企業と50人以下企業は，相互よりも異なる属性を有する他の企業グループにより近しいものが存在する。このことから，3類型は相互に異なる特徴を有している企業グループであるということが予想される。多変量解析の手法で3類型を比較することによって，豊富な含意が得られることを期待させる結果ということができる。

8-3　GNT企業と揃い踏み企業はどのように異なっているか
　　　──主成分分析

1）NT型企業の特徴を表わす因子の抽出

　NT型企業を特徴づける主要な要素を抽出するため，アンケート調査で定量的データが得られた33の質問項目を全て考慮して因子分析を行った。その結果，8つの因子が検出された。説明力の高さから，「企業としての経験の長さ」，「海外市場シェアの高さ」，「国内市場シェアの高さ」，「企業規模の大きさ」，「大学や技術開発への親和性の高さ」，「取引先の広さ」，「評判による問合せの多さ」，「利益率」の順となった。第8因子までの累積寄与率は64.9％である。順序は別として，NT型企業を特徴づける主要な要素は抽出されており，概ね妥当な結果と考えられる。

2）抽出した因子に基づく主成分分析
　　　──相対的にGNT企業に見劣りする揃い踏み企業等

　次に，8つの因子をそれぞれ代表する質問項目を1つずつ選び，8個の定量的データについて主成分分析を行った。固有値，寄与率を勘案し，主要な5つの主成分を抽出した。一般的に最も説明力の高い第1主成分は選択した質問項目の総合的評価を表わすとされ，ここでは「NT型企業としての成熟・発展の総合的な評価」と解釈した。第2主成分以下は，「国内外でのシェア

の高さ」,「評判の確保や独自のネットワークの保有の程度」, 海外売上高比率で示される「海外事業活動の活発さ」,「利益率」を表わすと, それぞれ解釈される。

　第1主成分の属性別重心をみると, GNT企業は正だが, 揃い踏み企業, 50人以下企業は負という結果になった。残り4つの主成分それぞれの属性別重心をみると, ①GNT企業は, 4主成分中3主成分で正の値で, NT型企業として想定される方向で常に手堅いポジションにあること, 一方, ②揃い踏み企業は評判の確保や独自のネットワークの保有, 50人以下企業は国内外の市場シェアで際だった正の値を示すものの, 4主成分のうち揃い踏み企業は3つ, 50人以下企業は2つが負の値となるなど, 両属性とも全体的にGNT企業に比べ見劣りしていることが判明した。

3）ニーズの持ち込まれるルート, 企業等との付合いの広さに関する主成分分析

　NT型企業の製品開発に重要な役割を果たすユーザーからのニーズの持ち込みや問合せがどのようなルートから持ち込まれるのかという指標とその前提となる企業, 大学との付合いの広さを表わす指標を合わせて主成分分析を行った。NT型企業全体でなく「元気なモノ作り中小企業300社」選定企業に対象を限った場合の結果を紹介する。

　第1主成分は, 評判の形成や取引先・大学との付合いの広さの総合的評価である。第2主成分は産学で比べた場合,「産業側と関係が深いか」,「大学側と関係が深いか」, 第3主成分は日頃の取引関係等「特定の関係の深化を通じた評判の流布か」, 口コミやマスメディア等を通じた「一般的な形での評判の流布か」を表わす。第1主成分の属性別重心で表わされる総合的評価は, 揃い踏み企業とGNT企業がともに正で, 絶対値は揃い踏み企業の方が高く, 50人以下企業は負という結果になった。

　総合点を縦軸にし, 横軸に第2主成分を取ると（図2）, GNT企業は産業寄り, 揃い踏み企業は大学寄りで, きれいに分かれる。50人以下企業は絶対値は小さいが産業寄りである。

　一方, 横軸に「日頃培ったルートから」か「一般的ルートから」かをとると（図

第二部　優れたニッチトップ型企業とその他企業の本質的な差

図2　産業／大学との関係の深さ及び付合いの広さ（主成分分析）

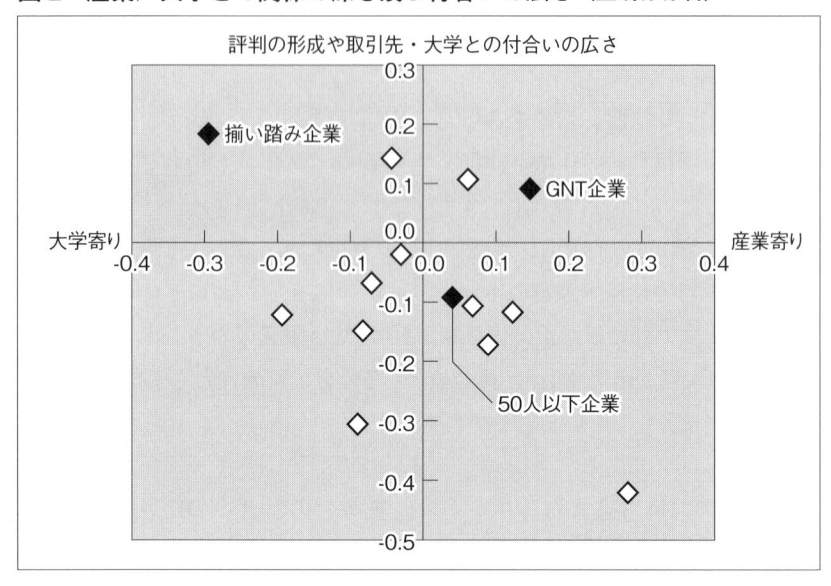

図3　ニーズの持ち込みルート及び付合いの広さ（主成分分析）

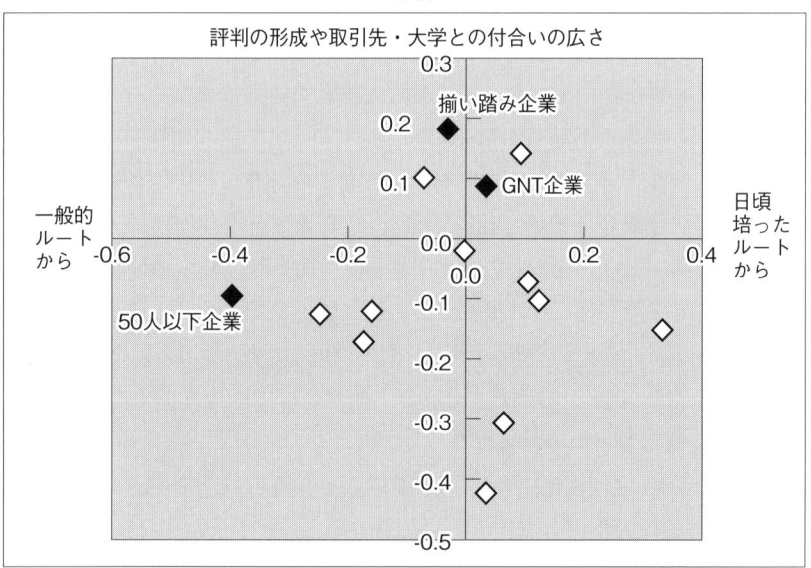

注）図2及び図3の◇はGNT企業，揃い踏み企業，50人以下企業以外の様々な企業類型の属性別重心を表わす（以下図9まで同様）。全ての属性の内容及びデータは，細谷（2013a）を参照。

3），GNT企業は第1象限，揃い踏み企業は第2象限で縦軸近辺，50人以下企業は第3象限となる。ここから，GNT企業は日頃の取引先との関係を重視し，これを活用しニーズを呼び込む様子が窺える。一方，揃い踏み企業は，取引先や連携先を広げることに旺盛な意欲を持ち，特に大学を重視している。50人以下企業は，取引先を通じ評判が流布するルートが細い分，マスメディアや顕彰等の一般的ルートを活用してそれを補おうとしている可能性が高いことが分かる。

いずれも第7章の平均値でみた傾向を裏付ける結果であるといえる。

4）施策効果の主観的評価に関する主成分分析

支援施策の効果をどれほど評価しているかをみるために，補助金採択と「元気なモノ作り中小企業300社」の選定という2つの施策[24]に関して，それぞれの効果として大手ユーザーの高評価の定着，顧客からの問合せの増加，大学との連携機会の増加について聞いた質問項目に主成分分析を適用した。すると，第1主成分は施策効果の総合的評価，第2主成分は両施策の大学との連携への効果，第3主成分は補助金採択の大手ユーザーの高い評価，顧客からの問合せの増加という顧客との関係深化への効果を示すと解釈された。総合的評価の属性別重心は，いずれも正で3類型とも効果があったと評価している。なお，値は，揃い踏み企業，GNT企業，50人以下企業の順となった。

縦軸に総合評価，横軸に補助金採択の効果をとると（図4），3類型とも第1象限になる。GNT企業は補助金の対顧客効果を極めて高く評価しているため右方に離れ，揃い踏み企業は縦軸に近い位置となる。ここから，補助金が実際に製品開発を通じ顧客の評価につながる度合いが，GNT企業で高く，揃い踏み企業で低いと解釈できる。揃い踏み企業は補助金を多頻度で利用し

24）施策効果は，法律上の認定の取得についても聞いている。しかし，法律上の認定に関しては企業属性間の回答の差が相対的に小さく，これを加えるとはっきりとした結果が得られないため，ここでは2つの施策に絞った。また，効果は，質問票上は大いにあった，少しあった，ほとんどなかったの3択で聞いているが，結果の解釈が難しいため，あったか，ほとんどなかったかの2択に集計し直して分析している。

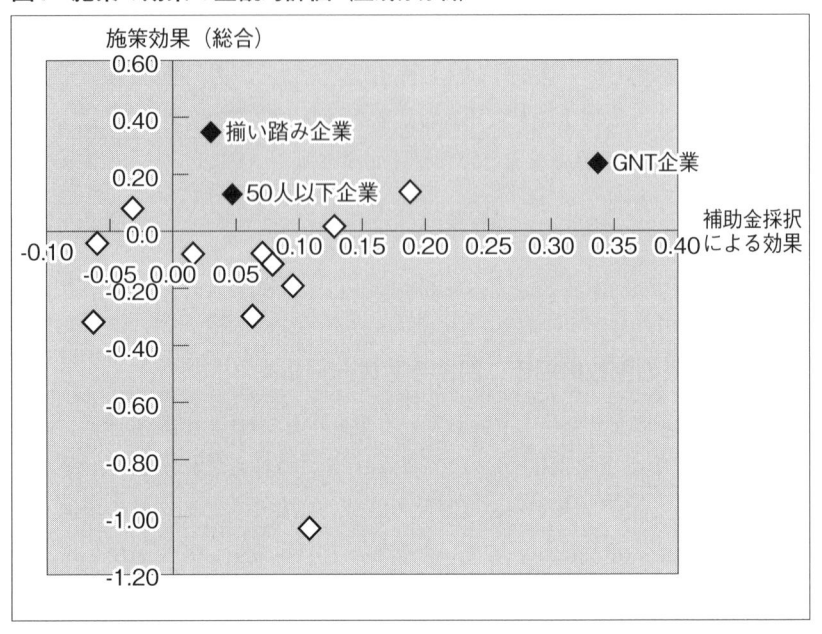

図4 施策の効果の主観的評価（主成分分析）

ているが，必ずしも自己評価の高さに結びついていない。GNT企業に比べると一種「空回り」をしている可能性が考えられる

8-4 GNT企業と揃い踏み企業等との本質的な差は何か
―数量化理論Ⅲ類による分析

アンケート調査の大半を占める多肢選択式の定性的データには，定量的データの主成分分析に相当する数量化理論Ⅲ類を適用して分析する。

1) 企業間連携に関する分析―GNT企業に匹敵し熱心な揃い踏み企業

これまでみてきたとおり，NT型企業は内部資源の足りない分，外部資源の活用に積極的である。アンケート調査では，製品開発を行うに当たって足りない技術を回りのどのようなプレーヤーから入手するか聞いている。第7章の平均値の比較では，最重要な入手先という択一の結果を主に紹介したが，

ここでは複数回答の結果に数量化理論III類を適用した結果を紹介する。

主成分分析の第1主成分に相当する数量化理論III類の第1軸は中小の加工事業者，第2軸は大学，第3軸は大手ユーザー企業を示す結果となった。GNT企業，揃い踏み企業，50人以下企業とも属性別重心はいずれの軸についても正であった。絶対値は，第1軸の中小の加工事業者は揃い踏み企業，GNT企業，50人以下企業の順であった。一方，第2軸の大学については，揃い踏み企業，50人以下企業，GNT企業の順で，やはり大学を頼りにする度合いは揃い踏み企業が高く，GNT企業が低いことがここでもみてとれる。第3軸の大手ユーザー企業についてはGNT企業，揃い踏み企業，50人以下企業の順で，GNT企業の大企業ユーザーとの親密な関係が確認できる。

大手ユーザー企業を縦軸，中小の加工事業者を横軸にとると（図5），GNT企業は大手ユーザーを，揃い踏み企業は中小の加工事業者を頼りにする傾向がより強いという差異はあるが，揃い踏み企業はGNT企業に匹敵する，あるいはGNT企業を凌ぐほど企業間連携に熱心であることが分かる。揃い

図5　足りない技術の入手先（数量化理論III類による分析）

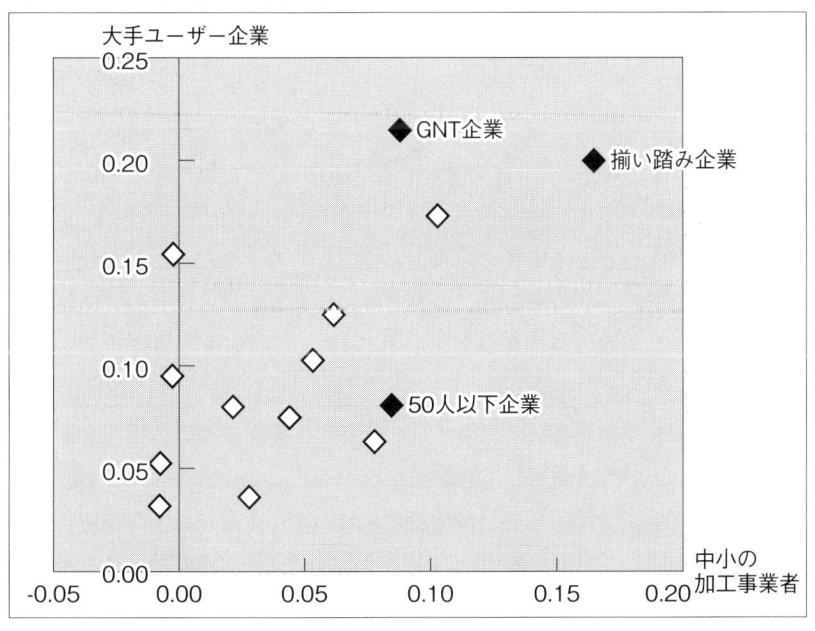

踏み企業は，産学連携だけでなく，企業間連携にも積極的な，およそ外部資源の活用に貪欲な企業群であるといえる。第7章第9節で平均値では正確な判定ができず結論を保留していた点について，この多変量解析の結果により黒白をつけることができた。

2) 連携先の企業や大学との距離（広域性）に関する分析

アンケート調査では，企業と大学に分け，連携先との時間距離を通常の交通手段で片道に要する時間として聞いている。1時間未満，1時間以上2時間未満，2時間以上の三択で尋ねたこともあって平均値でははっきりとした傾向がつかめず，第7章ではこの質問項目には触れなかった。しかし，企業が大学よりも広域に及ぶ傾向が平均値でみられたことから，大学は1時間未満か以上か，企業は2時間未満か以上かの二択（複数回答）に集計し直して分析した。

第1軸は企業も大学も遠い，第2軸は企業は遠く，大学は近いことを表わす結果となった。1軸を横軸，2軸を縦軸にとると（図6），GNT企業は第1象限に位置し，企業の場合は連携先が広域となり，大学は近くだけでなく遠くのものとも交流していることが分かる。一方，揃い踏み企業は縦軸に近い位置で，企業は遠く，大学は近くという傾向がみられる。第7章第9節で，GNT企業は製品開発のパートナーとして大学を必須と考える傾向が弱いと論じた。しかし，第1章第6節で紹介した代表的GNT企業である㈱エリオニクス（東京都八王子市）の事例をみると，企業間連携で解決できない場合，次に大学を探索しそこに相談を持ち込んでいる。こうしたことと，数量化理論Ⅲ類の結果を考え合わせると，必要に応じピンポイントで目的に合致する遠隔地の大学にも飛び込んでいくというGNT企業の姿を思い浮かべることができる。

一方，大学を連携先として極めて高く評価し，産学連携に積極的な揃い踏み企業は，地元の大学を重視し，連携を強めていることが今回の結果から窺える。地域の国立大学等は2000年代以降格段に地域の中小企業に対する技術移転等の働きかけを強めている。揃い踏み企業はそういう大学側の動きに最も機敏に反応し，日頃から地元の大学に足繁く通っているという姿が想像される。

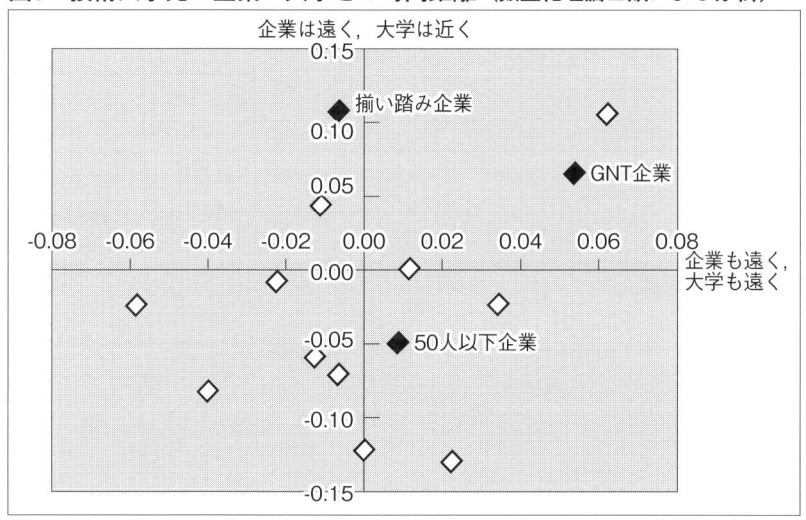

図6　技術入手元の企業・大学との時間距離（数量化理論Ⅲ類による分析）

3）差別化戦略に関する分析
―アフターサービス，ブランドで他を引き離すGNT企業

　第7章第10節で触れたとおり，アンケート調査では，他社の追随を許さない差別化戦略をみるために，そもそも模倣されるおそれが低いと考える理由について，複数回答で聞いている。この質問項目の7つの選択肢に数量化理論Ⅲ類の分析を適用したところ，第1軸は「高度な手作業が不可欠」，第2軸は他社にない機械・設備等を保有するなど「技術的レベルで差」，第3軸は「アフターサービスや長年蓄積したもので差」，第4軸は「ブランドの確立や長年の蓄積したもので差」と解釈できる結果となった。

　GNT企業は，差別化戦略でも他のNT型企業に優れていることは既に指摘した。しかし，4つの軸のうち1軸と2軸の属性別重心は負の値となった。したがって，技術的要因という一種の絶対的な差によって模倣可能性が低くなっているわけではないことが分かる。一方，3軸のアフターサービスと4軸のブランドの確立の属性別重心の値は正であり，経営上の差別化戦略を活用して，模倣を行おうという意欲をそぎ，断念させていることがみてとれる。

　そこで，アフターサービスを横軸，ブランドの確立を縦軸にとると（図7），

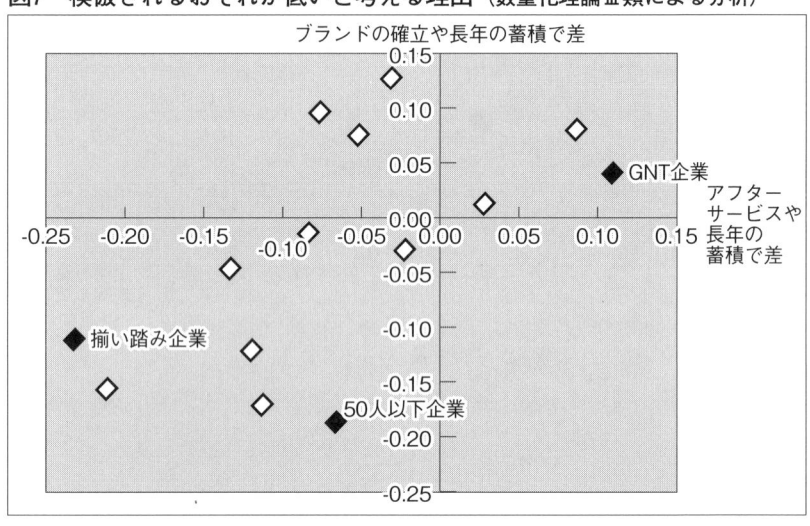

第二部　優れたニッチトップ型企業とその他企業の本質的な差

図7　模倣されるおそれが低いと考える理由（数量化理論Ⅲ類による分析）

```
                    ブランドの確立や長年の蓄積で差
                              0.15
                         ◇
                    ◇         0.10
                       ◇                            ◇
                              0.05
                                       ◇                  ◆GNT企業
                              0.00                                アフター
                                                                  サービスや
  -0.25  -0.20  -0.15        -0.05  0.00  0.05   0.10  0.15      長年の
                    -0.10                                         蓄積で差
                         ◇   -0.05
                              -0.10
          ◆揃い踏み企業    ◇
                              -0.15
            ◇         ◇   ◆50人以下企業
                              -0.20
                              -0.25
```

GNT企業は第1象限であるのに対して，揃い踏み企業，50人以下企業は値が共に負で第3象限となった。選択肢が多数にのぼり平均値で企業属性間を比較しても明確な傾向が読み取れなかった。しかし，この分析により，GNT企業が経営上の差別化戦略によって優位なポジションを維持していること，また，揃い踏み企業等に大きな差をつけていることが確認できた。

4）海外販売拠点の設置先に関する分析

アンケート調査では，海外における子会社等事業拠点の設置について，メンテナンス・アフターサービス拠点，販売拠点，生産拠点の3つに分け，国・地域に12の選択肢を設け複数回答で尋ねている。この質問も選択肢が多いため，平均値だけでは属性毎のはっきりとした傾向や属性間の差異を読み取ることは困難であった。そこで，販売拠点の12の選択肢に数量化理論Ⅲ類を適用した。なお，この設問は，第7章第2節でみたとおり海外事業活動に全体として遅れのみられる揃い踏み企業等も含め，現に海外拠点を有する海外展開に前向きな企業のみが回答していることに注意する必要がある。

第1軸は先進国，第2軸は中国，第3軸は米国，中国等「主要市場」，第4軸はBRICs，ラオス，ミャンマー等「新市場」を主に表わす結果となった。

横軸に中国,縦軸に主要市場をとると(図8),3類型とも第1象限にくる。したがって,中国や主要な市場の場合,GNT企業,揃い踏み企業,50人以下企業とも販売拠点の設置に前向きであると認められる。

図8 海外販売拠点の設置:主要市場(数量化理論Ⅲ類による分析)

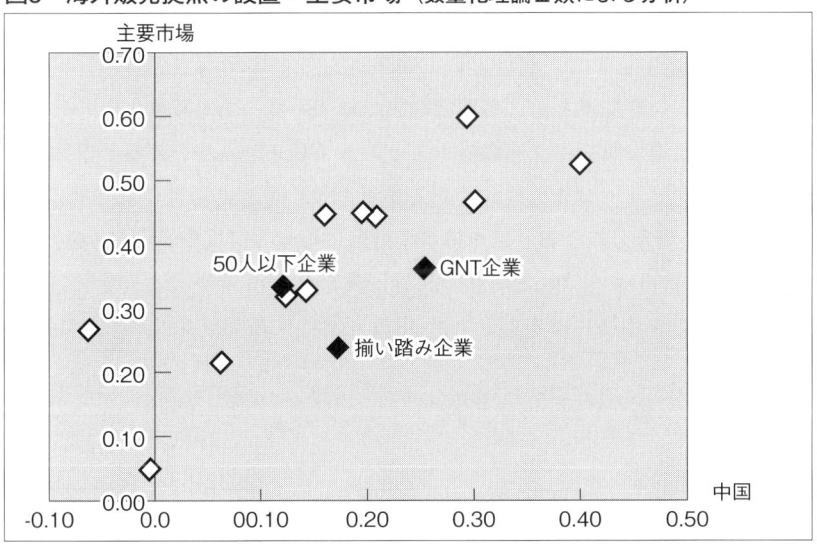

図9 海外販売拠点の設置先:新市場(数量化理論Ⅲ類による分析)

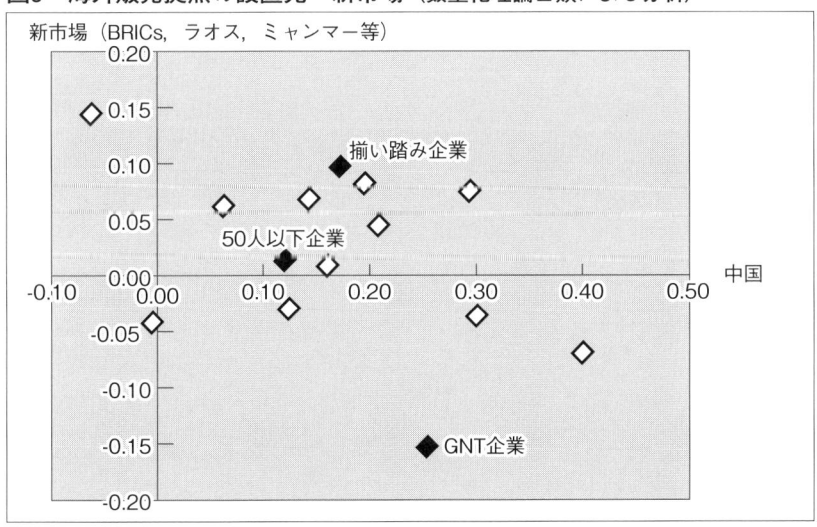

しかし，横軸は中国のままで，縦軸を主要市場から新市場に変更した場合（図9），揃い踏み企業は同様に第1象限であるのに対し，50人以下企業は横軸近辺，GNT企業は大きく横軸を割り第4象限に位置することになる。揃い踏み企業は全ての地域で拠点設置に積極的で新市場も例外でない。しかし，GNT企業は意図的に新市場については，進出を見送っている可能性が考えられる。すなわち，GNT企業は，高い非価格競争力を背景に国内で生産し輸出するというパターンを基本とし，当面は輸出で様子を見，ある程度市場として定着してから現地に販売拠点を設置するという手順を踏んでいる様子が推測される。インタビュー調査の対象である優れたNT型企業40社には，第3章第2節で詳しく紹介したとおり，海外事業活動にむしろ慎重な姿勢がみられた。GNT企業の新市場への販売拠点の設置にみられる消極性には，競争力が高い故に無理をする必要はないという40社と共通する傾向を読み取ることができる。

第三部

グローバル・ニッチトップ企業をめぐる政策課題に関する考察

第三部　グローバル・ニッチトップ企業をめぐる政策課題に関する考察

　第三部では，第一部で詳しく紹介した代表的なNT型企業40社のインタビュー調査と，第二部で分析したNT型企業663社のアンケート調査結果を踏まえ，政策的課題について議論する。具体的には，様々な観点から優れた特性を有するGNT企業を成功企業と位置づけ，そこまでに至っていないGNT候補企業をGNT企業に脱皮させるための政策支援について第10章で検討する。

　これに先立ち，触れておかなければならない重要な論点がもう1つある。それは，今我々が観察するGNT企業をはじめとするNT型企業は，長い時間をかけて形成されてきた一群の企業であるということである。主に戦後のものづくり企業をめぐる環境や産業構造の変化の影響を大きく受けて，独自の発展をとげてきた可能性が高い。このため，第9章では，関連する研究者等による各種文献とインタビュー調査，アンケート調査で得られた知見を照らし合わせ，GNT企業あるいはNT型企業が日本で，歴史的にどのように形成されてきたかについて検討する。

第9章
独自の発展をとげたニッチトップ型企業
―― 歴史的考察

　NT型企業の実態をより正確に理解するため，今観察できるNT型企業の特殊性がどのように形成されてきたのか，すなわち日本という空間や環境にどのように影響を受けてきたのか，戦後を中心に時間的にみてどのように変化してきたのかをここで考察する。

　ドイツの経営学者，ハーマン・サイモンの一連の研究（サイモン（1998），(2012)）によれば，特定の分野で極めて高い国際競争力を有する企業は，成熟した資本主義国を中心に世界に広範に分布している。しかし，第一部，第二部で触れたとおり，GNT企業等優れたNT型企業は，日本に高度に発達したものづくりにとってまたとない順環境を最大限に活用してきた存在である。さらに，ユーザー，サプライヤー双方の国内大手企業とのやりとりを通じ，育てられ，鍛えられてきた面が認められる。こうした環境と企業の間の相互作用を考慮すると，日本のNT型企業は日本型と呼ぶのがふさわしい独自の特徴を備えていることが十分に考えられる。

　一方，日本には，現在は大企業であるが，NT製品を当初の一製品から順次増やすことによって成長発展してきた企業も少なくない。こうして元は小さなNT型企業から大企業になった事例として㈱堀場製作所[25]がある。同社が扱う計測機器分野は，現在も多数のNT型企業が見いだせる業種である。

---

25) 戦後間もない1945年10月に堀場無線研究所として産声を上げ，1953年に㈱堀場製作所として設立された。

また，堀場製作所を含むいわゆる「**京都企業**」は業種が異なっていても，特定分野で極めて高い競争力を有し，首都東京ではなく世界に目を向けて活躍するグローバル企業であるという点で共通している。その意味では，GNT企業が発展し大きく成長したのが，堀場製作所をはじめとする京都企業であるとみることもできそうである。しかし，インタビュー調査を行った半導体製造装置メーカーで東京証券取引所第二部に2013年7月に上場を果たした**サムコ㈱**（京都市伏見区）の辻 理社長は，独立系ゲームソフト受託開発専門企業である㈱トーセと自社サムコは1979年創業だが，それ以降「京都企業」と呼べる企業が出てきていないという。

　日本のNT型企業に日本独自と呼べる特徴があるかどうかを明らかにするためには厳密な国際比較が必要である。また，NT型企業が時間をかけて規模を大きくし大企業になる可能性が日本経済の成熟化とともに低下してきているかどうかという問に正確に答えるためには，広範な専門的知見の統合が必要であろう。ここでは，こうした問題に今後専門家が関心を持ち，研究に取り組む端緒となる問題提起ができればという思いから，いくつかの関連する事実を積み重ねながら試論を述べたい。

　本章では主に2つの視点からみていく。1つは，日本の優れたNT型企業の特徴である，製品開発における大企業ユーザーあるいは大学・研究機関との親密な関係が歴史的にどのように形成されてきたのかという視点である。もう1つは，日本の市場環境及び産業構造の変化がNT型企業の企業成長にどのような影響を与えたかという視点である。後者の観点からは，中村秀一郎の一連の中堅企業論（中村（1964），（1976），（1990），（1993））に示される一般中小企業から群を抜き発展をとげた中堅企業生成の歴史的推移が1つの参考となる。

9-1　明治時代から存在し，広く分布するNT型企業

　日本のものづくりNT型企業は，製造業分野で技術を核として差別化を目指す独立型企業として，明治時代から存在してきた。例えば，代表的な「京

都企業」の1つである㈱島津製作所の創業者島津源蔵は，明治早々の1870年に設立された官立の研究機関京都舎密局(せいみ)において西洋技術の習得に努めた。同時に，舎密局から依頼を受けて，仏壇製造で身につけたものづくり技術を駆使し，器用に様々な資機材を製作し提供したという。島津製作所のホームページは，この間の経緯を「初代源蔵は，舎密局が開設されると足繁く通い，わが国の進むべき道は科学立国であるとの理想が芽生え，理化学器械製造の業を始めたのは明治8年（1875）3月31日のこと」であったと記載している。

　このようなNT型企業は，コアとなる内部資源として技術力が重要なことから，規模の大小にかかわらず，その時代の先端技術に関心が高く，大学や国の研究機関に親和性を持っていたといえる。また，日頃の接触を通じ，大学等から頼まれて資機材や測定装置を提供するなどユーザーとサプライヤーの関係から，先端技術に接近できる可能性を保有していた[26]。第一部で紹介した㈱鬼塚硝子（東京都青梅市）は大学や官民の研究所の多い東京都西部に立地し，1967年の創業から間もない時期は，主に研究者の求めに応じ実験器具等を製作していた。まさに島津源蔵とイメージが重なる。そして，その後も，大学，研究機関と親密な交流を続け，新製品開発に役立てている。

　こうした事例を踏まえ，より一般的に考えると，技術力に秀でたものづくり企業の多くは，江戸期以降に発展した地域に根ざした産業（地場産業）やその集積（産地），あるいはその後各時代に発展した産業（自動車，エレクトロニクス等）や各地のユニークな集積（同一産業集積，基盤技術型中小企業集積，多業種型中小企業集積等）から派生あるいはスピンアウトする形で生成してきたということができる。こうした中から，規模は小さいが優れたパフォーマンスを示す2つの企業群が形成されてきた。1つは，サプライチェーンに組み込まれた企業群であり，自動車産業に典型的にみられる高度な分業構造を支えている。もう1つが，本書の対象である独立性の高いNT型企業ということができる。

---

[26] 計測機器は日本でNT型企業が多い業種であるが，計測技術は，最先端の科学理論の実証のために用いられ，大学・研究機関は最先端のニーズを保有するユーザーである。また，新しい計測法の開発やこれまで計測することができた桁を1つ超える精度を計測する方法は，それ自体が最先端技術分野に属すことから，技術的にも極めて大学や研究機関と近い産業分野であるといわれている。

こうして生まれたNT型の企業は，2つの理由から，現在，全国各地に分布している。日本列島全体が高度成長期から1980年代にかけて世界的にも稀にみる製造業集積となったことが第一の理由である。NT型企業が派生する元となる産業や集積が日本の至る所に存在しているため，NT型企業が生まれる可能性はどこの地域にも認められるということである。

　もう1つの理由は，NT型企業は非価格競争力の高い製品を保有し，納期やコストに左右される度合いが低いこともあって，立地場所の制約が相対的に小さいことが考えられる。四国地方には，加工組立型産業の大手事業所の立地が少ないこともあって，サプライチェーンに組み込まれたタイプの優れた中小企業は少ない。しかし，NT型企業は，江戸期に遡れる伝統的産業から生まれた医療・医薬関係，製紙関係等でよくみかけられる。また，第一部で紹介した船舶用特殊タンクの**泉鋼業㈱**（香川県高松市）等重量構造物，重機を扱うユニークな企業が多いのも特徴である。様々な理由や経緯から四国で創業し，他の大規模工業集積から離れていてもデメリットが少ないことからNT型企業として成功しその地に留まっているものとみられる。

表4　アンケート調査対象NT型企業の都道府県別分布
（工業品出荷額等一兆円当たり企業数ランキング順）

順位	都道府県	企業数	全体(2,000社)に占める比率	2010年製造品出荷額等（億円）	出荷額1兆円当たり企業数
1	東京都	287	14.4%	82,422	34.8
2	高知県	14	0.7%	4,681	29.9
3	福井県	30	1.5%	18,070	16.6
4	新潟県	65	3.3%	43,280	15.0
5	石川県	35	1.8%	23,742	14.7
6	大阪府	230	11.5%	157,131	14.6
7	鳥取県	11	0.6%	8,428	13.1
8	京都府	58	2.9%	48,329	12.0
9	香川県	30	1.5%	26,144	11.5
10	山形県	29	1.5%	27,559	10.5
11	長崎県	18	0.9%	17,401	10.3
12	長野県	56	2.8%	56,383	9.9
13	宮崎県	13	0.7%	13,120	9.9

第9章　独自の発展をとげたニッチトップ型企業―歴史的考察

順位	都道府県	企業数	全体(2,000社)に占める比率	2010年製造品出荷額等（億円）	出荷額1兆円当たり企業数
14	神奈川県	160	8.0%	172,467	9.3
15	富山県	28	1.4%	32,233	8.7
16	徳島県	14	0.7%	16,756	8.4
17	奈良県	16	0.8%	19,181	8.3
18	山梨県	19	1.0%	23,210	8.2
19	島根県	8	0.4%	9,840	8.1
20	岩手県	17	0.9%	20,991	8.1
21	北海道	47	2.4%	59,529	7.9
22	佐賀県	13	0.7%	16,670	7.8
23	鹿児島県	14	0.7%	18,145	7.7
24	秋田県	10	0.5%	13,176	7.6
25	和歌山県	20	1.0%	26,769	7.5
26	広島県	64	3.2%	87,325	7.3
27	埼玉県	83	4.2%	128,532	6.5
28	福岡県	51	2.6%	82,076	6.2
29	青森県	9	0.5%	15,107	6.0
30	岐阜県	28	1.4%	48,275	5.8
31	沖縄県	3	0.2%	5,655	5.3
32	滋賀県	32	1.6%	65,741	4.9
33	熊本県	12	0.6%	25,209	4.8
34	兵庫県	67	3.4%	141,838	4.7
35	静岡県	72	3.6%	157,931	4.6
36	宮城県	15	0.8%	35,689	4.2
37	岡山県	31	1.6%	77,006	4.0
38	千葉県	47	2.4%	123,805	3.8
39	愛媛県	14	0.7%	37,924	3.7
40	群馬県	27	1.4%	75,268	3.6
41	愛知県	114	5.7%	382,108	3.0
42	福島県	14	0.7%	50,957	2.7
43	大分県	10	0.5%	40,791	2.5
44	栃木県	19	1.0%	84,591	2.2
45	山口県	13	0.7%	63,487	2.0
46	三重県	17	0.9%	97,647	1.7
47	茨城県	16	0.8%	108,458	1.5
	47都道府県計	2,000	100.00%	2,891,077	6.9

ちなみに，第二部で紹介したアンケート調査の対象として抽出したNT型企業2,000社の地域分布をみると，極めて興味深いことが分かる（表4）[27]。都道府県別に工業統計調査の製造品出荷額等の1兆円当たりの企業数をみると，高知県は29.9社で47都道府県中2位，香川県11.5社で9位，徳島県8.4社で16位と，四国は相対的にNT型企業が多いということがいえる。なお，東京都34.8社，大阪府14.6社，京都府12.0社と大都市を抱える地域で高くなっている。一方，愛知県3.0社，静岡県4.6社と，加工組立型産業の高度な集積がみられる地域では，製造品出荷額等の値が大きいこともあって低い値となっている。

9-2　高度成長期から1970年代までみられた規模拡大と中堅企業の簇生

　中堅企業の生成発展を体系的に論じ，長期にわたり観察してきた中村秀一郎の著書（中村（1993））には，60年代の消費財産業において「既成の中小企業業界に本格的な量産体制の確立によって衝撃を与える企業群が，例えば既製服，ランジェリー，レインコート，ストッキング，味噌，ハム・ソーセージ，パン，家具，ベッド，筆記具，といったふうなさまざまな分野で群生した。このような企業は，ほとんど大企業の多角化からは生まれなかった」という記述がみられる。すなわち，独立性の高い，創業型のBtoC（販売先が消費者）の企業で，需要の波をうまく捉え，中堅企業に発展する企業が60年代にぞくぞくと生まれてきたことが分かる。

　また，橘川（1998）は，戦後復興期から高度成長期初期における既存大企業の出遅れを指摘する。すなわち，「（戦前から続く財閥系企業である）既存の大メーカーの多くは，新たなビジネス・チャンスが生じた分野に他律的な要因により進出できなかったり，選択的に進出しなかったりした」と述べ，

---

[27] アンケート調査対象のNT型企業の抽出は，第6章第1節で示したとおり，筆者が様々な情報源から積み上げる形で行っているため，NT型企業の母集団の分布とは異なっている可能性がある。ここで示す数字はあくまでも参考情報として理解されたい。

前者の要因として財閥解体，独占禁止，労働攻勢等，後者の要因として既存事業の増産や品質改善に忙殺され新規技術分野（トランジスタ等）への進出が遅れたことを指摘している。一方，岡本（1988）は，エレクトロニクス分野の耐久消費財について，「重電メーカーは，1950年代後半，いわゆる家電市場の成長をみて本格的参入をはかったにもかかわらず，彼らは，民生用電気機器部門により多くの資源投入を一貫してはかった」としている。すなわち，東芝，日立等の重電メーカーは得意とするモーター応用機器である電気冷蔵庫やエアコン等民生用電気機器（白物家電）に一貫して手厚く資源配分を行い注力した。しかし，その一般家庭への普及が本格化するのが60年代後半と遅れ，その分テレビ等エレクトロニクス分野への投資が不十分で，出遅れがあったことを指摘している。こうした条件が，戦前からの非財閥系大手企業である松下や戦後の新興企業ソニー等に成長の機会をもたらす要因の1つであったと岡本はいう。

　このように，高度成長期から70年代まで（半導体等一部産業は80年代まで）は，国内の新規需要が爆発的に成長し，一方で既存大企業が様々な理由で手を出さなかったり出遅れたりした結果，規模の小さい企業が大きく成長する余地が，多くの産業・製品分野で存在していたと考えられる。別の言い方をすれば，この時期までは，製造業のほとんど全ての業種が産業のライフサイクルでいう「成長期」に相当し，中小企業から規模を大きく拡大する可能性がある分野がそこここに存在していた。

　このため，NT型企業の中から，製品は特化しているもののかなりボリュームのある分野で生産量を増やす（規模の経済性の追求），保有技術やユーザーといった面で関係の深い製品分野に横展開し製品の種類を増やす（範囲の経済性の追求）ことで，中堅企業さらには大企業に成長するものも少なからず輩出した。先に触れた「京都企業」のうち戦後大きく発展したものは，このいずれかで成功した企業がほとんどである。

　もちろん，高度成長期等の需要の拡大を通じ市場が成長した分野であっても，新製品が市場に投入された時点では小さい市場であることが一般的である。また，特にBtoB（販売先が事業者）の分野では取引きの初期段階では受注生産である可能性が高いなどユーザーとの緊密な関係が一定程度存在し

ていたと考えられる。したがって，こういう分野でその後中堅企業以上となった企業には，現在の優れたNT型企業と共通する特性を保有したものが相当程度含まれていたとみることができる。

例えば，岡本（1988）は，電子部品産業のうち半導体デバイスについては一貫して投資負担が大きく大企業性が強かったことを指摘している。これに対して，「一般電子部品分野では，どちらかと言えば，中堅企業－中小企業が成長したものが多」いとし，チューナーのアルプス電気㈱（1948年創業。以下，カッコ内は各社の創業年），セラミックコンデンサーの㈱村田製作所（1950年），誘電体ベースのコンデンサーの太陽誘電㈱（1950年），電解コンデンサーの日本ケミコン㈱（1947年），電気・通信機器部品のミツミ電機㈱（1954年），コイルの東光㈱（1955年），トランスの㈱タムラ製作所（1924年）を例に挙げている。これらはいずれも特定のBtoBの製品分野で一定の規模拡大に成功した企業であるといえる。

9-3 1980年代以降の国内需要の伸びの鈍化と企業規模拡大の可能性の低下

しかしながら，1980年代以降，産業のライフサイクルは多くの製造業分野で「成熟期」を迎え，ボリュームの拡大が期待される市場を独自に開拓できる可能性が全般的に低下していく。そうした中で，BtoBの製品分野では，BtoC分野以上に，中堅企業への成長の道は細くなる傾向があったと推測される。

そうした状況の下，NT型企業の中には，大きくなることよりも（あるいは，あえて大きくならないことを選択し），むしろ独自の市場で極めて高いパフォーマンスを目指す方向，より技術面等でエッジが立った方向に先鋭化するものが登場してきたと考えられる。その結果として，規模は小さいながらも，大企業も困ったことの相談を持ち込めるソリューション提供企業として，また大学・研究機関も一目置き大学等とも十分コミュニケートできる技術受容能力の高い企業として，自社を中心とする独自のネットワークを形成するNT型企業も輩出してくる。さらに，その中から，特に優れたGNT企業が誕生

してきたとみることができる。

　「ベンチャービジネス」という日本発の造語が世に出るのは，1971年の国民金融公庫の月報とされる。当時，同公庫の調査課長であった清成忠男氏と中村秀一郎専修大学教授が名付け親とされる。ここから中村は中堅企業論とは別の流れに属するものとしてベンチャー企業を区別していたことが分かる。ベンチャー企業に国（通産省）が直接関わることが確認できるのは，こうした企業への債務保証を目的とするVEC（（財）研究開発型企業育成センター）の設立が嚆矢であり，75年のことである。ここで注目すべきは，当時ベンチャー企業として想定されたものの中心が，ものづくり分野で研究開発集約度の高い生まれて間もない企業という意味の「研究開発型企業」であったということである。

　NT型企業とも関係の深い概念である「研究開発型中小企業」という用語が中小企業白書に初出するのはVECの事業を紹介する1976年版であり，81年版は既に定着した用語として特段の説明も加えずに使用し，将来性のある中小企業という観点から注目している。しかし，「研究開発型中小企業」という用語には創業間もないというベンチャー企業のニュアンスは必ずしもない。また，この白書では化学，計測器といった業種で研究開発費対売上高比率が大企業よりも高い中小企業が存在することを指摘している。ただし，あくまで研究開発に注目しており，ハイテク分野で先端を行く中小企業という観点が強く，優れた製品やサービスにおいて市場で特異の地位を築くNT型企業とは捉え方・切り口を異にしている。

　また，1981年の中小企業白書では，ものづくり中小企業における「技術による競争力強化」が大きく取り上げられ，民間主導で進んでいた異業種交流活動を国として支援する方向性が示された。また，全国各地に優秀な技術力を持った中小企業が出てきているという認識に立ち，それを支援するため，中小企業庁の地域フロンティア技術開発補助事業がスタートするのは83年度である。

　こうした動きは，全国各地に知識集約型製造業事業所を核とする集積都市を作り出すということで80年代前半に盛り上がったテクノポリス政策の展

開とシンクロナイズしている。テクノポリス法では，他地域からの主に大手のハイテク事業所の誘致を目指す「導入型」と技術力に優れた中小企業等地域に根ざす企業をさらに発展させる「内発型」の両者が開発計画に備わっていることが地域指定の審査の際に要件とされた。通産省は1981年度に国として「テクノポリス建設基本構想策定調査」を実施するが，全国19のテクノポリス候補地域にもそれぞれ独自に建設基本構想を策定するよう指示する。テクノポリス事業の優等生とされる浜松地域の基本構想をみると，テクノポリスの発展を通じ，「地場産業の中で高度な技術を有し，中小企業特有の小回り性を生かした『新しいタイプの中小企業群』を育成することによって，やがて地域産業の活力を持続させることにつながる」（静岡県（1982））と記されている。

　こうしたことから，まず，高度成長期から70年代にかけての国内需要拡大期において，「中堅企業」に注目する観点とは別に，特に70年代後半以降，技術面で優れたものづくり中小企業，すなわち「ベンチャー企業」，「研究開発型企業」に着目する流れがあったことが分かる。しかし，本書の観点から，より重要なのは，70年代後半から80年代にかけて，技術力で優れた独立性の高いものづくり中小企業の存在とその重要性が広く認識されるようになったという事実である。この背景に，今，観察されるNT型企業の原型が生まれ定着しはじめたことがあると考えて差し支えあるまい。

　一方，榊原（1988）は，1980年代後半に，新しい動きとしてエレクトロニクス大手企業が脱成熟化という新しい成長戦略を模索していることを紹介している。さらに注目すべき事象として「『ネットワーク的』な戦略と組織が一般化しつつあり，しかもその過程で中小規模の企業や新興ベンチャー企業に新たな役割が生み出されつつある」とし，「大企業が特定の資源を提供し中小ベンチャー企業が技術やアイデアを提供するという，大と小との組合せが目立つのも最近の特徴である」と指摘している。これは現在観察される，大企業ユーザーが優れたNT型企業にニーズを持ち込み，NT型企業がユーザー等の支援を受けつつソリューションを提供するという図式とよく似ている。大企業の外部資源の活用の動きは，業種によって異なっているが，受け皿と

なる優れた中小企業の登場と一定程度リンクする形で，70年代以降活発化すると考えてよかろう．

9-4　1970年代以降の大企業リニアモデルの崩壊と　　　外部資源としての中小企業

　外部資源として中小企業を活用する大企業の動きの背景には，1970年代以降の産業構造の変化とそれに伴う研究開発におけるリニアモデルの決定的衰退も一定の影響を有していると考えられる．「(基礎) 研究→開発→生産→販売」という一気通貫を目指すリニアモデルは，これらを大企業内部で行うことと表裏一体の考え方であり，元来シーズ志向，あるいは優れたシーズに基づき新製品を開発すれば，需要は自然と付いてくるという発想とみることができる．

　しかし，産業構造の変化と技術の高度化・複雑化により，シーズのみで製品を開発し巨大な市場を獲得する一般的可能性は，1970年代以降世界的に縮小していく．ほとんどの製造業分野では，相対的に垂直統合のメリットが薄れ，ニーズをいかにキャッチして製品に反映するかが重要性を増していく．また，情報通信技術 (IT) の進展により，半導体デバイス等ハードウェア産業及びソフトウェア産業の産業構造に占める重要性が増していく．ハード，ソフト産業は，多くの異なる企業の水平ネットワークが重要な役割を果たすという共通の特徴を有している．また，こうした産業は，IT応用財の供給を通じユーザー産業にも同様の変化をもたらす (西村 (2003))．

　こうした一連の変化は，大企業一般にとってユーザー企業や自社に有用な資源を保有する関係企業，研究機関等との連携の必要性を高めることになる．ここに中小企業を含めて技術的にエッジの立った企業の活躍する余地が発生したと考えることができよう．言い換えれば，経営環境の変化により，ユーザー大企業が自社の製品開発等において補完的にこうした企業を活用しようとする行動が促進されたと考えられる．

　これは世界共通の動きであり，大企業の要請に応える主体として，米国の場合はいわゆるベンチャー企業が大きな役割を果たしてきたと考えてよい．

一方，日本の場合は製造装置や測定機器等の資本財を従来から供給していた大企業・中堅企業と特殊用途により特化した同様の資本財を供給するNT型の独立性の高い中小企業が受け皿となった可能性が大きい。既にインタビュー調査，アンケート調査の紹介を通じ触れたとおり，こうしたNT型企業は，資本財大手企業からスピンアウトした者が創業するケースが少なくない。

　榊原（1988）では，1986年以降日本のエレクトロニクス大手企業の海外投資が活発化しており，「『米ベンチャー企業をいっせいに買い回っている』というレポートさえ出ている」との記述がみられる。日本の大企業の国内外での外部資源の活用の仕方には，非対称性がみられるといわれる。すなわち，日本の大企業は，国内ではベンチャー企業の買収をあまり行わず，国外では逆に極めて積極的であることが従来から指摘されている。

　その背景には，日米の有用な外部資源の保有主体に違いがあることがまず考えられる。ここでの文脈で言えば，米国はベンチャー企業，日本はものづくりNT型企業という相違である。もう1つの違いは，連携する相手先によって外部資源の利用の具体的なあり方が異なるという点である。すなわち，日本の大手企業は，必要な外部資源として米国のベンチャー企業を買収して内部資源化する。一方，日本のNT型企業に対しては，取引関係等を通じ関係の緊密化は図るものの，買収まではせず企業間連携という形で新製品の開発や問題の解決に協力させるという違いが存在することが考えられる。

　日本の大企業がNT型企業を外部資源として活用するようになる背景について，インタビュー調査の対象である電子ビーム及びレーザー加工の**東成エレクトロビーム㈱**（東京都瑞穂町）の上野保会長は，大企業の組織の変容，特に事業部制の広範な導入という変化の重要性を指摘している。加護野（1993）によると，日本の大企業の多くが事業部制を採用するようになるのは1960年代であり，多角化の進む電機・電子産業では製販分離の事業部制あるいは製造・製品開発の事業部と機能別の事業部の混在する職能別事業部制が特徴となっていると指摘している。一方，岡本（1988）は，日本のエレクトロニクス大手企業の事業部制は多様で，またどの企業とも分権と集権，あるいは分散と統合の動きが循環的に反復しているが，いわゆるプロフィットセンター

としての独立性，自律性は低い傾向があるとしている。しかし，製造現場である工場単位の分権化が事業部制採用後それ以前と比べある程度進んだことは確かであり，それが技術的環境の変化と相まって，自社内開発（内製）へのこだわりの低下，外部資源活用の積極化へとつながったことは十分考えられる。さらに事業部制が定着するのに伴い，大企業組織内の情報伝達や意思決定の面で効率性が損なわれ，大企業内部における製品開発能力が低下してきた結果，外部資源の活用の必要性が高まったことも考えられる。

9-5　1980年前後に完成された半導体デバイスメーカーと装置メーカーの連携

　日本で，技術的に優れた独立型の中小企業が重視される背景には，自動車とともに裾野の広さで特徴のある半導体デバイスを中心とする電子産業の発展がもたらした企業間連携の深化が影響している可能性も考えられる。

　佐久間（1998）第3章によると，日本の半導体デバイスメーカーは，1970年代前半までは米国から汎用性のある製造装置を輸入し，それぞれ自社製品に合わせて社内で改造しカスタマイズをしていた。しかし，1970年代後半になると，集積度の格段の向上のため独自の製造装置開発が不可欠となり，日本の半導体装置メーカーとの製造装置の共同開発が焦眉の急になったとされる。このため，70年代の半ばから導入され80年代に頻繁に行われた方式は，デバイスメーカーが，1）装置メーカーに研究開発委託費を提供し，開発段階から共同作業を行い，2）試作機をラインに据え，サンプル生産データをフィードバックし，一緒になって改良を重ね，3）予め成功すれば装置の発注を保証（買取り予約）し，4）さらに時間差をおいて競合他社への販売を認める，というものであった。装置メーカーにとってこれ以上は望めない極めて恵まれた条件の共同開発の形であったといえる。

　これは正にインタビュー調査で明らかとなった優れたNT型企業とユーザー大企業との製品開発における関係に極めて近い図式である。また，今回インタビューしたNT型企業の中にも40社中8社と，半導体製造装置あるいはそれに近接する産業分野に属するものが多いことから，注目される。第1章第

6節で詳しく紹介した㈱エリオニクス（東京都八王子市）は電子線描画装置等半導体製造に用いられる機器を製造しており，本目精吾会長は，実際，90年代の一定時期まではユーザーの面倒見は極めてよかったと証言している。
　こうした蜜月ともいえる半導体デバイスメーカーと装置メーカーとの連携関係は，それまで広く日本のものづくり企業間にみられたユーザーとサプライヤーの関係性を素地として，米国企業に追いつき追い越すという激しい競争に直面する状況の下で，高度に発達をとげ「制度」といえる段階にまで高められた完成形とみることができる。
　「『半導体立国』日本」（日本半導体製造装置協会（1991））は，半導体開発に当時携わった関係者の座談会を古い時代から順に行い記録したものであり，昭和20年代のトランジスタの時代からデバイスメーカーと装置メーカーの共同開発が存在していたことを確認できる。ただし，両者の関係が一様ではなく，変化してきたことは興味深い。同書には，1950年前後には将来性が見通せないこともあって，装置メーカーはデバイスメーカーを信用しておらず必ずしも協力的でなく，仕方なくデバイスメーカーが必要な装置を内製していたという話が出てくる。また，65年頃には，逆に，デバイスメーカーが内製し装置産業が育たないことを通産省が産業政策上の観点から好ましくないと判断し，デバイスメーカーに外注するよう行政指導を行ったという話が紹介されている。さらにその後10年くらいで装置メーカーが実力をつけ75年頃には輸入品を国産品がほぼ抑えるという状況が生まれたということが述べられている。そして既にみたとおり，1980年前後に連携関係は最高潮に達する。しかし，佐久間（1998）によると，90年代以降は，技術革新のスピードが速まり，開発した装置メーカーが他のデバイスメーカーに販売を許される時期（例えば3年後）には装置が陳腐化するなどの事情からデバイスメーカーと装置メーカーの日本型共同開発はとられなくなったという。
　いずれにせよ，こうした事実から，NT型企業とユーザー大手企業の製品開発における密接な連携関係は，半導体製造装置開発を筆頭に，70年代以降高度に発達した多様な企業間関係の1つとして日本独自の要素を含んでいるとみることができる。

9-6 企業間連携を仲介しNT型企業の発展を促した国の研究機関と研究員

「超LSIへの挑戦－日本半導体50年とともに歩む－」（垂井（2000））は，通産省電気試験所，通産省工業技術院電子技術総合研究所（電総研）の研究者，超LSI研究開発組合共同研究所所長を歴任した著者の回顧録である。勤務した電気試験所や電総研の開発の取組みが具体的に紹介されている。そして，トランジスタの時代から，デバイスメーカー，製造装置・計測器メーカー等から出向の形で研究生を集め，共同研究が行われてきたことが述べられている。著者が東京農工大学教授に転出するに際し，大学では最初は学生もないことから，企業に研究生の派遣を個別に要請したエピソードも紹介されている。ここから企業派遣による研究者の受け入れが，1976年の超LSI研究開発組合組成の遙か以前から国の機関の研究の基本スタイルになっていたことが分かる。また，列挙されている派遣企業名をみると大企業だけでなく中堅・中小企業と思われる企業も多数含まれている。

第1章第6節で紹介したとおり，**エリオニクス㈱**（東京都八王子市）の本目精吾会長は，旧電電公社が，産業政策の観点から，潤沢な研究開発資金をバックに，中小企業であるエリオニクスに共同研究を持ちかけてきたことを証言している。電電公社の電気通信研究所（通称「通研」）は，日本の情報通信産業の発展に共同研究の発注主体や機器・装置の初期需要者として貢献したことがよく知られている。戦後GHQの命令で戦前の通信省電気試験所から分離された電気通信省電気通信研究所が前身であり，残った商工省電気試験所がのちに通産省の電総研となる。

このように国の半導体関連の研究機関は，トランジスタの時代から個別デバイスメーカーに先駆けて製造装置の試作をする際に独立性の高い中小企業と共同開発をしたり，市場に存在しない計測機器のユーザーとして中小企業に発注し一緒に開発したりと，装置・機器の初期需要を創出し，技術や経験を移転する上でも貢献が大であった。ここから自然と国の研究機関の研究員が橋渡し役となって，その後のデバイスメーカーと中小企業を含む装置メーカーの連携促進に寄与したことは，日本の特徴としておさえておく必要があろう。

もう1つ興味深く重要な点は，半導体等先端技術の性格が強い分野では，関連する研究や製品の開発に携わる官民の関係者が少なくとも初期の段階では小さな集団であることが多いということである。例えば，垂井（2000）は，電気試験所の研究者が1964年に出版した「半導体処理技術」という書籍が当時関係者のバイブル的存在であったが，発行部数が700部ということから関係する官民の研究人口や業界関係者のサークルが小さかったことを指摘している。このように先端技術と関係が深い製品分野では，市場の導入期から成長期にかけて，開発に従事する関係者がスモールコミュニティを形成している可能性が高い。こうした段階で，国の研究機関のような企業の大小に余り頓着しない介在者が存在する場合には，自然と小さな規模の独立系の資本財メーカーがユーザー大企業と接近して，協調関係の下で製品開発を行うという構図ができやすいと考えられる。NT型企業が発展する上で，企業間連携や産学連携を通じ有機的なネットワークを自ら形成していくことが重要だという点は，第一部，第二部で強調してきた。それが可能となる背景として，先端技術分野では関係者のスモールコミュニティ性が高いこと，様々な連携を介在しネットワークの結節点（node）となる国の研究機関の研究員が存在していること等が考えられる。今後引き続き究明すべき重要な論点の1つといえよう。

9-7　ユーザーとNT型企業の親密な関係は20世紀の遺物となるのか

　これまでみてきたとおり，日本列島がものづくりの集積として頂点を迎える1980年代まで，一般的に大企業ユーザーにはゆとりと見識があり，自ら欲しいと思う装置等を金と時間をかけて開発するという姿勢が存在していた。しかも，大企業内には自社内で内製しようという志向が，業種を問わず，一定程度存在していた。少なくとも，足りない部分のみを外部に求め丸投げはしないという基本的姿勢が広くみられた。このため，足りないもの，外部に頼らなければならないものは何か，言い換えれば自社のニーズがどこにあるのかを認識している度合いが高かった。優れたNT型企業の新製品開発には，こうした大企業ユーザーの先鋭な自社ニーズとその実現への強い意欲が，大

第9章　独自の発展をとげたニッチトップ型企業―歴史的考察

いに寄与していたと考えられる。

　しかし，90年代以降，大企業の製造事業所の海外移転が進み，系列性の強い中小企業も移転を余儀なくされ，一方，大田区等に集積する単工程加工サービス提供型の中小企業の廃業が進むなど日本の製造業の全般的衰退が顕著になりつつある。そうした環境変化の中で，全国各地に主要な拠点を残しつつ好業績を上げているGNT企業等優れたNT型企業の存在感が相対的に増大している。また，企業間連携のハブとして新たな創造的ものづくりを引っ張っていくなどイノベーションの担い手として，より積極的な役割が期待されている。

　これまでみてきたとおり，NT型の独立性の高いものづくり中小企業は，時代的にも昔から存在し，サイモン（1998）で世界に知られることとなったドイツの「隠れたチャンピオン（Hidden Champions）」のように，少なくとも外形的には世界的にも広くみられるタイプの企業である。また，GNT企業が輩出しやすい事業分野についても，日本では前に触れた計測機器・分析装置の他，レーザー，電子ビーム等特定の高度加工用機器と加工サービスがあるが，サイモン（1998）に紹介されているドイツの事例でも，計測とレーザー加工は隠れたチャンピオンの多い業種・分野として挙がっている。これは，おそらく技術的特性から，科学的知見との距離が近い，受注生産的要素が強いなどという特徴があって，洋の東西を問わずNT型企業が輩出されやすい，ニッチ市場を形成しやすいといった別の理由，普遍的な理由があることを推測させる。

　しかし，本章で引用した研究者の指摘する日本の歴史的事実を踏まえると，世界各国にNTタイプの企業が存在するとしても，日本のNT型企業は我が国の産業構造や企業を取り巻く環境の変化により独自の発展をとげてきた可能性が高い。そして，GNT企業等特に優れたNT型企業は，日本のものづくりが無類の発展をとげた20世紀の後半の環境から生み出される有形，無形のメリット（外部経済）を自社に有利な形で最大限に活用してきた企業であるとみることができる。その見返りに，優れたNT型企業は，規模は小さいながら大企業，あるいは大学等の研究者にも一目置かれ，頼られる企業として，極めてユニークな存在，日本の経済社会にメリットをもたらす貴重な

存在となっているのではないかと考えられる。

　そうした意味で，本書がとりわけ注目するのは，大企業ユーザーとNT型企業の製品開発における良好な関係である。これは，日本の環境が生み出した独自の企業間関係である可能性が高い。加えて，半導体デバイスメーカーと半導体製造装置メーカーによる半導体製造装置の共同開発にみられるように，一部，制度と呼んで差し支えないようなレベルにまで高度に発展したことは注目に値する。しかし，このように，環境変化が生み出した特殊性を認識すればするほど，異なる環境に移行した場合にこれまであったものが失われる可能性が高いことにも思いを致すべきであろう。

　GNT企業は，20世紀の最後の四半世紀という時代に，日本という場が生んだ，極めて貴重な存在なのかもしれないのである。

第10章
GNT企業，成功の秘訣
──必要とされる政策

　これまで本書では，第一部で，代表的40社のインタビュー調査に基づき，NT型企業の共通点を抽出した。第二部では，より広い全国のNT型企業2,000社を対象とするアンケート調査結果に，様々な分析手法を適用しNT型企業内の比較を行ってきた。また，前章では，日本のNT型企業が，高度に発展したものづくりに適した環境の下で，歴史的にみて独自な発展をとげてきた可能性が高いことを論じた。

　本章では，以上を踏まえ，日本のNT型企業をGNT企業という特に優れた成功企業群とその候補企業として捉え，後者がGNT企業となるために必要とされる支援のあり方について議論する。

10-1　GNT企業と揃い踏み企業という企業群の存在

　今回特に重要な発見として，まず「GNT企業という企業群の存在」が挙げられる。GNT企業は「NT製品を複数保有し，そのうち少なくとも1つは海外市場でもシェアを確保しているNT型企業」と定義される。インタビュー調査で得られた優れたNT型企業に共通する点が，アンケート調査のGNT企業の特徴に細かな点まで一致することが今回確認できた。

　特に注目すべきは，優れている面だけでなく，優劣で論じられない企業行動上の特色にもインタビュー調査と同様の傾向が明確に読み取れることである。例えば，最初のNT製品が海外で先に売れたとする企業が多いこと，輸出を早い時期から行いながら，海外での拠点設置ではむしろ慎重なところが

みられる点等である。インタビュー調査で得られた優れたNT型企業の特徴をここまで明確にアンケート調査のGNT企業のデータで裏付けられるとは筆者自身も事前に予想していなかった。別の言い方をすれば，GNT企業の定義を構成する，NT製品の複数保有と海外市場シェアの2つの条件が，他のNT型企業とこれほど大きな差異をもたらすとは考えていなかった。今回のアンケート調査に基づく統計的解析によってはじめて明らかになった事実ということができる。

　しかし，GNT企業については，予想通りの結果が得られたという意味でインタビュー調査の結果を統計的分析に耐えるより広い多数のサンプルで確認したものであり，まったく予想外の発見という訳ではない。その意味で，明らかな新発見といえるのは「揃い踏み企業という企業群の存在」である。揃い踏み企業は，3つの中小企業施策を全て利用しているNT型企業であり，定義から施策活用に熱心な企業である。しかし，それ以上に特異な点は，NT型企業の中で際だって産学連携に熱心であり，企業間連携にもGNT企業に匹敵する積極性が認められることである。この何事にも前向きな揃い踏み企業はNT型企業全体663社の約1/3を占め，大きな一群を形成していることも注目される。

　優れたものづくり中小企業をターゲットに国や自治体が個別に支援する産業クラスター計画等の政策的支援が，本格化するのは1990年代末以降である。第7章第11節で論じたように，こうした政策が，揃い踏み企業群の形成に一定のインパクトを与えたことは間違いない。その意味で，揃い踏み企業の存在そのものが，一定程度政策効果があったことを示す状況証拠であるとみることができる。

　しかし，一方で，GNT企業と比べると揃い踏み企業は様々な点で見劣りする，あるいは完成度が低いという点にも注目する必要がある。別の言い方をすれば，今回の一連の分析を通じ，結論として，1）GNT企業を成功企業とし，揃い踏み企業，50人以下企業等をGNT候補企業として捉え，2）その差を元に，揃い踏み企業等からGNT企業へ脱皮を促す有効な方策を論じること

に，一定の意味があるといってよかろう。序章で触れた，ものづくり中小企業の支援の現場にみられる「支援疲れ」や「支援され疲れ」といった一種の閉塞感の存在と考え合わせると，支援者は現状に満足することなく，やる気と能力のある揃い踏み企業等をGNT企業に脱皮させる次の方策に踏み込むこと，新しい支援のフェイズに移行することを求められているといえる。それではどのような政策が今後新たに必要とされるのか，以下議論していきたい。

10-2 GNT企業と揃い踏み企業の差を生む要因

これまでGNT企業と揃い踏み企業の間には，様々な点で異なる特徴があることを論じてきた。こうした差異の背景にはどのようなことが考えられるのであろうか。

GNT企業と揃い踏み企業との間に差が生まれる原因として1つ確実にいえることは，社歴に代表される経験の長さ，あるいは重要なイベントが起こった時期の前後関係に示される時間差である。創業年については，平均値でみるとGNT企業は1959年，揃い踏み企業は1961年と2年しか異ならない。しかし，ヒストグラムを作って詳しくみると平均値では分からない大きな差が存在する（図10）。例えばピーク（最頻値）を比べるとGNT企業が1970年代，揃い踏み企業が90年代であり，20年もの差がある。一方，最初のNT製品の実用化の時期は平均値でみてもGNT企業1981年，揃い踏み企業1988年とかなりの開きがあり，自社製品の最初の輸出時期は平均値でGNT企業1982年，揃い踏み企業1991年とさらに差が広がる。従業者50人以下の企業は創業年の平均値でみても1973年であり，揃い踏み企業からみてもかなり若い企業といえる。

NT型企業の社歴の長さと規模を表わす指標の相関係数は，売上高，従業者数のいずれの大きさでみても約0.3であり，年を重ねながら徐々に規模を大きくしていることが分かる。そうした成長は外形だけでなく企業としての内面の質的成長についても存在することが予想され，一朝一夕に優れた企業はできあがらないと考えられる。

図10　創業の年代別分布

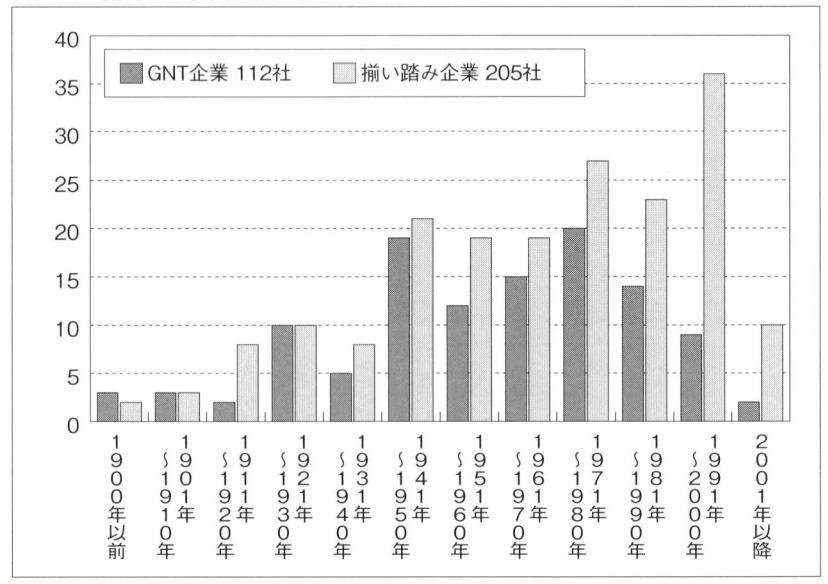

棒グラフ：GNT企業112社、揃い踏み企業205社

年代	GNT企業	揃い踏み企業
1900年以前	3	2
1901～1910年	3	3
1911～1920年	2	8
1921～1930年	10	10
1931～1940年	5	8
1941～1950年	19	21
1951～1960年	12	19
1961～1970年	15	19
1971～1980年	20	27
1981～1990年	14	23
1991～2000年	9	36
2001年以降	2	10

注：揃い踏み企業は加工サービス企業を除いたベース。

もう1つ差を生む要因は，外形や内面の成長が社歴の長さの直接的効果であるとすれば，社歴の長さの間接的あるいは反射的効果である。簡単に言えば，GNT企業が創業から平均で50年間以上，生き残ってきた，淘汰されずに残ってきたという事実が，結果として差に表われている可能性である。その背景を考えると，さらに環境という他律的要因と能力という自律的要因が存在している。

第一部では，インタビューした日本を代表する優れたNT型企業では，最初のNT製品が国内で売れず海外販売が先行することが少なくないことに言及した。そして，第7章第7節で，このパターンはアンケート調査のGNT企業のパターンと一致し，相対的に早い時期に輸出に成功したGNT企業の特徴の1つとして理解できることを指摘した。最初のNT製品の実用化の時期の平均は，GNT企業が1981年に対して揃い踏み企業1988年，50人以下企業1989年と大きな時間差が存在する。しかも，輸出環境，国内のマクロ経済環境及び大手企業の国内生産は，1985年のプラザ合意を機に円高が急速に進行する前と後では大きく変化している。このため，GNT企業は，揃い踏

み企業や50人以下企業よりも，恵まれた環境下で最初のNT製品の輸出を進められたという見方もできる。このように，企業を取り巻く環境が差をもたらしたとみるのが他律的要因の考え方である。

しかし，GNT企業の定義に当たる2つの条件が，前節で議論したとおり，様々な点で特徴的な差を生むということから，環境だけでなく能力の差という自律的要因の果たす役割が大きいことが考えられる。すなわち，複数のNT製品を保有するという条件と海外市場でも一定の市場を確保しているという条件が大きな違いをもたらしており，前者は製品開発能力という意味でのイノベーション能力の高さを表わし，後者は製品の高い非価格競争力を支える能力やノウハウの蓄積と密接に結びついているという考え方である。別の言い方をすれば，自律的要因がより重要と考えられ，GNT企業の定義からその製品開発能力と国際戦略性が注目されるということである。

10-3 GNT企業にあって他の中小企業に足りないもの
──「イノベーション・コーディネート機能」

まず，製品開発に関係する広い意味での能力について考えてみたい。

競争企業による模倣や代替的な機能を提供する新製品，新技術の出現という可能性を考えると，長い期間にわたりNT型企業として存続し続けるためには，通常NT製品あるいはオンリーワン技術を1つだけ保有しているだけでは十分とはいえず複数保有していることが必要になる。代表的NT型企業40社のインタビュー調査では，第1章でみたとおり，複数のNT製品を保有している，あるいは加工用途は類似しているものの基礎となる技術の種類が異なる加工サービスを複数提供していることが多くの企業について確認できる[28]。また，

---

28) 加工サービス企業について実例を挙げれば，第1章第1節で紹介したとおり，東成エレクトロビーム㈱（東京都瑞穂町）の場合，創業当初は電子ビーム専業であったが，6年後に競合技術であり電子ビームと異なる長所・短所のあるレーザー加工技術を併せて提供することで業績を拡大している。上野保会長はレーザー加工技術の追加的提供は自社にとって「第二創業」に相当すると述べている。

こうした企業の中には，第4章第3節でみたとおり，環境の変化によりいくつかのNT製品で市場を失ったことが知られる。彼らは，他の製品を開発することで，こうした危機を乗り切ってきた。したがって，NT型企業が長期にわたり生き残り続けているということは，その裏返しとしてNT製品やオンリーワン技術を次々と生み出す広い意味での高い開発能力がその企業に備わっている可能性が高いことを意味している。

　それではNT型企業の新製品を開発したり新加工技術を獲得したりする能力はどこからもたらされるのか。もちろん，内部資源として蓄積した技術力，ノウハウ等が不可欠であり，その果たす役割は極めて大きい。しかし，大企業とは異なり内部資源には自ずと限界があり，外部資源をうまく活用できるかどうかがむしろ成否を決めるカギとなる。
　今回のアンケート調査に基づく第7章及び第8章の分析から，企業間連携の重要性が確認でき，特にGNT企業については大手ユーザーとの緊密な関係性が明らかとなった。また，第1章第6節で紹介したエリオニクスの事例や第9章の日本のNT型企業をめぐる歴史的考察から，GNT企業等優れたNT型企業は大手ユーザーから直接，間接に恩恵を受け，育てられてきたという要素が少なくないことが分かっている。
　ここから，製品開発能力を支える2つの要素，1）ユーザーが自ら解決できない高度なニーズをユーザー側から持ち込んでもらえるという条件，2）外部資源を活用する経験を積み，ネットワークの確立や様々なノウハウの形で内部資源として蓄積しているという条件，を兼ね備えているのがGNT企業だということができる。筆者は，この自社に必要なニーズとシーズを有機的に結びつける機能を「イノベーション・コーディネート（IC）機能」と改めて概念化したいと考えている。要するに自社の保有するコア技術の活用といった製品開発に係るスタンドアローンな能力とは別に，自社に足りないニーズとシーズを外部の異なる複数のプレーヤーから調達して有機的に結びつけるという機能を担う能力が存在し，このニーズとシーズを結びつける機能を別途「IC機能」と呼ぶという考え方である。
　実はIC機能は，GNT企業の専売特許ではなく，かつての製造業大企業が

日々実践していた，ありふれた機能であると考えられる。大企業の場合はニーズそのものを自ら具体化する機能も果たしていたが，事業部の現場や密接な連携のあった研究所や設計部門は，このIC機能を発揮して新製品開発を行ってきた。その具体的事例であり，システムにまで高度に発展したのが，第9章第5節で紹介した半導体製造装置をめぐる半導体デバイスメーカーと装置メーカーの関係である。ユーザーであるデバイスメーカーは，輸入品をカスタマイズするための製造装置の改良を自社内で行い，測定機器の内製も一定の経験を積んできた。そのため，ニーズは先鋭化し，欲しいシーズも具体的に分かっていた。自社で足りない外部資源を探索・調達し，装置メーカーと一体になって製造装置を開発した。こうしたユーザーのIC機能を間近にみることで装置メーカーは育てられた。この中にはGNT企業も含まれ，中小企業でありながらIC機能も身につけることができたと考えられる。

　アンケート調査から，揃い踏み企業には，大学はもとより企業間連携でもGNT企業に匹敵する積極性があることが判明した。しかし，揃い踏み企業は，「ユーザーに頼られ，ニーズを持ち込んでもらえる」という点でGNT企業に見劣りしている可能性が高い。今後，真のイノベーター企業に脱皮するには，製品開発に向けた企業間連携の機会を自ら生み出す機能，すなわちIC機能を果たせるよう経験を重ねることが必要である。このため，揃い踏み企業等GNT候補企業を製品開発等目的が明確で内容の濃い企業間連携に巻き込み，大手ユーザー企業等がIC機能を発揮する実際の様子を間近でみ，IC機能の一部を担う経験を積む機会を増やしていくことが重要な政策課題となる。

　具体的方策としては，国が様々な目的から公募事業として実施している，大企業やGNT企業が核となって行うコンソーシアム型の研究開発プロジェクトについて，金額，補助率，執行条件等を魅力的にし，採択件数を増やすことがまず考えられる。加えて必要なことは，やる気と能力のある中小企業をコンソーシアムのメンバーに含めることを採択の条件として課すことである。
　フランスは，欧州の中でもイノベーションを生み出す集積の形成を目指すクラスター政策に熱心であることで知られている。その特徴は，国際的に通

用するクラスター，それに準ずるクラスター，ローカルクラスターの3つに分け，その順番で研究開発資金を大胆に重点配分していることである。さらに，大企業への研究開発資金の提供をクラスター政策に集中し，大企業が国から研究開発資金を得ようと思えば，クラスター推進機関の組成するコンソーシアム型のプロジェクトに参加する必要があるように仕向けている。クラスター推進機関は，会員である地元の中小企業を交えてプロジェクトを組成する。筆者は，これは実に巧妙な方法であり，GNT企業を育てるために是非見習うべきものと考える。

写真14
2011年2月ベルギーのブラッセルで開催された日欧産業協力センター主催「クラスターを通じた中小企業のイノベーション促進に関する日欧ワークショップ」に出席する筆者(左端)。

　また，第8章第3節で，揃い踏み企業は補助金の多頻度利用者であるものの，GNT企業ほど効果を実感できていない，空回りしている可能性が高いことを指摘した。一方，第5章第5節では，優れたNT型の企業がハブとなって行う「スーパー新連携」の一類型として，国の補助金等を活用し，既存メーカーに発注できない高性能加工機械をそれを必要とするNT型企業が中心となり関連企業・大学等の協力を得て開発する取組みを紹介した。そして，開発された加工機械はスペックダウンすることにより外販も可能である，市場化が可能であるということを指摘した。こうした事例を考慮すると，揃い踏み企業等中小企業が申請主体となる技術開発補助金の審査では，きちんと市場化という成果に結びつくよう，具体的なユーザーニーズが把握されている

か，ソリューションを出すための連携先，シーズ等の外部資源の調達先が確保される見通しが十分に立っているか，申請書に記載させ厳しくチェックするなどの工夫が必要である。

　一方，GNT候補企業を育てる，GNT企業をさらに一皮剥けた存在にするためには，政策的支援の有無にかかわらず，優れた中小企業を巻き込んだ企業間連携が外国企業を含めてビジネスベースで活発化していくことが重要である。その意味で，合弁，M&A，共同出資による新会社の設立等，よりコミットメントの高い形で中小企業も参加する企業間連携が柔軟，迅速に行える環境を整備することも今後重要な課題となる。第5章第5節では，製品開発を念頭に置いた加工サービス企業による「スーパー新連携」の事例として，ファイブテックネットと大阪ケイオスの事例を紹介し，それぞれうまく機能するよう連携参加者のコミットメントを高める工夫が検討されていることを指摘した。国や自治体もこうした先進事例を参考に，必要な制度的バックアップについて検討する必要がある。

10-4　GNT企業にあって他の中小企業にないもの──「国際戦略性」

　第7章第2節で紹介したとおり，GNT企業は，自社製品の最初の輸出時期，海外売上高比率等海外事業展開で一頭地を抜いており，NT型企業の平均に及ばない揃い踏み企業，50人以下企業とはっきりした差が認められる。また，第7章第12節でみたとおり，GNT企業は，海外見本市出展費用の直接経費補助のニーズが，実需を反映して他のNT型企業よりも統計的に有意に高い。一方で，第8章第4節で分析したとおり，GNT企業は，新市場に対する海外販売拠点設置にむしろ慎重な姿勢がみられる。この背景には，様々な差別化戦略を通じ常に高い非価格競争力を維持していることがある。そのため，当面は輸出で様子を見，ある程度市場が定着してから販売拠点を設置するといった，冷静さとゆとりがある。このようにみてくると，おそらくGNT企業にあって候補企業に欠けているのは，海外との競争に直面しそこで戦略的に振る舞うという「国際戦略性」であろう。

　GNT企業は，第7章第2節でみたとおり，最初の自社製品の輸出の時期は

平均値でみて1982年と，NT型企業平均の1988年よりも6年も早い。プラザ合意により円高が急速に進行する時期よりも前で，中小企業の海外生産が本格化する時期はもとより大企業の海外直接投資の拡大が進む時期にも先行する。いわば日本の輸出がまだ全般的に活発だった時期から，GNT企業は国内で開発・生産した製品を海外に輸出してきた。また，第3章で紹介したインタビュー調査対象40社の事例をみると，優れたNT型企業に共通する特徴として，海外見本市を有効に活用していることが指摘できる。見本市，展示会では，製品そのもの，すなわち製品の非価格競争力を実際に試すことになる。その場合，一般的に非価格競争力が高いとはいえ，第3章第2節で紹介した**ローツェ㈱（広島県福山市）**の事例にみられるように，内外のコスト差やユーザーの反応には敏感にならざるを得ない。さらに，インタビューした多くの企業が中国を中心に海外市場で模倣品が出回ることを経験している。こうした情報も見本市への出展の際に得られることが多い。

　現在，大手企業による海外への生産移転が著しい。このため，中小企業が受注を確保するためには海外生産も不可避であり，日本を出て行く海外展開支援の充実が緊急の課題であるという風潮が強い。しかし，ものづくり中小企業といってもNT製品という非価格競争力が相対的に高い独自の自社製品を保有するNT型企業の場合には，海外生産を企業の申し出に応じてやみくもに支援するべきではない。むしろNT型企業に対して国内で生産し輸出することを基本とするよう奨励し，国内における設備投資を促進するなどの方策を通じ，長期的に生産性向上を図っていくことの方がより重要である[29]。

　こうした基礎体力を高める政策と並行して，揃い踏み企業等GNT候補企業を飛躍させるために当面必要な最優先の課題は，海外見本市への出展により自社製品を海外ユーザーに直接売り込むなど一種の「他流試合」の場，機会を増やすことである。そうした機会を通じ，販路開拓だけでなく，海外ユーザーのニーズを入手し将来の新たな製品開発に役立てるなど長期的メリットも期待できる。今後は，支援予算の拡充に加え，開催される前年等早い時期から申し込みができるよう[30]予算を恒常化する，あるいは複数年度にわたる執行を認めるなど運用の改善が必要である。

写真15
ドイツのハノーバーメッセでの㈱NCネットワークのブース。
㈱NCネットワークは，登録された中小企業の中から発注先をインターネットで検索できるサービスや受発注マッチングのサービスを提供している。

　加えて，日本への留学経験者を優れたNT型企業に紹介する信頼できる第三者によるマッチングには，極めて高いニーズが存在することを指摘しておきたい。第3章第4節で詳しく紹介したとおり，優れたNT型企業には日本への留学生をうまく活用しているものが極めて多い。こうした企業と留学生はWin-Winの関係を築くことができる。すなわち，NT型企業は足りない内部資源である国際事業人材を確保することができる。一方，留学経験者の多くは，日本の大企業に就職したものの，やり甲斐のある仕事を与えられず不満を抱くことが多い。この背景には，日本人新卒者と異なり，若い内に経験

---

29) 国，自治体，支援機関，地域金融機関の関係者には，サプライチェーンに組み込まれ特定の取引先との関係が深い中小企業と本書で紹介したNT型企業は大きく異なることを認識し，是非区別していただきたい。違いは，その企業が提供する製品やサービスの非価格競争力の程度であり，それは利益率に反映される。高い利益率を上げている中小企業は，何らかの要因により差別化し，他社の追随を許していない。逆に利益率が低い場合は，取引先に買いたたかれている可能性が高い。その原因は，取引先からみて少なくとも長期的に代替が可能である，他の企業を見つけられるということにある。したがって，利益率に注目することによりおおよその区別は可能である。ちなみに既に紹介したとおり，NT型企業平均の売上高経常利益率は2012年8月時点の直近1年間で5.7%である。

30) 集客力の高い海外の見本市に出展するためにはかなり早い時期に申し込みを行う必要がある。

を積みそれを生かして，自国に帰り日系現地企業で活躍したり自ら起業したりすることを志向する度合いが強いことがある。NT型企業で留学生をうまく活用している企業は，授権を大胆に行い，彼らにやりがいを与えることに成功している。しかし，こうしたNT型企業も，留学経験者をたまたま見つけたと証言する場合がほとんどである。優秀な留学経験者と出会うマッチングの機会に対するNT型企業のニーズには強いものがある。そのためには，NT型企業，留学生の双方が安心して信頼できる第三者による仲介が不可欠である。その際，マッチングの主催者は，地域の経済産業局や公的な支援機関に協力を求め，参加企業に次節で述べる基準も参考としつつ一定のスクリーニングをかけることも必要である。

10-5 政策実践に向けての今後の課題

　これまで，GNT企業を目指す候補企業のために必要な2つの政策課題，すなわち内容の濃い企業間連携に巻き込む機会を増やすこと，国際見本市への出展等国際市場における他流試合の機会を増やすことについて検討した。

　今後こうした政策を含め支援機関がGNT候補企業への支援を実践する上で，さらなる課題が存在する。1つは，成功しているGNT企業が優れたパフォーマンスを生み出す秘訣を候補企業に移転可能な形にする「ノウハウ化」である。本書で，一定程度，そのヒントを提供できたのではないかと考えている。コーディネーター等支援に携わる方々には，まず，本書の事例とアンケート調査の解析から得られるエッセンスの部分を味読していただくことをお願いしたい。その上で，実際に目の前にいる支援対象の企業がGNT企業，揃い踏み企業，従業者50人以下企業等の企業類型のうち，どれに最も近いのかという視点で，今一度じっくり観察していただきたい。そして，GNT企業に比べて足りない部分がどこにあり，特に必要な対応策は何なのかをじっくり考えていただきたい。そこに限られた政策資源を集中すべきである。

　GNT企業の特徴は，定義から明らかな2つの要素だけではなく企業経営上の多岐にわたる多様な内容を含んでいる。支援人材の方，1人1人が，GNT企業という成功企業のイメージを頭に思い描きながら，自分が正に支

援しようとしている個別の中小企業を対象に，どこが足りないか，何を必要としているかを具体的に考えていただきたい。それを積み重ねることにより，GNT企業を見本とするモデリングによる支援内容のノウハウが次第に蓄積されていくと筆者は考える。

　もう1つの課題は，支援機関や地方銀行，信用金庫等地域金融機関が，NT型企業として伸びる潜在的可能性を有するなど優れた中小企業を選び出す，いわゆる「目利き」に役立てることである。本書における一連の分析から，筆者は優れた独立系ものづくり中小企業になる潜在的可能性を有しているかどうか見極める一次スクリーニングを行うことはそれほど難しいことではないという心証を強めている。

　本書では，GNT企業を目指す有力候補として何事にも積極的な揃い踏み企業が存在することが明らかとなった。揃い踏み企業は外形的に即座に判断できるという優れた特徴を持っている。この揃い踏み企業の特徴から類推すると，一次スクリーニングの基準は，例えば以下のような客観的基準によって，かなり自動的に行える可能性が考えられる。すなわち，1) 独自の製品や優れた加工技術を保有していること，2) 技術開発補助金の採択，法律上の認定の取得等施策活用の実績があること，3) 大学との連携を何らかの形で既に行っていること，4) 従業者1人当たり売上高が1,500万円以上，5) 創業から10年以上経過していること，の5つの条件である。

　これらは支援機関のコーディネーターであれば既に承知していることであり，地域金融機関の場合，取引先であれば調べることもそれほど困難ではない。なお，最初の3つの条件については，本書を読み進められた読者には説明は不要であろう。1) と5) について補足する。第6章第2節の注16で紹介した鹿野 (2008) では，クレジットリスクデータベース (CRD) に基づき日本の中小企業の平均像を示している。これによると製造業の場合，従業員1人当たり売上高の中央値は15.2百万円となっている。したがって，4) の条件はものづくり企業として生産性が平均以上という条件の1つの例と解釈できよう。5) の企業年齢については，10年というのは例えばということで筆者が置いた数字である。創業間もない企業は実績が安定していないことを

考慮し，別な取扱いが必要であるという考え方に基づいている。

　こうした条件に該当する企業は，意欲と能力の両面で既に一般中小企業に比べ格段に優れているとみることができる。こうした企業に支援の手や必要とする資金を提供することにより，NT型企業，GNT候補企業，さらにはGNT企業へと発展する芽を伸ばすことが，支援機関や地域金融機関に今期待されている。

終　章
ニッチトップ型企業という日本の希望

　本書では，これまで特定の分野で高い競争力を有する独立性の高いものづくり中小・中堅企業を「ニッチトップ（NT）型企業」と位置づけ，その体系的把握に努めてきた。そして特に優れたNT型企業として「グローバル・ニッチトップ（GNT）企業」の存在を明らかにした。

　NT型企業あるいはGNT企業のような優れた独立系の規模の小さな企業が，ものづくりの分野で数多く存在し，日本列島に広く分布していることは，以前からよく知られていた事実である。一方，国際的に競争力のあるNT型企業を増やしていくことが，個々の地域ひいては日本全体にとって様々なメリットをもたらすという意味で政策的に重要な課題であることも早くから認識されていた。序章で紹介したとおり，NT型企業をターゲットとする国の政策が本格化してから，既に15年程の時間が経過している。

　それがこのところ，官民問わず，ニッチトップ企業あるいはグローバル・ニッチトップ企業がしばしばキーワードとして注目され，言及されてきている。民間シンクタンクや政府系金融機関の各種レポートやものづくり白書，通商白書でも取り上げられ，紹介されている。また，2013年6月に閣議決定された「日本再興戦略」にも，「事業再編等を通じ収益性を飛躍的に向上させた企業が，海外展開を進め，世界的な大企業でなくとも，特定分野に優れ世界で存在感を示す企業（グローバルニッチトップ）」となれるよう，金銭面や人材面で集中的な支援を行う旨の文言が盛り込まれた。さらに，最近になり，東京都，京都市といった自治体が相次いでグローバル・ニッチトップ企業を制度名に冠した支援施策を展開しはじめている。

これまで筆者が体系的に調査分析を進めてきた問題意識に関しては，序章をはじめ本書の各所で触れたので，ここでは繰り返さない。しかし，第二部で紹介したアンケート調査に基づく解析結果を2013年3月に公表して以来，関心を持った方々から，「なぜ今ニッチトップ企業，あるいはグローバル・ニッチトップ企業が注目されるのか」という質問を繰り返し受けている。また，講演の聴衆から，NT型企業について「何を今更という気がして話を聞いていたが，確かによく知っているようで知らなかった」という感想をぶつけられることも少なくない。

　そこで，終章では，日本の経済社会がこうした企業に注目し，期待を強めている背景について考察したい。それは，GNT企業を目指す中小企業の経営者や支援に当たるコーディネーターが，自分の仕事の社会的意義を知ることにもなり，これから予想される困難に立ち向かう勇気を持つことにつながると考えるからである。

終-1　環境変化の中で存在感を強めるNT型企業

1）日本のものづくり環境の大幅で不可逆的な変化

　最近，NT型企業やGNT企業が，日本において注目されるようになった背景は，大きく2つあると考えている。1つは，日本のものづくり環境が不可逆的と思えるほど重大な変化をとげつつあることである。

　戦後，日本は，敗戦の痛手から立ち直り，高度成長期を経て，目を見張る経済発展をとげた。その過程で生まれた世界史的レベルでみても稀有な現象の1つは，日本列島全体が，高度な生産活動を可能とする，極めて密度の濃い製造業集積地となったことである。1980年代前半にはその到達点として，ハイテク製造業を核としたテクノポリスの整備が全国で着手された。しかし，国際経済環境の変化は着実に進んでおり，85年のプラザ合意以降円高が進展し，また，貿易摩擦の激化により日本で作り輸出することが困難になる中，我が国製造業は海外直接投資を通じ生産活動の海外移転を本格化させる。その後30年程の間，製造業の国内回帰が一部みられたこともあったが，基本的に海外生産の拡大は一貫して続いてきた。当初，投資先での部品等の調達が難

しく，特に付加価値の高い基幹部品や高度な技術を必要とする金型等は日本から輸出されていた。しかし，アジアを中心に急速に現地での調達可能性が高まる中，日本からの輸出はリーマンショック以降一進一退を繰り返している。一方，国内需要は高齢化等構造的要因もあって大きな伸びは期待できず，日本国内における製造業の活動はもはや推進力を欠いている。製造業大企業の国内におけるプレゼンスは縮小し，単工程の加工を行う中小企業は需要確保の見通しに悲観的になり後継者難もあって廃業が進んでいる。日本の産業空洞化は，これまであたかも逃げ水のように懸念はされていたものの実現は避けられてきた。しかし，現実味を持って今我々に迫りつつある。

2）相対的にプレゼンスを高めるNT型企業

製造業全体の存在感が低下する中，特に大規模製造事業所の撤退が地域経済に深刻な影響を与える懸念が強まっている。また，東京の大田区や東大阪周辺には世界的に見てもユニークな中小企業集積が広がるが，廃業が進むことで櫛の歯がこぼれるように，それまで集積が提供してきた様々なメリットが喪失されるおそれがでてきている。

こうした中で，GNT企業等優れたNT型企業は，高い非価格競争力を背景に，日本国内に生産を含め主要な拠点を残し続けている。また，ファブレス型といわれるように加工や部品の製造を外注する傾向が強く，従業者数でみた企業規模に比べ中小の協力企業を多数保有している。特に地方圏においては，協力企業を含めると雇用等で地域に一定のプレゼンスがある。さらに顔のみえる経営者として，地域社会においてリーダーシップを発揮している人物も少なくない。NT型企業の相対的なプレゼンスは確実に高まってきているといえる。

3）まわりの風化により本来のきらめきを発しはじめたNT型企業

加えて，第10章で論じたとおり，GNT企業は，一般中小企業はもとよりGNT企業以外のNT型企業も保有していない「イノベーション・コーディネート（IC）機能」を発揮できる存在である。近年，第5章で紹介したとおり大企業に代わり自らがハブとなって，回りの中小企業と連携して創造的な新た

な活動に取り組む動きが数多くみられる。大企業のプレゼンスの低下により相対的な意味で以前より目立つだけでなく，優れた企業としての特性を生かし絶対的な意義を持って日本の経済社会に認知され，注目されつつあるということができる。

別の表現をすれば，ちょうど長年の風雨により地層が浸食・風化されて硬い岩石層が露出するように，環境変化の結果として，全国各地に主要な拠点を残しつつ好業績を上げているGNT企業等の優れたNT型企業は近年その存在感を大きくしている可能性が高い。その結果，宝石のきらめきに例えられる本来の優れた資質が認識される機会が増え，注目の度合いも高まっているということができる。

終-2 日本の希望としてのNT型企業

1）成長の牽引役の1つとしての期待

近年，NT型企業に注目が集まるもう1つの理由は，今後の地域や経済を支える重要なプレーヤーとしての期待である。いわゆる失われた20年の間，政府は，経済産業省を中心に成長戦略を取りまとめ，フォローアップ，改定を繰り返してきた。前述の日本再興戦略を含め共通しているのは，自動車産業といったリーディングインダストリーの存在を前提として，そうした特定の産業・主体に国の経済の牽引役を期待することは難しいという基本認識である。逆に複数の戦略的分野を設定し，国際的な事業展開を促進することによって海外の大きな需要を取り込みながら，少子高齢化等の環境変化から新たな増加が期待される内需と合わせ，成長の源泉としようという考え方である。

その意味で，業種を問わず，優れた戦略性を持って，国際市場を切り開いていく，小さいけれどもやる気と能力が極めて高いGNT企業が，プレーヤーとして注目されるのは当然であるといえる。

2）市場のマスを生み出す存在として期待すべきではないNT型企業

しかし，ここで注意しなければならないことがある。それはNT型企業が直面している市場は，その名称から分かるとおり，「ニッチ」であるという

ことである。

　アンケート調査の結果によると，回答した663社のNT型企業の平均の売上高は，年間23.5億円である。筆者は調査対象として，中小企業庁の選定した「元気なモノ作り中小企業300社」の4年分，計1,200社から約1,100社を抽出した。その上で，様々な情報源から個々に対象となりうる企業を選び出し，合計2,000社になるまでその作業を繰り返した。この作業で得られた感触で判断すると，NT型企業の総数は2,000社よりははるかに多いものの，2,000社が氷山の一角といえるほど母集団が大きい訳ではないということである。平たく言えば，NT型企業の全体は，2,000社の10倍の2万社という大きさではなく，手堅く見積もれば倍の4,000社といったマグニチュードの存在とみることができる。仮に，4,000社が平均で年間23.5億円を売り上げたとすると，総計は9兆4,000億円である。様々な政策支援により，仮に平均の売上高を倍にすることができたとしても，20兆円弱である。

　もう1つ重要な点は，日本のNT型企業の売上げはBtoB（最終の販売先が事業者）が中心であるということである。アンケート調査によれば，NT型企業の平均で89.9％，GNT企業の平均で94.3％が，主たる売上げはBtoBによるとしている。BtoC（販売先が消費者）の場合にはニッチ市場といっても量産性が強く，相対的に売上高が大きくなることが予想される。しかし，BtoBの場合，汎用性がある部品，あるいは生産財でも消耗品としての性格が強いといった一部の品目を除き，単一の製品で大きな売上げを期待することは相対的に難しい。さらに第9章で指摘したとおり，1970年代まではBtoBであっても関係の深い製品分野に横展開し製品の種類を増やすことによって規模を拡大し，大企業になれる可能性が存在していた。しかし，1980年代以降，産業のライフサイクルは多くの製造業分野で成熟期を迎え，横展開による規模追求が成功する可能性は大幅に減少することになった。

　今我々が観察するGNT企業の中には，こうした環境変化を受けて，敢えて規模拡大を追求することを止め，特定分野で地歩を固めることを選んだ企業がかなり含まれていると筆者はみている。彼らに規模拡大を求めることは，大きなお世話である可能性がある。加えて，仮に一部量産を進めることで規模の拡大の余地があったとしても，急速な規模拡大は大きなリスクをはらむ。

すなわち，設備投資資金の回収等財務上の問題にとどまらず，内部資源，とりわけ人材の不足が表面化し，適切な補充が外部から行われない場合，リスクが一気に表面化する可能性がある。

3）イノベーターとして期待すべきNT型企業

それでは，NT型企業に多くを期待するのは間違いなのであろうか。筆者は，決してそうは考えない。実際，GNT企業等優れたNT型企業は，IC機能を発揮し，次々にNT製品を生み出すプロダクトイノベーションの担い手として特筆に価する。アンケート調査では，GNT企業の創業年の平均は1959年であり，50年以上の社歴を重ねている。インタビュー調査対象の企業の中には，長い社歴の間に，大きな環境変化によっていくつかのNT製品の市場を失う経験をしている企業も少なくない。しかし，高い製品開発能力で他のNT製品を生み出し，困難を乗り切ってきた。だからこそ，生き残ってこられたのである。

優れたNT型企業の経営者にインタビューしていると，彼らがシュンペーターのいうアントレプレナー（企業家）として，イノベーションを生み出す上で大きな役割を果たしていることをまざまざと実感する。特に目を引くのは，大企業等ユーザーから持ち込まれたニーズに対し，石にしがみついてでもソリューションを出すという能力とあきらめない粘り強さである。もう1つは，社員1人1人と対面してそのやる気を引き出していることである。人に個性があるように，創業者あるいは経営者個人の企業家としての役割やふるまいの仕方，考え方は様々である。インタビューで看取されたこうした点は，第一部の事例のはしばしに現われている。

ところで，大企業の製造現場が日本を離れることによって，残った本社，研究所，マザー工場がイノベーション創出に果たす役割が大幅に低下しているという懸念を持つのは筆者だけではあるまい。大企業の実態については，いろいろな識者に水を向けて尋ねてみたが，隔靴掻痒の感が強く，実際不明であることが多い。あるメーカー系シンクタンクの研究員の方から，当事者である大企業幹部も各事業部の個別の製品について知っていることはわずかであり，選択と集中を行うに当たって眼をつぶって清水の舞台から飛び降り

るような判断を行っていると聞いたことがある．筆者は，優れたNT型企業を通じて間接的に状況を認識しているに過ぎないが，ニーズ提供者としての大企業の役割が低下しているという話をよく耳にする．現在の大企業経営者は，経営環境の複雑化が加速度的に進行する中，格段に早い意思決定を求められるようになっている．いわば企業家としての資質を求められているといえる．しかし，創業から間もない頃の経営者に備わっていた企業家としての性格は，今の大企業経営者からは大幅に失われつつある．

そうであるとすると，GNT企業等優れたNT型企業において，「経営者が今でも企業家として実際にリーダーシップを発揮している」という事実1つをとっても，期待しすぎても期待しすぎることはないというのが筆者の持論である．すなわち，GNT企業はイノベーションを生み出す源泉として，その経営者はそれを主体的に遂行する企業家として，日本の希望の星であるということが重要なのである．

序章で触れたとおり，1999年に中小企業基本法が基本的哲学を大きく転換するまでは，中小企業を弱者として一括りにする傾向があったことは否めない．しかし，本書で度々強調したように施策効果を上げるためには，支援すべき価値のある創造的活動を行う主体，そのやる気と能力を見極めて，政策資源を集中する必要がある．GNT企業の経営者は，正にそうした主体として期待される筆頭に位置している．

もちろん，施策支援の対象はGNT企業に限らず，その候補企業もターゲットとして極めて重要である．第10章で詳述したとおり，揃い踏み企業等GNT候補企業は，GNT企業に比べ，企業パフォーマンスや政策資源を新製品といった成果に結びつける点で見劣りしている．彼らを，真のイノベーター企業に脱皮させることは，当面の最大の政策課題であるといって差し支えない．しかし，筆者にとって特に重要に思われるのは，今回のアンケート調査で，揃い踏み企業という何事に対しても積極的なNT型企業が回答企業の1/3という大きな割合で存在することが明らかとなったという点である．日本の製造業は集積としてみた場合には，明らかにピークを過ぎ，今や衰退過程にあると考えられる．しかし，これからも日本を拠点として世界に通用する高い

競争力を有する製品を提供しようという，小さいけれどもやる気と能力のある企業が日本全国に多数存在している。この事実ほど，我々日本の産業発展やイノベーションの活発化に深い関心を寄せる者にとって，勇気づけられ鼓舞されることはない。揃い踏み企業の存在そのものが日本の宝であるということができる。

　なお，NT型企業の裾野を広げていくことも，今後の重要な課題であることを強調しておきたい。優れたNT型企業は，企業家精神を持った経営者によい意味で支えられている。一方で，製造業大企業ではエレクトロニクス等の分野にみられるように技術者を中心に有能な人材の流出が進んでいる。今，最も支援を急ぐべきことの1つは，大企業に勤務するやる気と能力のある人材のスピンアウトを奨励することである。それによって，人材の有効活用とNT型企業の創出の2つの効果を期待することができる。そのための環境整備を急ぐ必要がある。

　第7章第1節で紹介したとおり，GNT企業と従業者50人以下企業には共通する点がある。創業者が製造業大企業からスピンアウトした創業経緯を持つ比率，創業者の創業前の主な経歴が技術者（設計・開発・生産技術担当）である比率が，NT型企業全体の平均よりも高いことである。それまで勤務していた大企業の経営方針の変更によって，本人の意向に必ずしも沿わない形で退社をした人材が，今のGNT企業の創業者の一定部分を占めているとみることができる。実際，インタビューした優れたNT型企業の創業者には，こうした経歴を持つ人材が多く含まれている。これから製造業大企業からスピンアウトの形で創業する技術者は，将来のGNT企業の経営者として最も有力な人材群であると考えられる。

終-3　NT型企業の抱えるリスク

　NT型企業の希望という側面を強調した以上，NT型企業の弱みについても触れるのがフェアであろう。第一部第4章では，インタビュー調査の事例を紹介しNT型企業が抱える特有のリスクに言及した。しかし，GNT企業

といえども，順風満帆に社歴を重ねてきたわけではなく，いくつもの窮地をしのいで今に至っている。成功のエピソードは，経営者本人が積極的に話してくれることもあって，聞取りは比較的容易である。しかし，失敗や苦難のエピソードは聞き出しにくい。インタビューの流れの中で，経営者が自ら語ったことだけが今回採録されている。その意味で，今回紹介したのはほんの氷山の一角ということができる。

　もう1つインタビュー調査で難しいのは，人，人事に関わることである。NT型企業で，創業者が経営者の場合，後継者について突っ込んだ質問をすることは憚られることが多い。しかし，規模の小さい企業であるため，内部昇進者のプールは限られている。経営者として最も深い悩みがここにある。既に社歴を重ねてきたNT型企業は，後継者問題をうまく乗り切ってきた企業である。現在の経営者が，三代目，四代目という企業も少なくない。その多くが，創業者の子や孫等の血縁者である。そうした企業にインタビューしていると，特に二代目経営者の重要性が仮説として浮かんでくる。創業者は，主に技術面でリーダーシップを発揮することが多い。このため，二代目社長となった血縁者は，自分の力が発揮しやすい販売，営業，国際事業展開等創業者と異なる分野に注力するケースがしばしばみられる。この逆張り戦略が成功すると企業の基盤がしっかりと安定する。二代目経営者が補完的役割を果たすことによって，創業者のナイーブなビジネスモデルが，戦略として確立すると言い換えてもよい。学術的にも極めて魅力的な仮説であるが，ここでは問題提起に留める。

　最後に，NT型企業特有のリスクのうち，個々の企業の問題ではなく，企業を取り巻く環境の変化に関連して，一言触れておきたい。第4章第2節「日本のものづくり環境の変化」で，インタビュー調査に基づき，3つの問題点を指摘した。その中で，筆者が最も懸念するのは，大企業ユーザーの生産現場が海外に拡散する中，大企業に具体的で先鋭なニーズを持ち込んでもらえる可能性が今後急速に低下するおそれがあることである。この点は，アンケート調査でも尋ねている。GNT企業はユーザーとの関係がより緊密であるた

め，ニーズの把握が困難になる変化が実際に生じた場合の影響については，他のNT型企業に比べ深刻に受け止めている。しかし，向こう3年程度を見通してニーズ把握が困難になる可能性については，ほとんどないとする企業がNT型企業の平均で39.1％であるのに対しGNT企業では43.0％を占めている。

　第9章で，戦後ものづくりをめぐる環境や産業構造が変化する中で，日本のNT型企業は独自の発展をとげてきた可能性が高いことを指摘した。大企業ユーザーの先鋭なニーズの存在は，日本独自のNT型企業を生み出した重要な要素の1つである。

　GNT企業等優れたNT型企業がプロダクトイノベーションを活発に生み出していくためには，ニーズを別の形，ルートで捕捉していくことが不可欠である。直接関係を持っていなかった，既存顧客の川上や川下の企業から新しいニーズやそのヒントを得ようとする動きについては，スーパー新連携の流れの1つとして第5章第3節で紹介した。加えて，新たな動きとして，日系海外事業所や外国企業との接触を通じた探索努力が始まっている。海外で開催される見本市，展示会への出展は，外国ユーザーのニーズを捉えるアンテナとして，その役割をますます高めていくことになるのは確実である。このユーザーニーズの問題は，今後10年といったタイムスパンで，日本のNT型企業のパフォーマンスに着実に影響を与えていくと筆者は確信している。

おわりに

　本書は，優れたNT型企業40社に対するインタビュー調査で得られた知見を踏まえて，より広いNT型企業2,000社を対象にアンケート調査を行った体系的分析に基づいている。その目的は，NT型企業の中で特に優れた特徴を有し他のNT型企業のさらなる発展に参考となる成功企業といえる存在を明らかにし，成功企業群とそれ以外のNT型企業群との差異を検討することによって，成功企業に続く候補企業を発展させるという観点から政策的含意を導くことであった。アンケート調査結果は概ね先行するインタビュー調査の内容を統計的に裏付けるものであり，初期の目的は十分とはいえないまでも一定程度達せられたと考えている。

　このような成果が得られたのは，業務で多忙な中，調査に御協力いただいた対象企業の方々のお蔭である。特に今回は，インタビュー調査で得られた情報を確認するため，通常アンケート調査にはなじまないと考えられる内容であっても，間を重ね畳みかけて尋ねることとした。このため，質問項目が多岐にわたるだけでなく，関連のある質問が度々繰り返され，大きなボリュームの調査票となった。それにもかかわらず，NT型企業で663社，ランダムサンプル企業で178社の回答が得られ，回収率はそれぞれ33.2％，17.8％と当初の予想をはるかに上回った。これは，能力においても意欲においても優れた企業を対象としたからに違いなく，統計的検証に耐える研究が可能となった。本書を閉じるに当たって，インタビュー，アンケートに長時間にわたり真摯に御対応下さり，貴重な情報を御提供いただいた調査対象企業の皆様に，この場をお借りして心から御礼を申し上げたい。特に，インタビューに御対応下さっただけでなく，事実関係等の確認や写真の提供をいただいた方々には重ねて感謝を申し上げたい。

私事で恐縮であるが，この仕事に取り掛かってからの6年間という歳月はあっという間であった。しかし，この間，多くの方から援助をいただいた。その全てに言及するべきであるが紙幅の関係で，ごく一部でお許し願いたい。まず，体系的なインタビュー調査の準備として独立行政法人中小企業基盤整備機構にプレ調査の実施でお世話になった。次に，国の調査委託費を用いて代表的なニッチトップ型企業31社の詳細なインタビュー調査を行った。この一次記録のとりまとめは，委託先であるシンクタンク，アールアンドディーアイスクエア㈱の佐藤康研究員と筆者の共同作業であった。その後，独立行政法人経済産業研究所（RIETI）では，「優れた中小企業（Excellent SMEs）の経営戦略と外部環境の相互作用に関する研究」プロジェクトを立ち上げ，その一環としてアンケート調査を実施した。研究会の座長である井上達彦早稲田大学教授，稲垣京輔法政大学教授をはじめ研究会メンバーの方，そしてRIETIのマネジメントやスタッフの方には，1年半にわたり大変にお世話になった。厚く御礼を申し上げたい。RIETIからディスカッションペーパーを公表した後，各方面から多大の関心と励ましをいただいた。その中でお二人の方には特記して謝辞を申し上げたい。㈱堀場製作所最高顧問で全国イノベーション推進機関ネットワークの会長である堀場雅夫さんと㈱商工組合中央金庫代表取締役社長杉山秀二さんである。

　そして，文末となったが，本書の出版を快くお引き受けいただき，最後までお骨折り下さった㈱白桃書房　大矢栄一郎社長に謝辞を申し上げたい。

2014年2月吉日

細谷祐二

参照文献

磯辺剛彦（1998）『トップシェア企業の核心的経営―中核企業の戦略と理念―』白桃書房。
稲垣京輔（2013）「中小製造業経営者にみる協働組織の形成と協働関係を構築する能力に関する研究」RIETI Discussion Paper Series 13-J-021。
伊吹六嗣，坂本光司（2001）『現代企業の成長戦略―ニッチ・トップシェア企業への挑戦』同友館。
岡本康雄（1988）「エレクトロニクス産業における企業行動と経営組織」岡本康雄，榊原清則『エレクトロニクスの組織 コンピュートピアをめざして』第一法規，pp. 316-347。
加護野忠男（1993）「職能別事業部制と内部市場」『国民経済雑誌』167（2），pp.35-52。
関東通商産業局（1997）『広域多摩地域の開発型産業集積に関する調査報告』。
橘川武郎（1998）「革新的企業者活動の条件」伊丹敬之，加護野忠男，宮本又郎，米倉誠一郎編『ケースブック 日本企業の経営行動 4 企業家の群像と時代の息吹』有斐閣，pp.198-227。
近畿経済産業局（2013）『関西国際航空機市場参入等支援事業 平成21～24年度事業報告』。
黒崎誠（2003）『世界を制した中小企業』講談社。
児玉俊洋（2003）「TAMA 企業の技術革新力とクラスター形成状況―アンケート調査結果を踏まえて―」RIETI Policy Discussion Paper Series 03-P-004。
児玉俊洋（2005）「産業クラスター形成における製品開発型中小企業の役割―TAMA（技術先進首都圏地域）に関する実証分析に基づいて―」RIETI Discussion Paper Series 05-J-026。
児玉俊洋（2010）「製品開発型中小企業を中心とする産業クラスター形成の可能性を示す実証研究」RIETI Policy Discussion Paper Series 10-P-030。
児玉俊洋，齋藤隆志，川本真哉（2007）「京滋地域の製品開発型中小企業と産業クラスター形成状況」RIETI Discussion Paper Series 07-J-009。
サイモン，ハーマン（1998）『隠れたコンピタンス経営―売上至上主義への警鐘』トッパン。
サイモン，ハーマン（2012）『グローバルビジネスの隠れたチャンピオン企業』中央経済社。
榊原清則（1988）「脱成熟化をはかる組織戦略」岡本康雄，榊原清則『エレクトロニクスの組織 コンピュートピアをめざして』第一法規，pp.348-356。
佐久間昭光（1998）『イノベーションと市場構造』有斐閣。
鹿野嘉昭（2008）『日本の中小企業』東洋経済新報社。
静岡県（1982）「浜松地域テクノポリス」『産業立地』㈶日本立地センター，8月号，pp. 54-55。

島田晴雄（1999）『産業創出の地域構想』東洋経済新報社。
垂井康夫（2000）『超LSIへの挑戦―日本半導体50年とともに歩む―』工業調査会。
㈶中小企業総合研究機構（2009）「中小企業の市場設定と能力構築に関する調査研究」。
角田隆太郎（1998）「地場産業からのイノベーション―ディスコのメカトロニクス技術開発」伊丹敬之，加護野忠男，宮本又郎，米倉誠一郎編『ケースブック　日本企業の経営行動　3　イノベーションと技術蓄積』有斐閣，pp. 286-308。
中村秀一郎（1964）『中堅企業論』東洋経済新報社。
中村秀一郎（1976）『中堅企業論（増補第三版）』東洋経済新報社。
中村秀一郎（1990）『新・中堅企業論』東洋経済新報社。
中村秀一郎（1993）「中堅企業の発展　1960～90年代」伊丹敬之，加護野忠男，伊藤元重編『リーディング 日本の企業システム　第4巻 企業と市場』有斐閣，pp. 282-306。
難波正憲，福谷正信，鈴木勘一郎編（2013）『グローバル・ニッチトップ企業の経営戦略』東信堂。
西村吉雄（2003）『産学連携―「中央研究所の時代」を超えて』日経BP社。
日本半導体製造装置協会（1991）『「半導体立国」日本　独創的な装置が築きあげた記録』日刊工業新聞社。
細谷祐二（2011a）「日本のものづくりグローバル・ニッチトップ企業についての考察―GNT企業ヒアリングを踏まえて―【前編】」『産業立地』㈶日本立地センター，7月号，pp.34-39。
細谷祐二（2011b）「日本のものづくりグローバル・ニッチトップ企業についての考察―GNT企業ヒアリングを踏まえて―【後編】」『産業立地』㈶日本立地センター，9月号 pp.41-45。
細谷祐二（2013a）「グローバル・ニッチトップ企業に代表される優れたものづくり中小・中堅企業の研究―日本のものづくりニッチトップ企業に関するアンケート調査結果を中心に―」RIETI Discussion Paper Series 13-J-007。
細谷祐二（2013b）「日本のものづくりニッチトップ企業の実態と経営戦略について―アンケート調査結果を中心に―」『商工金融』（一財）商工総合研究所，第63巻8号，pp.23-42。
溝田誠吾，宮崎信二（2008）「わが国の地域産業集積と『小さな』世界企業の成長過程の実証研究」『専修大学社会科学研究所月報』（537），pp.1-36。
von Hippel, Eric, (1986) "Lead Users: A Source of Novel Product Concepts," Management Science 32, no. 7 (July), pp.791-805.

■索引

事項名索引

【あ行】

RS企業（初出）·················· 128
IC機能（初出）·················· 196
アジア ············ 51, 57, 75, 78, 79, 80, 82, 84, 104, 207
アフターサービス ·············· 53, 77, 167
アフターサービス拠点 ············ 79, 168
安全 ···························· 54, 106
安全保障貿易管理 ··················· 85
イタリア ···················· 63, 80, 85, 87
イノベーション・コーディネート機能···· 195
イノベーション能力 ········· 10, 46, 195
イノベーションの担い手 ······· 1, 189, 210
イノベーター（企業）······ 15, 20, 36, 46, 197, 210, 211
因子分析 ···················· 129, 156, 160
インド ············· 31, 77, 80, 81, 88, 104
インドネシア ························ 88
NT型企業（初出）····················· 14
NT製品（初出）······················· 14
NT製品（アンケート調査上の定義）···· 128
欧州 ················ 58, 65, 68, 75, 76, 80, 83, 197
大田区 ······························ 189, 207
大手ユーザー企業······ 117, 130, 142, 148, 149, 150, 154, 165, 197
オペレーティング ···················· 64
オンリーワン ······ 14, 33, 49, 55, 58, 70, 113, 149, 195, 196

【か行】

海外売上高比率·········· 75, 84, 130, 141, 158, 161, 199
海外拠点 ············· 74, 79, 82, 83, 91, 168
海外事業活動 ············ 141, 161, 168, 170
海外市場 ······ 14, 15, 28, 50, 63, 64, 72, 74, 75, 78, 83, 85, 86, 89, 91, 92, 129, 141, 147, 160, 191, 192, 195, 200
海外進出 ···························· 72, 112
海外生産 ············ 15, 59, 81, 82, 83, 84, 85, 91, 92, 200, 206
海外調達 ····························· 39, 103
海外展開 ········ 79, 81, 84, 91, 101, 128, 154, 168, 200, 205
海外販売 ················ 82, 147, 168, 194, 199
開発依頼 ···················· 24, 27, 28, 29, 30
外部資源（の活用）········· 10, 34, 36, 85, 128, 148, 149, 164, 166, 182, 184, 185
隠れたチャンピオン ···················· 189
加工サービス企業（の定義）············ 129
加工サービスを提供 ······ 14, 21, 32, 34, 69, 70, 101, 110, 113, 114, 116, 129, 140, 146, 149, 158
加工事業者 ······ 45, 46, 60, 103, 112, 148, 149, 150, 165
カスタマイズ ················ 24, 53, 185, 197
学会 ···················· 33, 68, 88, 100, 101
金型 ········ 10, 15, 39, 56, 59, 60, 66, 68, 69, 74, 81, 87, 100, 106, 107, 113, 114, 115, 127, 207

川上・川下企業 …………………… 116, 118
韓国 ………… 31, 38, 40, 58, 65, 73, 74, 75, 76, 78, 79, 80, 82, 83, 84, 87, 88, 104
間接輸出 ……………………………………… 78
機械加工 ……………………………………… 59
企業家（シュンペーターのいうアントレプレナー） …………………… 210, 211, 212
企業間連携 ………… 3, 10, 36, 39, 40, 45, 46, 113, 116, 117, 148, 150, 154, 164, 165, 166, 184, 185, 187, 188, 189, 192, 196, 197, 199, 202
企業秘密 …………………… 48, 68, 71, 150, 151
技術開発補助 ………… 122, 152, 153, 154, 181, 198, 203
技術革新 ……………………… 57, 105, 107, 186
技術系（高度）人材 …………… 93, 94, 95, 96
技術シーズ ………………… 4, 22, 41, 72, 116, 117
技術者 ……… 22, 23, 32, 38, 42, 43, 44, 55, 65, 76, 95, 97, 98, 141, 212
技術受容能力 ……………………………… 180
記述統計量 ………………………… 129, 139
技能工 ………………………………… 110, 111
基盤技術型企業 ………… 15, 21, 69, 74, 81, 127
基盤技術型中小企業 ………………… 10, 175
規模の経済性 ……………………………… 179
逆張り戦略 …………………………… 50, 213
休眠シーズ ……………………………… 116, 117
競争的資金 ………………………………… 120
競争優位 …………… 8, 48, 51, 54, 70, 71, 78
共同開発 ………… 27, 29, 36, 37, 45, 84, 88, 113, 185, 186, 187, 190
共同研究 ………… 4, 22, 36, 41, 44, 47, 82, 118, 187
共同受発注 ………………………… 110, 111, 112
京都企業 ……………………………… 174, 179
協力企業 ………… 15, 25, 30, 42, 60, 74, 102, 103, 207
口コミ ………… 26, 27, 43, 89, 100, 146, 161

国の研究機関 ……………… 4, 43, 175, 187, 188
クラスター（集積という意味の） ………… 2, 3, 36, 40, 153, 192, 197, 198
クラスター分析 …………………… 129, 158, 159
クレジットリスクデータベース …………… 203
グローバル・ニッチトップ企業（の定義） … 14
経営学 ……………………… 5, 6, 7, 8, 111, 173
経営革新計画 ………………………………… 2
経営戦略論 ………………………………… 5, 6
計測器 ………………… 22, 43, 118, 120, 181, 187
計測機器 ………… 43, 44, 77, 173, 175, 187, 189
継続取引 …………………………… 132, 142
継続的に協力関係にある大学 ……… 149, 150
ケーススタディ …………………………… 7, 8, 11
結節点 ……………………………………… 188
元気なモノ作り中小企業300社 ……… 3, 4, 8, 127, 129, 146, 152, 158, 161, 163, 209
研究員 ……………… 22, 27, 43, 44, 81, 187, 188, 210
研究開発型企業 …………………………… 181, 182
研究開発型中小企業 ……………………… 181
研究開発費対売上高比率 ……………… 130, 181
検査機器 …………………………………… 51, 77
顕彰 ………………………… 3, 127, 146, 163
現地パートナー ……………………… 77, 78, 91
検定（仮説の統計的な） ………… 126, 129, 131, 139, 157
コア技術 ……… 5, 20, 34, 39, 46, 102, 143, 150, 151, 196
広域多摩地域 ………………………… 10, 40
広域連携 ………………………… 36, 39, 47
航空機 ………………………… 58, 112, 114
工作機械 ……… 28, 40, 52, 53, 75, 79, 89, 90, 120, 121, 122
公正証書 ……………………………………… 65
高度成長期 ……………… 176, 178, 179, 182, 206
公募 ………………………… 4, 118, 119, 153, 197

コーディネーター......... 6, 112, 202, 203, 206
国際規格......... 51
国際戦略性......... 195, 199
国際認証......... 58
国内生産......... 65, 82, 104, 194
50人以下企業（初出）......... 129
コピー製品......... 58, 64, 65, 84
御用聞き......... 44
コンソーシアム......... 100, 118, 119, 120, 197, 198

【さ行】

サプライチェーン......... 113, 175, 176, 201
サプライヤー企業......... 36, 37, 38, 39, 46, 148, 149
差別化戦略......... 48, 51, 70, 128, 150, 151, 167, 168, 199
サポイン事業......... 121
産学連携......... 10, 28, 36, 40, 47, 114, 116, 117, 146, 149, 150, 154, 166, 188, 192
産業空洞化......... 207
産業クラスター計画......... 2, 3, 36, 40, 153, 192
産業政策......... 40, 45, 186, 187
産産連携......... 36, 45, 46
参入......... 23, 27, 40, 49, 50, 51, 57, 63, 70, 74, 122, 179, 217
CRD（初出）......... 130
GNT企業（初出）......... 14
シーズ......... 4, 10, 22, 23, 31, 32, 41, 72, 107, 116, 117, 148, 183, 196, 197, 199
支援機関......... 2, 3, 4, 14, 40, 113, 127, 153, 201, 202, 203, 204
支援人材......... 6, 202
事業部......... 43, 44, 90, 95, 112, 184, 185, 197, 210, 217
自社製品......... 10, 14, 27, 30, 36, 44, 58, 78, 81, 84, 106, 113, 118, 127, 141, 142, 185, 193, 199, 200
市場規模......... 8, 49, 50, 82, 103, 109, 118, 119
市場の消失......... 105
品揃え......... 24, 52, 53, 103
指名買い......... 51, 52
社歴......... 15, 73, 79, 108, 127, 131, 140, 142, 143, 145, 146, 150, 153, 158, 193, 194, 210, 213
従業員1人当たり売上高......... 130, 203
集積（産業の）......... 2, 3, 40, 99, 110, 175, 176, 178, 181, 185, 188, 189, 197, 206, 207, 211
熟練......... 41, 60, 67, 69, 94
主成分分析......... 129, 156, 160, 161, 162, 163, 164, 165
受注取引先......... 142
出展......... 24, 73, 79, 83, 84, 87, 88, 89, 107, 114, 147, 154, 155, 199, 200, 201, 202, 214
守秘義務......... 62, 115
什様......... 23, 25, 37, 52, 60, 66, 103
商工会議所......... 3, 14, 127
商社......... 27, 76, 77, 78, 85, 86, 87, 92, 112, 116
松竹梅戦略......... 24, 25, 26
情報通信技術......... 183
職人......... 22, 40, 41, 53, 66, 67, 72
ジョブショップ......... 32, 58
シリコンバレー......... 81
シンガポール......... 76, 80
人材の確保......... 93, 94, 95, 96, 97, 99
新事業創出促進法......... 2, 153
品質管理......... 60, 100
信用金庫......... 73
信頼......... 51, 54, 55, 56, 64, 85, 86, 91, 92, 114, 118, 143, 151, 201, 202

221

新連携 3, 109
スーパー新連携 109, 110, 118, 198, 199, 214
数量化理論Ⅲ類 129, 164, 165, 166, 167, 168
スクリーニング 202, 203
スペック 24, 66, 103, 110, 121, 122, 198
スピンアウト 23, 31, 32, 42, 67, 86, 141, 175, 184, 212
スモールコミュニティ 188
成功企業 5, 6, 11, 126, 172, 191, 192, 202, 215
生産技術 100, 141, 212
生産拠点 45, 79, 81, 83, 84, 85, 99, 168
生産性 49, 67, 76, 139, 200, 203
成熟期（市場の） 180, 209
成長期（市場の） 176, 178, 179, 182, 188, 206
成長戦略（企業の） 6, 182, 208
成長戦略（国の） 6, 182, 208
製品開発型企業 15, 20, 127
製品開発型中小企業 10
製品開発能力 7, 8, 14, 20, 46, 54, 105, 185, 195, 196, 210
製品開発パターン 18, 20, 27, 42, 46
製品差別化 1
製品ラインナップ 24, 43
政府系金融機関 205
設備投資 32, 58, 122, 200, 210
専業メーカー 7, 24, 28, 53, 66, 67, 103, 120, 122
潜在的ユーザー 24, 26, 27, 33, 46
創業経緯 14, 140, 141, 212
創業者 22, 23, 30, 31, 39, 40, 41, 42, 50, 64, 67, 78, 87, 94, 97, 101, 106, 110, 140, 141, 159, 175, 210, 212, 213

相談（ユーザーからの） 23, 28, 29, 32, 33, 43, 45, 63, 73, 76, 90, 95, 97, 131, 145, 146, 166, 180
属性別重心 129, 156, 161, 162, 163, 165, 167
測定器 66, 98
測定装置 32, 97, 175
ソフトウェア 53, 64, 67, 183
ソリューション 7, 20, 26, 34, 36, 45, 46, 74, 79, 113, 116, 117, 122, 147, 148, 149, 180, 182, 199, 210
揃い踏み企業（の定義） 129

【た行】

タイ 31, 78, 79, 81, 84, 99
大学等研究機関 40, 118, 146, 148, 149, 154
大学との付合い 161
大学との連携 163, 203
第二創業 3, 33, 113, 195
代理店 75, 76, 78, 86, 155
台湾 51, 74, 75, 76, 78, 80, 82, 83, 84, 88, 90, 101
多角化 55, 56, 178, 184
多品種生産 52, 75
多変量解析 126, 129, 150, 154, 156, 158, 160, 166
単工程 110, 189, 207
地域金融機関 .... ii, 6, 112, 201, 203, 204
地域プラットフォーム事業 2, 153
知財 62, 128, 150, 151
知的財産→「知財」参照
地方銀行 203
中央研究所 43, 44, 45, 99

222

中核的支援機関································· 2, 153
中堅企業·········· 1, 6, 7, 9, 14, 15, 126, 128, 131, 174, 178, 179, 180, 181, 182, 184, 205
中国（市場としての）················ 31, 51, 58, 59, 64, 75, 76, 77, 78, 79, 80, 81, 82, 83, 84, 88, 89, 90, 91, 104, 168, 169, 170
中国（生産拠点としての）······· 65, 66, 82, 85
中小企業基本法······························ 1, 152, 211
中小企業経営革新支援法······························· 2
中小企業新事業活動促進法······················· 3
直接販売·· 82, 84, 86
著作権·· 68, 229
通訳·· 85, 87, 89, 92
展示会············ 4, 39, 43, 73, 75, 79, 87, 88, 89, 92, 107, 114, 200, 214
ドイツ··········· 29, 36, 63, 73, 77, 78, 79, 82, 85, 88, 89, 100, 103, 110, 111, 120, 173, 189, 201
統計的検定··························· 126, 129, 139, 157
東南アジア··································· 51, 78, 79, 82, 104
独立性（企業としての）············· 1, 6, 7, 14, 130, 142, 143, 175, 178, 182, 184, 185, 187, 189, 205
独立創業······································· 22, 31, 141
特許·········· 10, 21, 39, 41, 51, 56, 57, 60, 62, 63, 64, 66, 67, 68, 69, 70, 71, 97, 108, 150, 151, 155, 196
特許侵害·· 150, 151
都道府県······························ 2, 3, 127, 153, 178

【な行】

内製············ 27, 43, 53, 60, 62, 66, 98, 120, 185, 186, 188, 197
内部資源········· 3, 34, 36, 45, 46, 85, 89, 92, 93, 148, 164, 175, 184, 196, 201, 210
ニーズ············ 1, 10, 20, 23, 24, 25, 26, 27, 28, 30, 31, 32, 33, 34, 36, 37, 41, 42, 43, 44, 45, 46, 47, 52, 57, 58, 74, 88, 89, 91, 92, 99, 100, 101, 105, 107, 115, 116, 117, 118, 122, 123, 145, 148, 149, 153, 154, 161, 162, 163, 175, 182, 183, 188, 196, 197, 199, 200, 201, 202, 210, 211, 213, 214
ニーズオリエンティッド······················· 26, 46
西日本·· 129, 140, 145
西日本（の定義）··································· 140
ニッチ市場·········· 8, 14, 46, 49, 50, 52, 105, 143, 189, 209
ニッチトップ型企業·············· 1, 7, 11, 12, 13, 14, 93, 109, 125, 126, 139, 170, 173, 189, 205
ニッチトップ製品······································· 14
ニッチトップ戦略··························· 8, 9, 49, 50
日本再興戦略······································ 205, 208
認定（法律上の）········· 2, 112, 129, 152, 163, 203
ネットワーク·········· 2, 31, 33, 36, 46, 79, 83, 96, 101, 112, 122, 123, 161, 180, 182, 183, 188, 196, 201
ノウハウ············ 48, 49, 58, 59, 60, 61, 62, 63, 64, 65, 66, 67, 68, 69, 70, 71, 94, 98, 105, 114, 150, 151, 195, 196, 202, 203
node··· 188

【は行】

廃業（中小企業の）··············· 60, 99, 102, 103, 109, 110, 189, 207
ハノーバーメッセ······························ 73, 201
ハブ··············· 109, 110, 116, 118, 189, 198, 207

範囲の経済性‥‥‥‥‥‥‥‥‥‥‥‥‥‥‥179
半導体製造装置‥‥‥‥7, 22, 24, 25, 31, 41, 64, 80, 83, 122, 174, 185, 186, 190, 197
半導体デバイス‥‥‥‥‥44, 180, 183, 185, 186, 190, 197
販売拠点‥‥‥‥‥‥80, 91, 168, 169, 170, 199
販売実績‥‥‥‥‥‥‥‥‥‥72, 79, 91, 147
販売戦略‥‥‥‥‥‥‥‥‥‥‥‥‥‥‥‥53
販路開拓‥‥‥‥‥‥‥‥2, 4, 39, 72, 147, 200
BtoC‥‥‥‥‥‥‥‥‥‥‥15, 178, 180, 209
BtoB‥‥‥‥‥‥‥‥‥‥‥15, 179, 180, 209
非価格競争力‥‥‥‥‥14, 72, 74, 75, 76, 85, 91, 92, 93, 170, 176, 195, 199, 200, 201, 207
東大阪‥‥‥‥‥3, 7, 22, 66, 72, 110, 111, 114, 115, 207
東日本‥‥‥‥‥‥‥‥‥‥‥‥‥‥129, 140
東日本（の定義）‥‥‥‥‥‥‥‥‥‥‥140
1人当たり売上高‥‥‥128, 130, 139, 140, 203
評判（優れた企業であるという）‥‥‥24, 26, 27, 30, 32, 33, 34, 46, 51, 76, 91, 100, 145, 146, 153, 154, 160, 161, 163
品質保証‥‥‥‥‥‥‥‥‥‥‥‥‥‥‥112
物質特許‥‥‥‥‥‥‥‥‥‥‥‥21, 68, 69
ブラックボックス化‥‥‥‥‥‥‥‥63, 64, 69
ブランド‥‥‥‥‥54, 57, 85, 88, 108, 151, 167
プロダクトイノベーション‥‥‥‥34, 210, 214
分析機器‥‥‥‥‥‥‥‥‥‥‥22, 32, 50, 77
分析装置‥‥‥‥‥‥‥‥‥‥26, 50, 75, 189
米国‥‥‥‥‥22, 24, 27, 31, 53, 56, 58, 68, 73, 75, 76, 77, 78, 79, 81, 82, 83, 84, 85, 86, 88, 168, 183, 184, 185, 186
ベトナム‥‥‥‥‥‥‥‥‥‥‥‥84, 85, 88
ベンチャー‥‥‥‥‥22, 67, 80, 141, 143, 181, 182, 183, 184
法律上の認定‥‥‥‥‥‥129, 152, 163, 203
ポジショニング‥‥‥‥‥‥‥‥‥48, 49, 70
母比率の差の検定‥‥‥‥‥‥‥‥‥‥‥131
母平均の差の検定‥‥‥‥‥‥‥‥‥‥‥131

【ま行】

マッチング‥‥‥‥‥‥4, 91, 92, 117, 201, 202
マレーシア‥‥‥‥‥‥‥‥‥‥78, 83, 89, 90
見本市‥‥‥‥‥24, 83, 87, 88, 89, 92, 147, 154, 155, 199, 200, 201, 202, 214
目利き‥‥‥‥‥‥‥‥‥‥‥‥‥‥‥‥203
メンテナンス‥‥‥‥‥51, 53, 76, 77, 78, 79, 80, 81, 82, 83, 91, 168
メンテナンス拠点‥‥‥‥‥‥‥79, 80, 81, 91
ものづくり環境‥‥‥‥‥59, 60, 99, 110, 206, 213
ものづくり補助金‥‥‥‥‥‥‥‥‥120, 121
模倣（を防ぐ）‥‥‥‥14, 24, 48, 51, 58, 59, 61, 63, 64, 65, 66, 67, 68, 70, 71, 91, 131, 150, 151, 167, 195
模倣困難性‥‥‥‥‥‥‥48, 58, 59, 71, 150, 151
模倣品‥‥‥‥‥‥‥‥‥‥51, 58, 65, 87, 200

【や行】

ユーザー企業‥‥‥‥‥37, 43, 44, 76, 117, 130, 142, 148, 149, 150, 154, 165, 183, 197
ユーザー大企業‥‥‥‥‥‥‥‥183, 185, 188
ユーザーニーズ‥‥7, 23, 24, 26, 30, 31, 32, 37, 44, 46, 55, 56, 57, 87, 95, 99, 101, 113, 114, 115, 116, 118, 143, 146, 147, 198, 214
輸出‥‥‥‥‥9, 15, 31, 50, 53, 65, 72, 74, 75, 76, 77, 78, 79, 81, 82, 83, 84, 85, 86, 87, 88, 91, 92, 94, 112, 141, 147, 148, 170, 191, 193, 194, 195, 199, 200, 206, 207
要素技術‥‥‥‥‥‥10, 34, 35, 38, 39, 41, 46, 61,

64, 67, 77, 88, 116, 117
横展開 …………………………………… 179, 209

【ら行】

ラストワン ………………………… 49, 51, 58, 71
ランダムサンプル企業（初出）………… 128
理工系の人材 ……………………………… 95
リードユーザー ………………………… 57
利益率 ………… 15, 50, 86, 93, 94, 96, 122, 130, 139, 140, 160, 161, 201
リニアモデル（研究開発の）…………… 183
リバースエンジニアリング …………… 64, 68
留学経験 ……………… 89, 90, 92, 94, 201, 202
留学生 ………………… 75, 89, 90, 201, 202
量産 ……… 22, 43, 49, 61, 76, 83, 84, 85, 110, 112, 114, 118, 178, 209
レーザー ………… 21, 32, 33, 38, 39, 58, 61, 64, 69, 80, 87, 97, 100, 101, 112, 113, 184, 189, 195

人名及び企業・組織名索引

【あ行】

味香り戦略研究所　56
泉鋼業　18, 37, 38, 176
インテリジェントセンサーテクノロジー　16, 22, 56, 57, 67
エリオニクス　16, 23, 24, 37, 40, 42, 45, 59, 76, 77, 85, 86, 95, 96, 103, 116, 118, 166, 186, 187, 196
エリック・フォン・ヒッペル　57
尾池工業　16, 70
大垣精工　18, 87
大阪ケイオス　114, 115, 116, 199
大阪中小企業投資育成株式会社　112
大月精工　16, 59, 83, 90, 104, 120
鬼塚硝子　16, 40, 61, 62, 77, 100, 101, 103, 118, 119, 175
オプテックス　16

【か行】

片岡製作所　16, 38, 39, 40, 64, 80, 87, 101
キャステム　16, 56, 99
清成忠男　181
クリスタル光学　113, 114
経済産業局　2, 3, 4, 14, 112, 127, 149, 153, 202, 217
経済産業研究所→「RIETI」参照
経済産業省　2, 4, 128, 153, 208

【さ行】

サムコ　16, 22, 41, 64, 80, 101, 174
産業革新機構　108
産業技術総合研究所　32
サンユレック　18, 68, 95, 101
JETRO　89
シギヤ精機製作所　16, 28, 53, 67, 79, 90, 93
島津源蔵　175
島津製作所　30, 175
首都圏産業活性化協会
　→「TAMA協会」参照
シュンペーター　2, 210
昭和精工　16, 69, 81, 106
新エネルギー・産業技術総合開発機構→「NEDO」参照
新エネルギー総合開発機構→「NEDO」参照
新日本テック　18, 39, 100, 114
スズキプレシオン　16, 88, 101, 113, 121
スタック電子　16, 54, 55, 63, 97, 101, 102, 109
住友精密工業　112
西部技研　16, 29, 35, 37, 41, 73, 74, 82, 86
ゼネラルプロダクション　110, 111, 112
相馬光学　16, 32

【た行】

タカコ　16, 22, 66, 72, 73, 85, 86, 110, 111
TAMA協会　40

索引

秩父電子 ………………………………… 18, 55
中小企業基盤整備機構 ……………… 115, 216
中小企業庁 … 3, 8, 109, 120, 127, 146, 181, 209
通研 ………………………………………… 187
通産省 …………………… 2, 41, 181, 182, 186, 187
通商産業省→「通産省」参照
ティ・ディ・シー …………………… 18, 33, 98
電気試験所 ………………………………… 187, 188
電気通信研究所→「通研」参照
電子技術総合研究所→「電総研」参照
電子制御国際 …………… 16, 51, 74, 98, 100, 103
電総研 ……………………………………… 187
電電公社 …………………………… 45, 55, 187
東成エレクトロビーム ………… 16, 21, 32, 58, 69, 101, 112, 113, 149, 184, 195
東北電子産業 ……………………………… 18, 97
東洋ボデー ……………………………… 16, 52, 104
トックベアリング ………… 16, 25, 27, 66, 82, 89, 102

【な行】

中村超硬 …………………………… 18, 107, 113, 114
中村秀一郎 ………………… 9, 174, 178, 181, 218
日プラ ……………………………… 18, 62, 104
日本分析工業 …………… 16, 26, 27, 37, 50, 63, 75
日本貿易振興機構→「JETRO」参照
日本ミクロコーティング ……… 16, 57, 66, 105
NEDO ……………………………………… 41, 77
根本特殊化学 ………………… 18, 20, 68, 94, 105, 106
野呂英作（企業名）………… 18, 49, 53, 62, 63, 87, 88

【は行】

ハーマン・サイモン ……………………… 173
ピーエムティー …………………… 113, 114
ファイブテックネット …… 113, 114, 115, 199
堀場製作所 ……………………… 173, 174, 216
堀場雅夫 ………………………………… 216
本多機工 ………… 16, 24, 25, 28, 37, 64, 65, 78, 89, 94

【ま行】

Mipox（マイポックス）………………… 57
三木特種製紙 ……………… 18, 30, 37, 96
三橋製作所 ………………… 16, 30, 37, 84, 86, 88
メトロール …… 16, 52, 60, 61, 75, 86, 89, 102

【や行】

由良産商 ………………………………… 112

【ら行】

RIETI ……………………………… 1, 216, 217, 218
リガルジョイント ………………… 16, 31, 54, 103
利昌工業 ……………………… 16, 21, 34, 35, 49, 65
ローツェ …………… 16, 23, 67, 83, 84, 99, 200

227

■著者略歴

細谷 祐二（ほそや ゆうじ）

1957年　東京都生まれ。
1981年　東京大学経済学部経済学科卒業。通商産業省入省。
1987年　米国イェール大学大学院MA（学術修士）取得。
1992年　信州大学経済学部助教授。
1995年　通産省通商政策局通商調査室長（平成8年版および9年版「通商白書」責任編集・執筆）。
1997年　通産省通商産業研究所研究部長。
1999年　通産省近畿通商産業局産業企画部長。
2002年　経済産業省近畿経済産業局総務企画部長。
2004年　（独）経済産業研究所研究調整ディレクター。
2006年　経産省貿易経済協力局貿易管理課長。
2007年　（独）中小企業基盤整備機構理事。
2008年　経産省地域経済産業グループ地域政策研究官（現職），経済産業研究所コンサルティングフェロー（現職，非常勤）。

この間，大阪大学大学院併任教授，学習院大学非常勤講師，日本大学経済学部非常勤講師など教職に従事。

■ グローバル・ニッチトップ企業論
　　―日本の明日を拓くものづくり中小企業―

■ 発行日――2014年3月6日　初　版　発　行　　〈検印省略〉
　　　　　　2015年3月6日　初版5刷発行

■ 著　著――細谷祐二

■ 発行者――大矢栄一郎

■ 発行所――株式会社　白桃書房
　　　　　　〒101-0021　東京都千代田区外神田5-1-15
　　　　　　☎ 03-3836-4781　📠 03-3836-9370　振替00100-4-20192
　　　　　　http://www.hakutou.co.jp/

■ 印刷・製本――藤原印刷

© Yuji Hosoya 2014 Printed in Japan　ISBN 978-4-561-26629-7 C3034

本書のコピー、スキャン、デジタル化等の無断複製は著作権法上での例外を除き禁じられています。本書を代行業者等の第三者に依頼してスキャンやデジタル化することは、たとえ個人や家庭内の利用であっても著作権法上認められておりません。

JCOPY〈(社)出版者著作権管理機構 委託出版物〉
本書の無断複写は著作権法上の例外を除き禁じられています。複写される場合は、そのつど事前に、(社)出版者著作権管理機構(電話03-3513-6969、FAX 03-3513-6979、e-mail：info@jcopy.or.jp)の許諾を得てください。

落丁本・乱丁本はおとりかえいたします。